中華古籍保護計劃

ZHONG HUA GU JI BAO HU JI HUA CHENG GUO

·成果·

（宋）秦觀 撰

宋本淮海集

第一册

國家圖書館出版社

圖書在版編目(CIP)數據

宋本淮海集:全五册/(宋)秦觀撰.-- 北京:國家圖書館出版社,2018.6

(國學基本典籍叢刊)

ISBN 978-7-5013-6378-0

Ⅰ.①宋… Ⅱ.①秦… Ⅲ.①中國文學—古典文學—作品綜合集—北宋 Ⅳ.①I214.412

中國版本圖書館 CIP 數據核字(2018)第 050369 號

書　　名　宋本淮海集(全五册)
著　　者　(宋)秦觀　撰
責任編輯　陳瑩瑩
封面設計　徐新狀

出　　版　國家圖書館出版社(100034　北京市西城區文津街7號)
(原書目文獻出版社　北京圖書館出版社)
發　　行　010-66114536　66126153　66151313　66175620
66121706(傳真)　66126156(門市部)
E-mail　nlcpress@nlc.cn(郵購)
Website　www.nlcpress.com→投稿中心
經　　銷　新華書店
印　　裝　北京市通州興龍印刷廠
版　　次　2018年6月第1版　2018年6月第1次印刷

開　　本　880×1230(毫米)　1/32
印　　張　33

書　　號　ISBN 978-7-5013-6378-0
定　　價　98.00 圓

《國學基本典籍叢刊》編委會

《國學基本典籍叢刊》前言

國家圖書館出版社(原書目文獻出版社 北京圖書館出版社)成立三十多年來,出版了大量的中國傳統文化典籍。由於這些典籍的出版往往採用叢書的方式或綫裝形式,供公共圖書館和大學圖書館典藏使用,普通讀者因價格較高、部頭較大,不易購買使用。爲弘揚優秀傳統文化,滿足廣大普通讀者的需求,現將經、史、子、集各部的常用典籍,選擇善本,分輯陸續出版單行本。每書之前均加簡要説明,必要者加編目録和索引,總名《國學基本典籍叢刊》。歡迎讀者提出寶貴意見和建議,以使這項工作逐步完善。

編委會

二〇一六年四月

出版説明

秦觀（一〇四九—一一〇〇）字少游，又字太虚，號淮海居士，高郵（今屬江蘇）人。北宋元豐八年（一〇八五）進士。北宋哲宗元祐（一〇八六—一〇九四）間，纍遷秘書省正字、國史院編修官，後坐黨籍，編管雷州。待召還，卒於途中。秦觀爲『蘇門四學士』之一，尤工詞。《宋史》本傳稱他『少豪雋，慷慨溢於文詞』。著有《淮海集》。

現存最早見於書目的全本《淮海集》有三部，一是藏於日本内閣文庫的南宋孝宗乾道癸巳年（九年，一一七三）高郵軍學刊本，另外兩部是藏於國家圖書館和臺北『故宫博物院』的紹熙壬子年（三年，一一九二）謝雩重修本。此次所選印者，即藏於國家圖書館的南宋乾道九年高郵軍學刻紹熙三年謝雩重修本。

原書每半葉十行，行二十一至二十四字不等，白口，左右雙邊。版心上記字數，下有刻工姓名。缺葉缺字清初毛氏汲古閣影宋抄補。共二函十册，各册前後均有『五福五代堂寶』『八徵耄念之寶』『太上皇帝之寶』印鑒，又有『乾隆御覽之寶』『天禄琳琅』『天禄繼鑑』等印，是天禄琳琅舊物。除這些天禄琳琅官印外，還有『毛子晉』『毛晉私印』『汲古主人』『斧季』『毛扆之印』『叢書堂印』等印記。

此本《前集》四十卷，《後集》六卷，《淮海居士長短句》三卷，共四十九卷。前無序，首葉即目録。《後集》卷末有謝雩跋：『（右）秦學士淮海集前後四十六卷，文字偏旁，間有訛（缺）。讀者病焉。雩以蜀本校之，十纔得一二，或者謂初（用）蜀本入板也。遂與同事諸公，商榷參考，增漏字六十有五，去衍字二十有四，易誤字三百有奇，訂正偏旁，至不可勝計。其文之不敢臆决者，存之。其字之瑣（碎），如「齊」爲「齊」，「羣」爲「群」，「教」而從「孝」，「戲」而從「虚」，「眞」不從「匕」，「戚」不從「戊」，此類甚多，不可悉改。乃以其法授同事諸公，俟他日重刻則正之。長短句三卷，非止點畫訛也。（如）「落紅萬點愁如海」，以「落」爲「飛」，「兩行芙蓉淚不乾」，以「（兩）行」爲「雨打」，皆合訂正。又其間有下俚不經語，幾於（以）筆墨勸淫，疑非學士所作，然又不敢輒删去。亦併（存之），以貽好事者。紹熙壬子上巳，從事郎軍學教授（永嘉）謝雩跋。』（注：括號中爲原書缺字，此據《永樂大典》卷之二萬二千五百三十七補。）可見此重修本補漏訂誤不少，其實優於原刻本。謝跋後又有邵輯題識，謂：『君以理學名家，而留意字畫，□確此書，遂爲善本。尚恨其惜板□，不悉改竄，然知書者亦可以類□。陽羨邵輯書於郡齋。』

《淮海居士長短句》後鐫有《後序》一篇，署『乾道癸巳正月望日左朝奉大夫試給事中兼侍講三山林機景度叙』。 其後并有題記稱『高郵軍學《淮海文集》計四百四十九板，并副葉褾背等共有紙五百張』云云。

秦觀以詞著稱，今存秦詞八十餘首，多涉情愁，故有秦詞『專主情致』之説。 然古人云『詩莊詞媚』，詞自生成期，即以艷情而動人。 陳廷焯在其《白雨齋詞話》中評少游詞謂：『秦少游自是作手，近開美成，導其先路； 遠祖温韋，取其神不襲其貌，詞至是乃一變焉。 然變而不失其正。』可見秦詞雖涉艷情，却少有輕佻儇薄，故王國維《人間詞話》予以『雖作艷語，終有品格』的評論。

徐培均先生曾著《淮海集箋注》，在前言中説：『提到秦觀，一般學者衹知他是婉約詞人的代表，而不知他在詩文方面也有突出的成就。 即使是提到他的詩，印象上總以爲是「女郎詩」，而不知還有其他風格的作品。 至於文，則更少有人論及了。 其實這是歷史的誤會。』綜觀此本《淮海集》，其中衹有三卷是詞，其餘賦一卷、詩十四卷、挽詞一卷，而以文爲最多，共三十卷。 對於秦觀詩文，不止蘇軾稱贊，明人胡應麟在《詩藪·雜編》中也説：『秦少游當時自以詩文重，今被樂府家推作渠帥，世遂寡稱。』可見他的詩文在宋代頗負盛名，衹是到了後來纔被詞名所掩。《四庫全書總目》卷一百五十四《淮海集》提要遍舉歷代詩文評中對秦氏詩文的評價，持論公允。

秦觀擅長各種文體，依《淮海集》原來的分類，計有進策、進論、論、傳、傳説、表、啓、簡、文、疏、誌銘、贊、跋、狀、書、記、序、雜文十八種，就内容而言，其中以政論、哲理散文、游記以及部分小品然余之選評淮海者，蓋世人多震淮海之詩及詞，而不及其文，亦一憾事。故取以問世，亦欲少游文章之光氣，不没於人間也。』借朱東潤先生序《淮海集箋注》時所嘆：『少游已矣，遺編尚在，世必有能真知少游者。』今謹以此編獻給能知少游者，願知少游者！

國家圖書館出版社

二〇一八年六月

總目録

第一册

第二册

第三册

第四册

第五册

淮海後集六卷

淮海居士長短句三卷

第一册目録

淮海前集四十卷

卷一　辭賦

卷二　古詩

卷三　古詩

卷四　古詩

卷五　古詩

卷六　古詩

卷七　律詩　五言　七言

卷八　律詩　七言

據國家圖書館藏宋乾道九年（一一七三）高郵軍學刻紹熙三年（一一九二）謝雩重修本影印原書版框高十九點九厘米寬十四點八厘米

五福五代堂寶
八徵耄念之寶
太上皇帝之寶

淮海集目録

秦觀 少游

卷第一

卷第二 古詩

卷第三 古詩

卷第四 古詩

卷第五 古詩

卷第六 古詩

卷第七　律詩　五言　七言

卷第八 律詩 十書

卷第九 律詩 七言

次韻劉遜父以寧齋　次韻何子温

次韻宋居復中謁大慶退食館中

與鄧慎思沐於啓聖遇李端叔

和程給事賦寶閣黎化之什

再賦流觴亭　燕觴亭

會蓬萊閣　次韻侍祠南郊

與李端叔游智海用前韻

和黄冕仲寄題延平泠風閣

次韻謝李安上惠茶　次韻范純夫戲荅李方叔

寄少儀弟　九月八日夜大風雨云云

卷第十一 絶句

卷第十二 進策

代蘄守謝上表　代程給事乞致仕表

代王承事乞回授一官表

卷第二十七　表

代謝勑書獎諭表　代謝加勳封表

代賀元會表　代謝工部侍郎表

代中書舍人謝表　代中書舍人謝上表

代南京謝上表　代中書舍人謝上表

代謝曆日表

卷第二十八　啓

謝及第啓　賀呂相公啓

卷第二十九　啓

卷第三十　簡

卷第三十四 贊跋

卷第三十八　記

淮海集目録

淮海後集目録

秦觀少游

卷第一 詩

卷第三　詩

卷第四　詩

卷第五　雜文

卷第六　雜文

淮海後集目錄

淮海居士長短句目録

卷上

卷中

淮海居士長短句目錄

淮海集卷第一

秦觀　少游

浮山堰賦　并引

梁武帝天監十三年用魏降人王足計欲以淮水灌壽陽乃假太子右衛康絢節督卒二十萬作浮山堰於鍾離而淮流湍駛漂疾將合復潰或曰淮有蛟龍喜乘風雨壞岸其性惡鐵絢以為然乃引東西冶鐵器數千萬斤益以薪石沉之猶踰年乃合堰袤九里水逆淮而上所蒙被甚廣魏人患之果徙壽陽戍頓八公山餘民分散岡壠未幾淮暴漲堰壞奔于海有聲如雷水之怪袄

蔽流而下死者數十萬人初鎮星犯天江而堰實退舍而壞嗚呼異哉感而作浮山堰賦其詞曰

繄四瀆之並釃兮寔脉絡於坤靈惟長淮之淼漫兮自桐栢而發源貫江河以下騖兮拉泗沂而左奔走獰雷以赴海兮駕扶搖而薄山固元氣之宣節兮熄衆兆之災患粤蕭梁之服命兮抗北魏以爭衡信降虜之詭計兮阻湯湯而倒征依兩崖以受土兮羌合脊於中央揵竹甾石之不足兮又沈鐵以厭不祥褭九里以中峙兮截萬派之奔逬洪大隄砣乎如墉兮杞柳菀其成行展源深而支永兮雖鼉否而必通倏鯨吼以奔潰兮與蒼蒼

而俱東若燃犀之照渚兮旅百怪而爭道[illegible]焉怒而噓蹀兮虎蛟冤而相糾哀死者之數萬兮孤魂逝其焉游背自然以司鑿兮固神禹之所惡世苟近以昧遠兮或不改其此度螳蜋怒臂以當車兮飛衛銜石而填海憯梁人之不思兮卒取非於異代豈方迫於尋引兮不遑議夫無窮將姦臣取容以幸入兮公相援而欺蒙抑五材因壯之有數兮特假手於憧憧系曰敦阜寇冥大川屯精氣扶輿變乾文運徒力頓漂無根潮波復故彌億年

黃樓賦 并引

太史蘇公守彭城之明年既治河決之變民以更生又

因修繕其城作黃樓於東門之上以爲水受制於土而土之色黃故取名焉樓成使其客高郵秦觀賦之其詞曰惟黃樓之瓌瑋兮冠雉堞之左方挾光晷以橫出兮干雲氣而上征旣要眇以有度兮又洞達而無旁斥丹雘而不御兮爰取法乎中央列千山而環峙兮交二水而旁奔岡陵奮其攫拏兮谿谷效其吐吞覽形勢之四塞兮識諸雄之所存意天作以遺公兮慰平日之憂勤鑿大河之初決兮狂流漫而稽天御扶搖以東下兮紛萬馬而爭前象罔出而侮人兮螭蜃過而垂涎微精誠之所貫兮幾孫墉之不全偷朝夕以昧遠兮固前識之所

羞慮異日之或然兮復厭之以兹樓時不可以驟得兮姑從容而浮遊儻登臨之信美兮又何必乎故丘觴酒醪以爲壽兮旅殽核以爲儀儼雲鬟以侍側兮笑言樂而忘時發哀彈與豪吹兮飛鳥起而參差悵所思之遲暮兮綴明月而成詞噫變故之相詭兮遒傳馬之更馳昔何負而遑遽兮今何暇而遨嬉豈造物之莫詔兮惟元元之自貽將苦逸之有數兮疇工拙之能爲躔哲人之知其故兮蹈夷險而皆宜視蚊虻之過前兮曾不介乎心思正余冠之崔嵬兮服余佩之焜煌從公於斯樓兮聊裴回以徜徉子瞻謝詩云太虛以黃樓賦見寄作詩爲謝我坐黃樓上欲作黃樓詩忽得故人書中

有黃樓詞黃樓高十丈下建五丈旗楚山以爲城泗水以爲池我詩無傑句萬景驕莫隨夫子獨何妙雨雹散雷椎雄辭雜今古中有屈宋姿南山多磬石清滑如流脂朱蠟爲摹刻細妙分毫釐佳處未易識當有來者知

寄老庵賦

或問孫先生之遊湯泉山也嘗於佛祠之旁二松之下誅薙草茅平夷土塗規以爲庵曰寄老焉予時實從與見其事頗揚搉而陳之僕曰唯唯寄老之區在於湯泉實惟歷陽東城之域山林鬱其修阻水土婉而滋息風和氣平物無癘疫其出遊也南則峰巒經亘三百餘里前望建業之都卻顧項王之亭龍寍呼其旁出江漫漫而祖征東則惠濟真相二剎相望數寢中開四達修廊間

從遊子於焉相羊沉燎茗飲樂未渠央西則楮落之前三井天出幽毖白浪明晦如一旁輸有斛上庇有室觧衣入遊百族為失北則瓦梁之河陰陵之澤水潦之所集會魚鼈之所充斥芰菱蒲蕈毛髮之富被及鄰國其入居也則閉關却掃反聽收視內外既進與妙自會湛乎若玉淵之澄㮾然如槁木之廢其游也其居也無所適而非道者世奚足以識之哉雖然先生方為侍從之臣充諫諍之官論思獻納日不遑給雖欲復從二三子於寄老之上未可得也一旦功成事畢引老乞身天子憫之不煩以政公卿大夫設祖道供帳於國門之外酒

閔升車望寄老而歸焉則僕也亦將負杖屨而從之矣

湯泉賦

大江之濆東城之野有泉出焉直回峰負深谷分埒引源迤邐相屬晨夜有聲涵雲注玉薄爲虎鬚湫爲魚目鱗介莫潛遇者斯浴此何水也哉野老告余曰泓泓湇湇莫虞歲年不火而燠其名湯泉嗚呼豈非熒惑莅於上耶燭龍隱於中耶旁通咸池日御之所經耶幽精沈魄陰儐其負耶丹砂黄硫金石之氣酷悍之所激耶德有常仁惠公而溗寒凝海兮不冰旱焦山兮不竭其或燥濕外干精氣散越膚革瘡瘍癱瘓筋淫血敗漸汩之蹔

滌悅幽憂之永脫以沐則髮澤以頮則膚悦其羨流宂浸捐棄於溝壑者猶能灌蔬稻之畦已牛馬之暍此又何其然耶吾聞天下之水厥類實繁至於弱水儲陰投羽必沈火井萃陽爛石灼金祥摽醴泉病飲而瘳異紀滋穴神瀵以流焦溪之罶蔓之飾沸潭謝贄取之游其餘酒墨所發膠鹽是滋啜懷千金飲狂一國裒玉乳以中涵横金絲而徑度詭品繆名紛莫爲數咸受命於元精亦各私其所遇若夫烓盧汝水之旁尉氏驪山之下煙菲掩褥王孫烏隼之所娛金穴椒房專寵靡曼之所占則湯泉之中又有顯晦者焉野老輾然而笑曰善乎

齋給之士曳杖而去行歌於塗曰渾沸滂沲奮此泉兮被山阿吾嗟濯沐兮不知其他子瞻跋云余之所聞湯泉七其五則今三子之所游與太虛之所賦所謂匡廬汝水尉氏驪山其二則余之所見鳳翔之駱谷與渝州之陳氏山居也皆棄於窮山之中山僧野人之所浴藥鹿猿猱之所飲惟驪山當往來之衝華堂玉甃獨爲勝絶然坐明皇之累爲楊李祿山所汚使口舌之士援筆唾罵以爲亡國之餘辱甚焉今惠濟之泉獨爲三子者詠嘆如此豈非所寄僻遠不爲當塗者所漏而爲高人逸才與世異趣者之所樂乎或曰明皇之累楊李祿山之汚泉豈知汚之然則幽遠僻陋之歎亦非泉所病也泉固無所榮辱特以人意推之可以爲抱器適用而不擇所處者之戒元豐元年十月五日

歎二鶴賦

廣陵郡宅之圃有二鶴焉昂然如人處乎幽閑翅翮摧

侶弗能飛鶣雖雄雌之相從常悒悒其鮮懽時引吭而哀唳若對客而永嘆圃吏告予曰此紫薇錢公之鶴也公熙寧時實守此邦心虛一而體道治清淨而忘言既不耽乎豆觴又不嗜乎匏絃惟此二鶴與之周旋居則俛仰於賓掾之後出則飛鳴乎導從之先故鶴之來也則知使君之將至鶴之往也則知使君之將還是時一郡之人好甚於姻敬愈於客如愛子之居家若寵臣之在國晝從乎風亭之濱夜棲乎月臺之側謂此幸之可常頗超搖而自得逮公之去于今幾時人各有好鶴誰汝私具名物於有司鷄鶩易而侮之傍軒楹而嘗叱歷

階圮而遭靡惟主人之故客間一遇而嗟咨余聞而嘆曰噫嘻有恃而生者失其所恃則悲彼有啄乎廣莫之野飲于清冷之淵隨林丘而止息順風氣而騰騫一鳴九臯聲聞于天若然者又豈衛侯之能好而支遁之可憐哉

郭子儀單騎見虜賦 汾陽征虜壓以至誠

回紇入寇汾陽出征何單騎以見虜蓋臨戎而示情匹馬雄趨方傳呼而免冑諸羌駭矚俄下拜以投兵方其唐祚中微胡塵內侮承范陽猖獗之亂值永泰因循之主金繒不足以塞其貪嗜鎧仗不足以止其攘取雲屯

三輔但入分諸將之兵爲合萬羣難破重圍之虜子儀乃外施嚴備中輸至誠氣干霄而直上身挼轡以徐行於是露刃者膽喪控弦者骨驚謂令公尚臨於金甲想可汗未厭於褱瀛頓釋前憾來尋舊盟彼何人斯忽去幢旛之盛果吾父也敢論戈甲之精豈非事方急則宜有異謀軍既孫則難拘常法遭彼虜之悍勁屬我師之困乏救之力則理必敗露示以誠則意當親狎所以徹衛四環去兵兩夾雖鋒無鏌邪之銳而勢有泰山之壓據鞍以出若乘擒虎之驄失仗而驚如棄華元之甲金石至堅也以誠可動天地至大也以誠可聞矧爾熊羆之

屬因乎蛇豕之群於是時也將乘驕而必敗兵不戢則
將焚惟有明信乃戚茂勳吐蕃由是而引歸師殲靈夏
僕固於焉而暴卒禍息并汾非不知猛虎無助也受侮
於狐貍神龍失水也見侵於螻蟻曷爲鋒鏑之交下遽
遺紀綱而不以蓋念至威無恃於張皇大智不資於恢
詭遠同光武輕行銅馬之營近類曹成獨造國良之壘
向若怨結不解禍連未央養威嚴於將軍之幕角技巧
於勇士之場攻且攻兮天變色戰復戰兮星動甚如此
則雖驍雄而必斃顧劇病以何長恃秦李南伐之師坐
投淝水新室恃北來之衆立潰昆陽固知精擊刺者非

爲將之良敢以殺伐者非用兵之至況德善之身積宜福祥之天界故中書二十四考焉由此而致

和淵明歸去來辭

歸去來兮眷眷懷歸今得歸念我生之多艱心知免而猶悲天風飄兮余迎海月炯兮余追省已空之憂患疑是夢而復非及我家於中途兒女欣而褰衣望松楸而長慟悲心極而更微升沉幾何歲月如奔嗟我宿昔通籍辟門賜金雖盡給札尚存愧此散木繆爲犧尊屬黨論之去興雷霆發乎威顏淮南謫於天庖孑小子其何安歲七官而五譴越鬼門之幽關化猿鶴之有日詎國

光之復觀忽大明之生東釋羈因而北還醲天漢而一洗覺宇宙之隨寬歸去來兮請逍遙於至游内取足於身復從物兮何求榮莫榮於不辱樂莫樂於無憂鄉人告予以有年黍稷蔚乎盈疇止有弊廬泛有扁舟濯予足兮寒泉振予衣兮古丘洞骨中之滯礙盻雲散而風流識此行之匪禍乃造物之餘休已矣哉桔槔俛仰無已時舉觴自屬聊淹留波兮不已將安之封侯已絕念仙事亦難期依先塋而洒掃從稚子而耘耔修杜康之廢祠補由庚之亡詩爲太平之幸老幅巾待盡更奚疑

淮海集卷第一

淮海集卷第二　古詩

秦觀　少游

泊吴興西觀音院

金刹負城闉閬然美栖止卞山直穹窿苕水相依倚霜檜鬱冥冥海棕鮮薿薿廣除庇夏陰飛棟明朝晷溪光鳧鷺邊天色菰蒲裏緒風傳晝焚壁月窺夜禮洩雲彗疊空規荷鑑幽沚艅艎烟際下鍾磬林端起聱牙戲清深嶔崟撲空紫所遇信悠然此生如寄耳志士耻溝瀆征夫念桑梓攬衣軒檻閒嘯歌何窮已

三老堂 趙少師張少保趙通議

堂堂三元老業優冠儔匹蹇諤橫秋霜高明麗朝日竝
道謁溫宣連科收甲乙東南奠藩服西北馳使驛解鞅
環堵安岸幘氈裘函群姦懾謦欬衆廢起咄叱至今領
麾地謳吟遍蓬蓽出入雖異途歸潔固如一晚厭方內
遊杷袂訪閒逸雲鑾慶安車風川駛飛鷁獻酬埃壒外
珠玉在揮筆風標傲松鶴顏鬢移丹漆遂令吳越人藻
繪資稱述邈然超世姿髣髴得十七辟廱禮寂滅麟閣
事蕭瑟茲焉出民願名實更炳蔚琬琰琢高詞龍蘭燎
深室福履既所綏光華無終畢

送周裕之赴新息令

丈人淮海英抗節浮雲外揮毫錯星錦抵掌參竿籟青
春抱脩能脫略無范蔡晚營三徑貧百里聊束帶扁舟
歲欲徂古刹夜仍艾去去整羽儀行與高風會

寄曾逢原

孟夏氣候好林塘媚晴輝回渠轉清流藻荇相因依叢
薄起踈籟衆鳥鳴且飛高城帶落日光景酣夕霏即事
遠興託撫己幽思微超搖弄柔翰徙倚絃金徽美人邈
雲眇志願固有違丹青儻不渝與子同裳衣

送僧歸遂州

寶師本巴蜀浪跡遊淮海定水湛虛明戒珠烱圓彩飄

零鄉縣異腕晼星霜改明發又西征孤帆破烟靄

司馬遷分韻得遷字

子長少不羈發軔遍丘壑晚遭李陵禍憤悱思遠託高辭振幽光直筆誅隱惡馳騁數千載貫穿百家作至今青簡上文彩炳金艧高才忽小疵難用常情度譬彼海運鵬豈復顧繒繳區區班叔皮未易議踈略

觀易元吉獐猿圖歌

參天老木相樛枝欹空怪石銜青漪兩猿上下一旁掛兩猿熟視蒼蛙疑蕭蕭叢竹山風吹海嶽社宇相因依下有兩獐從兩兒花飧草囓令春嬉[illegible]筆精湖海推

[illegible][illegible]忘形形更奇解衣一掃神扶持他日自見猶嗟咨
金錢百萬酒千鴟荆南將軍欣得之老禪豪取橐爲垂
白晝掩門初許窺旁攏炯炯明冬曦榛藂羽革分毫氂
殘編未終且歸讀歲暮有閒重借披

夜坐懷華老司諫 次韻參寥

六合寥寥信茫昧中有日月無根柢古往今來漫不休
青鬢素顔從此逝嗟予自少多邅迴氣血未衰心已艾
北渡長淮霜入鬢南窺禹穴塵生袂日鑿一竅渾沌死
雖有餘風終破碎回車復路可無緣三問道人三不對

荅朱廣微

廣微才華殆天賦十歲孤山有佳句又夢東林飲虎溪
歎息清風人不悟自爾所見無全牛桐栢崑崙日傾注
葱蘢曉景破新花蹭蹬老拳擒脫兔身勤事左竟何成
巧迫化工天所怒兩鬢星星滄海頭強學禪那慰遲暮
昨夜燈花吐金粟曉烹鯉魚得尺素笑我徜徉吳楚間
經卷酒卮隨所遇人生适意十八九月得解顏能幾度
著書準易空自疲服藥求仙良亦悮北風老矣無能爲
行看黃鸝語飛絮安得從君醉百場落筆珠璣不論數

送僧歸保寧

西湖環岸皆招提樓閣晦明如卧披保寧復在最佳處

水光四合無端倪車塵不來馬足斷時有海月相因依
上人弱齡已隸此心目所證惟瑰琦白玉芙蓉出清沼
天然不受緇塵污坐客一語不入意目如明星覩飛鳥
冠切雲兮佩玉蘱上人顧之真等閑應緣聊入人間世
興盡却歸湖上山伊余久欲窺禹穴矧今仲父官東越
行挽秋風入剡溪爲君先醉西湖月

和王通叟琵琶夢

鷤鴂鳴時衆芳歇華堂夢斷音容絶風驚玉露不成圓
一夜芙蕖泣秋月金紋捍面紫檀槽曾抱花前送酒舠
庚郎江令費珠璧小砑紅牋揮兎毫風流雲散令人瘦

忍看麴塵昏錦綬楚水悠悠更不西上天破鑑空依舊

醫者

塊然一氣初渾淪散作六物相吐吞主承客禦禀勝復存是為萬物疾病原寥寥空陂遊寬魂誨此法術成軒轅金書玉冊要不煩煥如星宿不可捫時遷聖祖遂幽昏弊俗竊竊以資利源余嘗感槩期明論世無妙質孰與言困君乞詩置屋軒聊復援筆賦本根

漫郎 分韻得桃字

元公機鑒天所高中興諸彥非其曹自呼漫郎示真率目與聱叟為嬉遨是時胡星殞未久關輔擾擾猶弓刀

百里不聞易五羖三士空傳殺二桃心知不得載行事
俛首刻意追風騷字偕華星章對月漏洩元氣煩揮毫
猗玗春深茂花竹九疑日暮吟哀猿紅顏白骨付清醥
一官於我真鴻毛乃知達人妙如水濁清顯晦惟所遭
無時有祿亦可隱何必龕龍巖遠遁逃

記夢荅劉全美

歲逢困敦斗申指辰次庚辰漏傳子夢出城闉登古原
草木縈天帶流水千夫荷鍤開久殯前有一人狀瓌偉
素冠長跪烝酒殽云是劉郎字全美馬鳴車響斷還續
人境晦明秋色裏既寤茫然失所遭河轉星飜汗如洗

世傳蔓凶當得吉神物戲人良有旨全美聲名海縣聞

閑父當聞乃其理娟娟二十四橋月月下吹簫聊爾耳

洗眼看君先一鳴九萬扶搖從此始

田居四首

雞號四鄰起結束赴中原戒婦預爲黍呼兒隨掩門犂

鋤帶晨景道路更笑喧宿潦濯芒屨野芳簪髻根霽色

披宵靄春空正鮮繁辛夷茂横早錦雉嬌空園少壯已

雲趨伶傳尚鴟蹲解蟹黃經雨潤野馬從風犇村落次第

集隔塍致寒喧眷言月占好努力競晨昏

入夏桑柘稠陰陰翳墟落新麥已登場餘蚕猶占箔隆

曉破層陰霽靄收遠壑雌蜺卧淪漪鮮飈泛蘋薄林深
鳥更鳴水漫魚知樂羸老猒煩歊解衣褰槃礴蔭樹濯
涼颸起行遺帶索家婦餉初還丁男耘有託倒筒備青
錢鹽茗恐垂橐明日輸絹租鄰兒入城郭
昔我蒔青秧廉纖屬梅雨及兹欲成穗已復頹星暑遲
暮易昏晨摇落多砧杵村迥少過從客來旋炊黍輿發
即杖藜未嘗先處所褰裳涉淺瀨矯首没孤羽蘩祠土
鼓悲野埭鵾雞舞雉子隨販夫老翁拜巫女辛勤(一作艱難)稼穡
事惻愴田疇語得穀不敢儲催科吏旁午
嚴冬百草枯鄰曲富休暇土井時一汲柴車久停駕寥

寥場圃空跕跕烏鳶下孤榜傍横塘喧春起旁舍田家重農隙翁嫗相邀迓班坐釃酒醪一行三四謝陶盤奉旨蓄竹筋羞雞肉飲酣爭獻酬語闋或悲咤悠悠燈火暗剌剌風飈射客散靜柴門星蟾耿寒夜（富疑作當）

寄題傅欽之草堂

河陽有洪流經營太行根盛德不終晦發爲清濟源斯堂濟源上太行正當門仰視浮雲作俯窺流水奔脩竹帶藩籬百禽鳴朝暾相望有盤谷李愿故居存主人國之老寶惟商巖孫班行昔供奉亟進逆耳言天子色爲動群公聲亦吞蕭條冰霜際不改白玉温出處士所重

其微難具論公勿思草堂朝廷待公尊

次韻酬徐仲車見寄

渭清非勝涇蘭芳本無慕我生季葉中乃與古人遇職當供洒掃匏繫愧遲暮來章感存没三讀淚如注

次韻邢敦夫秋懷十首 以微雲淡河漢疎雨滴梧桐爲韻

驅車陟高丘却望大梁圻馳道入雙闕勾陳連太微夷門壯下屬清洛相因依美哉吾黨士臯禼良可希

暮有二客至俱以能禪聞一枝惠林出一派智海分言各不相可往來劇絲棼謝客姑舍是妨余醉看雲

昔者曾中書門戶實難瞰筆勢如長淮初源可觴濫經

營終入海欲語焉能暫斯人今則亡悲歌風慘憺
渤海有巨鼇其顛冠嵯峩宿昔嘗小抃八紘相盪摩忽
遭龍伯人一舉空潮波取皮煎作膠清此崑崙河
蝮蛇初螫手壯士斷其腕豈不悲毀傷所卹在軀幹西
羌沙鹵地置戍或煩漢雞肋不足云阿瞞妙思筭
湯湯辟廱流中有學子居但說若稽古言猶三萬餘來
者轉相祖詞林日凋踈稍喜續溪令入校天祿書
匠氏構明堂一自材入斤斧儻非豫章棟宂長亦焉取英
英范與蘇登守慶帥器識兼文武胡為先一州不用作霖雨
憬彼高句麗來脩裔夷職天都富如海勞汝送涓滴軸

艫尾相銜遠近囷供億止沸當絶薪揚湯百無益
祖宗舉賢良充賦多名儒執事惡言者此科爲之無雖
有仲舒錯或横江潭魚果欲鳴鳳至還當種椅梧
邪侯秋卧痾揮毫見深衷賡者二三子翕然笙磬同不
爲兒女姿頗形四方風屬有山水念因之絲與桐

淮海集卷第二

淮海集卷第三

秦觀 少游

春日雜興十首

飄忽星氣徂青陽迫遲暮鳴飛各有適赤白紛無數雨砌墮危芳風軒納飛絮褰幃香霧横岸幘雲峰度林影舞窗翠池光染衣襟參差花鳥期蹭蹬琴觴趣撫事動幽尋感時遺近慕秣馬青余車行行不周路

結髮謝外好僶俛希前修終挾江海志耻為升斗謀齞歷難刻畫賤貧多釁尤發軔背伊闕解驂憩邗溝丹鉛費永晷麴蘖毆深愁壁月鑒簾櫳珠星絡梧楸泯泯渠

水駛霏霏花霧浮公子悵何許撫膺徒離憂
澧澧故邑井猗猗上宫蘭不食自清渫莫服更幽閑志
士恥弱植卷跡甘飢寒佳晨追良覿觸物懸悲端川途
眇回遠經歲曠音翰豈不慕裘馬詭得非所安鞸冕多
怵迫繩樞斟憂患枉尋竟何補方枘誠獨難
吳會雖褊小海濱富奇峰天雞一號叫劍戟明遙空谿
谷相徑復深林杳攢叢猿吟虎豹嘯雲氣迷西東中有
遯世士超然閟孤蹤被蘭服明月起坐松聲中夜鍜吸
沆瀣朝琴庭青葱崎星友元氣巢許安可同俛眄區中
人飛埃集毛鋒問津或不繆從子游鴻蒙

東方有美人容華茂春榮抱影守單棲含睇理哀彈聲

意一何切所歡邈雲漢徒然事膏沐孰與但昏旦微誠

浪自持嘉月忽復晏巧轉度虛櫺飛紅觸幽幔歲歲芳

草滋夜夜明星爛合并會有時索居不必歎

寢寮倦文史駕言從遨嬉颸風舉遙淑規　麗清漪含

桃榮朱實杜若懷碧滋娉娉弱絮墮團團文魴馳明霞

廓遠矚哀禽攬離思緜草天際合孤雲川上移寬閑絕

輪鞅重複多路歧信美難久佇歸歟從所治

昔我遊京室交通五陵閒主客各英妙袍馬相追攀千

金具歆啜百金雇吹彈[illegible][illegible]羅廣席當頭舞交竿鮮粧

耀淥酒采纈生風斕[illegible][illegible]暗夜艾士女紛相班歡娛易

徂歇轉聏如飛翰豐[illegible][illegible]顧離離銜永歡山鳥窺茗

飲簷花安蔬飧棄揹[illegible][illegible]陵事定須蓋棺

客從遠方來遺我昭華管吹之動人心異境生虛竅磝

磝青嶂横泱泱春溜滿馬蹄交狹邪車轂錯平坦士女

竟芳辰會魚蔭修竿依微認睇笑淩没見纖短停吹歔

泯滅耽耽復空館靈物信所珍顧恨知音罕

桃李冉辜辰鮮明奪雲綺繁華一朝去默默慚杞梓時

徂鷹化鳩地遷橘為枳獨有羨門生後天猶（一作嘗）不死

藝籍燔祖龍斯又就淪喪帝矜黔首愚諸儒（一作嬬）出相望楊

馬揔宏綱韓柳激頹浪建安妙謳吟風槩亦超放王繩
帶華月艷艷青冥上奕世希末光經緯得無妄兒曹獨
何事詆斥幾覆醬原心白自誣猥欲私所尚螳螂拒飛
轍精衛填溟漲咄咄徒爾爲東海國無恙鵷鸞日彫滅
黃口紛冗長投袂睇層霄茲懷誰與亮

　和孫華老題召伯斗野亭

淮海破冬仲雪霜滋不平菱荷枯折盡積水寒更清輟
棹得佳觀湖天繞朱甍信美無與娛濁醪聊自傾北眺
桑梓國悠然白雲生南望古邗溝滄波帶蕪城村墟翳
茅竹孤烟起晨烹簷間鳥聲落客子念當行攬衣視日

景薄陰漏微明何時復來遊春風發鮮榮孫莘老倡淮海無林丘曠

澤千里平一渠開防潴物色故不清老僧喜穿築北户延朱甍簷楯斗杓落簾幃河漢傾平湖杳無涯湛湛春波生結纜嗟已晚不見芙蓉城尚想紫芝盤明珠出新烹平生有微尚一舟聊寄行遇勝輒偃蹇霜鬚刷澄明可待齒牙豁歸歟謝浮榮　黄魯直和謝公所築埭未數曲池平蘇州來賦詩句與秋氣清結構擅空闊湖光浮棟甍維斗天司南其下百瀆傾貝宮産明月含澤遍諸生槳薄淮海間風烟浸十城籟簫吹木末浪波沸庖烹我來抄摇落霜清見魚行白鷗遠飛回得我若眼明佳人歸何時解衣繞庙榮　子瞻詩　落帆謝公渚日腳東西平孤亭得心懃暮景含餘清坐待斗與牛錯落掛南甍老僧如宿昔一笑意已傾新詩出故人舊事疑前生吾生七往來送老海上城逢人輙自哂得魚不忍烹似聞績溪老復作東都行小詩如秋菊艷艷霜中明過此感我言長篇發春榮　子由詩　扁舟未得解坐待兩聞平濁水汙人思野寺爲我清昔遊有遺詠粉墨存高甍故人獨未來一罇誰與傾北風吹微雲暮寒依月生前望邗溝路却指鐵甕城茅簷卜兹地江水供晨

烹試問東坡翁畢老幾此行奔馳力不足隱約性愈明
早爲歸耕計免勲老僧榮　張琬詩　維舟得古寺望
遠天四平晴日暉暉散晚風泠泠清危亭下瞰野會閣
高遠甍起望斗與牛淮海相奔傾往來誰百年今昔我
平生悠悠何所寓臺上多化城與其逐影死寧似不鳴
烹嗚哉應有止老矣將安行中庭栢子落丈室霜月明
此意竟蕭條猶然安安榮　張甚叟詩　我登甘棠棣
所向殊未平舟行汙塗中頓失江湖〻濟蛙聲亂僧唄鳴
吻蘇市甍意同伯嘗死蔣與衛士傾開池種白蓮壘石
疑三生猶庵南斗墟終遠北斗城設我紫藕供報之白
華烹三年猿鶴友萬里秦楚行秋風隴首
至落日淮南明寄言懷土士愼勿慕官榮

和虛飄飄

虛飄飄虛飄飄風寒飄絮浪春暖履冰橋勢緩霜垂霰
聲乾葉下條雨中漚點沒流水風裏絲雲鋪遠霄虛飄
飄比時光影猶堅牢　魯直唱虛飄飄虛飄飄花飛不到地虹起漫成橋入夢雲千疊遊

空絲萬條壓樓百天齊滄瀛鴈字一行書絳霄虛飄飄
比人生命猶堅牢子瞻和虛飄飄虛飄飄畫簷蛛
結網銀漢鵲成橋壓積雨梧葉霜飛風柳條露凝殘點
見紅日星曳餘光横碧霄虛飄飄比浮名利猶堅牢

和游金山 和子由同彦瞻

江流會揚子洶洶東南鶩海門劃前開金山屹中據鼓
鍾食萬指金牓棲千柱夜庭游月波曉觀搏香霧天清
猿鳥哀風暗魚龍怒雲物横古今濤波閱晨暮三州氣
色來上下端倪露偉哉元氣間此勝知誰聚念昔憩精
廬登臨輒忘去汲新試團月飯素羹魁芋妙興入芳藤
眞境在芒屨別來星暑換寤寐經從處忽蒙珠璧投了
與雲巒遇幽光炯肝肺爽氣森庭戶匾中多滯念方外

饒奇趣寄語山阿人泠然行復攜詩
陪彥瞻遊金山子由
揚州望金山隱
隱大如憤竭來長江上孤高二千尺僧居壓山小面面
郎蒼石虛樓三百間正壓江潮白清風歛霽霧曉日曜
金碧直侵魚龍居似有鬼神役我行有程度欲去空自
惜風吹度江水山僧午方食波瀾洗我心筍蕨飽我腹
平生足遊衍壯觀此云極鐵甕本誰安海門復誰植東
南遮隱見遥與此山疋茲遊幾不遂深愧幕府客歸時
日已暮正值江月黑顧視天水并坐恐星斗濕使君何
時罷登覽不可失　子由同彥瞻遊金山子由杜詩卒
章有使君何時罷登覽不可失之句因繼賦一首子駿
蓬萊三神山橫絕巨鼇背鼇傾海水動一峰失所在飛
來大江心盤礴幾千載化爲金仙居龍象錯朱昊鳳昔
愛山水江湖不覺忘君前或剖竹匏繫古維揚隱然勝
絕境旦旦遥相望不意二君子招携一葦航高攀躡雪
櫛闊視瞰溟漲潮來隱天地萬里卷白浪波清霄漢淨
磴徹迷下上更深月正中山影杳無象蛟鼉四面穴形
勢三州壯融結既難窮丹青殊莫狀蘇侯韻高遠邵子
雅趣尚奇觀極無邊幽尋端未放浮生閱流水清話造
方丈畢景趣言歸侵星揺兩槳武功真好奇落筆掃珠

幾持語淮南守茲遊不可遺君恩早晚東南下一棹扁舟信所之

同子瞻端午日遊諸寺賦得深字

太史抱孤韻暢懷在登臨別乘載鄒枚佳辰事幽尋參差水石瘦窅窕房櫳深清磬發疎箔妙香橫素襟復登窣堵波環回矚嶔崟雙溪貫城郭暝色帶孤禽涼飈動爽籟薄雨生微陰塵想澹清漣牢愁洗芳斟揮箑建訂往古援毫示來今愧無刻燭敏續此金玉音子瞻詩云肩輿任所適遇勝輒留連焚香引幽步酌茗開淨筵微雨止還作小窗幽更妍盆山不見日草木自蒼然忽登最高塔眼界窮大千下峰照城郭震澤浮雲天深沉既可喜曠蕩亦所便幽尋未云畢墟落生晚煙歸來記所歷耿耿清不眠道人亦未寢孤燈同夜禪

寄陳季常

一鉤五十犗始具任公釣揭竿趣灌瀆與爾不同調先生本西蜀俠氣見英妙哀憐世間兒細黠似黃雞待豢雙擢玉鬢髮光可照駿馬錦障泥相隨窮海嶠平生携手好十七登廊廟小生相吏耶徒枉尺書召暮年更折節學佛得心要羈馬放同樊幅巾對沈燎冷冷屋外泉兀兀原頭燒欲知山中樂萬古同一笑

淮海集卷第三

淮海集卷第四 古詩

秦觀 少游

同子瞻賦游惠山三首 其一王武陵韻 其二竇群韻 其三朱宿韻

輟棹縱幽討籃輿入青蒼圓頂相邀迓旃檀燎深堂層巒淡如洗傑閣森欲翔林芳含雨滋岫日隔林光消消續清溜靡靡傳幽香俯仰佳覽眺悠哉身世忘

史君厭機械所與惟散人顧慙蒹葭陋繆倚瓊枝新上干青礉礉下屬白磷磷洞天不知老金界無棲塵緬彼人間世鳥蟾閟青旻詎得踵三隱山阿相與鄰

樓觀相複重邈然閟深樾九龍吐清泠灦灦曾未絕罌

缶馳千里真珠猶不滅況復從茶僊兹焉試葵月岸巾
塵想消散策佳興發何以慰遨嬉操觚繼前轍 子瞻云余昔爲
錢塘倅往來無錫未嘗不至惠山既去五年復爲湖州
與高郵秦少游杭僧參寥同至覽唐處士王陵竇群朱
宿所賦詩愛其語清簡蕭然有出塵之姿追用其韻各
賦 夢裏五年過覺來雙鬢蒼還將塵土足一步漪瀾
堂俯窺松桂影仰見鸛鶴翔炯然肝肺間已作冰玉光
虛明中有色清淨自生香還從世俗去永與世俗忘
薄雲不遮山疎雨不濕人蕭蕭松桂滑策策芒鞋新嘉
我二三子皎然無緇磷勝遊豈殊昔清句仍絕塵弔古
泣舊史疾讒歌小旻哀哉扶風子難與巢許鄰 敲火
發山泉烹茶避林樾明窻傾紫盞色味兩奇絕吾生眠
食耳一飽萬想滅頗笑玉川子飢弄三百月豈如山中
人睡起山花發一甌誰與共門外無來轍 參寥同賦
山煙弄滅没山木含葱蒨刺舟傍遥岸理策升虛堂闃
遺矚層巘矯矯如翾翔下瞰平田流灩然浮日光青瑩
解初籜洗雨聞清香雖云追前途真賞豈易忘 松門
暗朝雨寂歷無行人 忽穿 卉木鬱以新 堦泉漱

口齒照眼光磷磷史君美無度卓犖遺眞塵風標徽竹酒談笑凌穹旻何愧沈冥予卧霞吞結鄰攜氣虞淫來洗眼驚翠巘雲姿既容禽鳥弄更清絶凌滌藹藹蹤琥球亦未滅嗟我焦目光瞎能綴明月往墨掃瓊玕鳳煙塵中發殊勝區中人莊莊走飛轍

馬上口占二首

向晨結束爭長途利風刮面冰在鬚岡窮得水馬不進霧晴失道人相呼悠悠旁舍見汲井軋軋隔林聞輓車游目騁懷自可樂勿憶鄉縣增煩紆

霜風稜稜萬木枯梅花破蕚猶含鬚田家往往事游獵追逐狐兔相號呼微茫山中起狂燒隱約林梢低日車馬頭漸覺有佳趣勿厭阡陌多縈紆

別子瞻

人生異趣各有求繫風捕影祇懷憂我獨不願萬戶侯
惟願一識蘇徐州徐州英偉非人力世有高名擅區域
珠樹三株詎可攀玉海千尋真莫測一昨秋風動遠情
便憶鱸魚訪洞庭芝蘭不獨庭中秀松栢仍當雪後青
故人持節過鄉縣教以東來償所願天上麒麟昔漫聞
河東鸑鷟今纔見不將俗物礙天真北斗已南能幾人
八塼學士風標遠五馬使君恩意新黃塵冥冥日月換
中有盈虛亦何筭據龜食蛤暫相從請結後期游汗漫

子瞻詩　夜光明月非所投逢年遇合百無憂將軍百
戰竟不侯伯郎一斗得涼州翹關負重君無力十年不

入翰華城故人坐上見君文謂是古人吾莫測說

萬物情硬黃小字臨黃庭故人已去君未到空吟河

畔草青青誰爲他鄉各異縣天遣君來破吾顏一開君

語識君心短李髯孫眼中見江湖放浪久全真忽然一

鳴驚倒人從橫所值無不可知君不怕新詩新手金弊

帚那豈換我亦淹留豈長算小中既未決同歸我聊爾

耳君若長漫淮南三歲吾何以使君到後消人憂君言

有客輕公侯扁舟相從古揚州置之匹馬恨無力千里

相忘同異域新詩空使四座驚隱居未易凡人測使君

南歸無限情鴻飛携書薖我庭此書兼置昔年客袖中

麗句淮山青老夫強顏依府縣堆案文書本非頗清談

亹亹解人頤安得座右長相見狂客吾非賀季真醉吟

君似謫仙人未契長遺少年笑白髮應慙傾盖新都城

酒貴誰當換塵埃垢面非良筴歸來泗上正思君莫待

黃花霜

爛熳

和黃法曹憶建溪梅花

海陵參軍不枯槁醉憶梅花愁絕倒爲憐一樹傍寒溪

花水多情自相惱清淚班班知有恨恨春相逢苦不早甘心結子待君來洗雨梳風爲誰好誰云廣平心似鐵不惜珠璣與揮掃月沒參横畫角哀暗香銷盡令人老天分四時不相貸孫芳轉盼同衰草要須健步遠移歸亂插繁華向晴昊

參寥詩　朔風蕭蕭方振槁雪壓茅齋欲敧倒門前誰送一枝梅問訊山僧少病憫強將筆刀爲摹寫麗句已輸何遜早碧桃丹杏空自研蠆藥醜香無比好先生攜酒傍玉叢醉裏雄詞驚電掃東溪不見謫仙人江路還逢少陵老我雖不飲爲詩牽不惜山衣同藉草要須陶令插花歸醉卧春風軼軒昊

子瞻和少游詩　西湖處士骨應槁只有此詩君壓倒東坡先生心已灰爲愛君詩被花惱多情立馬待黄昏殘雪消遲月出早江頭千樹春欲暗竹外一枝斜更好孤山山下醉眠處點綴裙腰紛不掃萬春隨蚤客來十年花送佳人老去年花開我已病今年對花還草草不知風雨卷春歸收拾餘香還畀昊子

晴和參寥參詩化工未識蘇群槁先向梅花一傾倒江
南無雪春瘴生爲散冰花除熱惱風清月落無人見
靜自趣嚴鍾早惟有飛來雙白鷺玉羽瓊枝鬬清好吳
山道人心似水眼淨壁空無可掃故將妙語寄多情橫
機欲寄東坡老東坡習氣除未盡時復長篇書小草且
撼長條飧落英忍飢未忍呼穹昊 子由和少游詩云
老夫毛骨日凋槁愁見一米鹽惟醉倒忽傳騷客賦寒梅
感物傷春同懊惱江邊不識北風勁牆頭知有南枝早
未開一素質夜光明半落清香春更好憐家小婦學閑媚
靚粧唯有長眉掃孤芳已與飛霰競結子仍先百花老
苦遣橫笛亂飛英不見遊人醉芳草可憐物性空自知
羞作繁華助芒昊 子由二和參寥詩 憐君古木依巖槁
西江飲盡須彌倒野花幽草亦何爲嶮語長篇空自惱
萬點浮溪輒長嘆一枝過嶺誇先早拾香不忍游塵污
嚼蘂更憐真味好道人遇物心有得瓦竹相敲緣自掃
誰知真妄了不妨令我至今思毬老妙明真覺昔未識
但向閑窗看詩草浮雲時起
鳥四飛畢竟安能亂清昊

送少章弟赴仁和主簿

我宗本江南爲將門列戰中葉從淮海不仕但潛德先
祖實起家先君始縫掖議郎爲名士余亦忝詞客風流
以及汝三通桂堂藉汝弱不好弄文章有新格久從先
生游術業良未測武林一都會山水富南國下有賢别
駕上有明方伯干將入砥礪騕褭就銜勒勿矜孔鸞姿
不樂棲枳棘吴中多高士往往寄老釋辨才雖物化參
寥猶夙昔投閑數訪之可得三友益少來輕别離老去
重乖隔念汝遠行役惘惘意不懌道山雖云佳久寓有
飢色功名已絶意政苦婚嫁迫終從大人議税駕邗溝
側追蹤漢兩疏父子老阡陌

送李端叔從辟中山

人畏朔風聲，我聞獨寬懷。豈不知凜冽，爲自中山來。端叔天下士，淹留寒無成。去從中山辟，良亦慰平生。與君英妙時，俠氣上參天。孰云行半百，身世各茫然。當時兒戲念，今日已灰死。著書如結髮，聊以忘憂耳。駸駸歲遒盡，淮海歸無期。功名良獨難，雖成定奚爲。念君遠行役，中夜憂反側。攬衣起成章，贈以當馬策。

淮海集卷第四

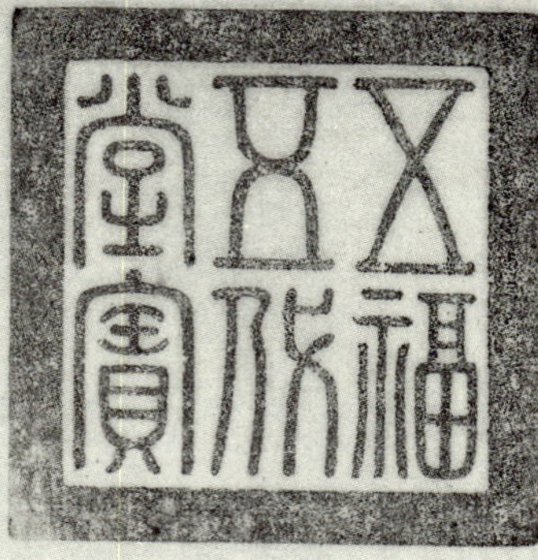
五福五代堂寶

八徵耄念之寶

太上皇帝之寶

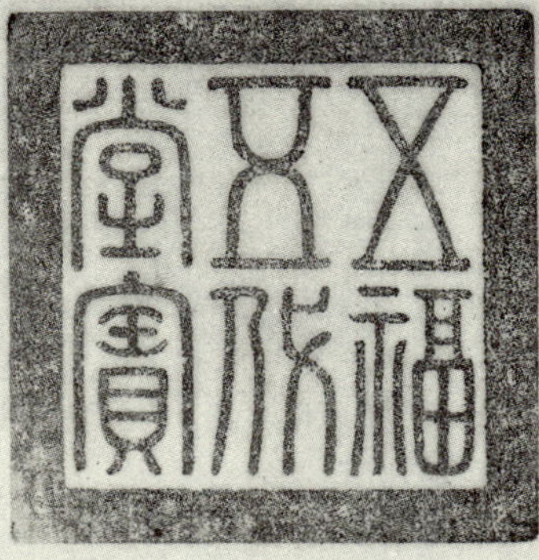
五福五代堂寶

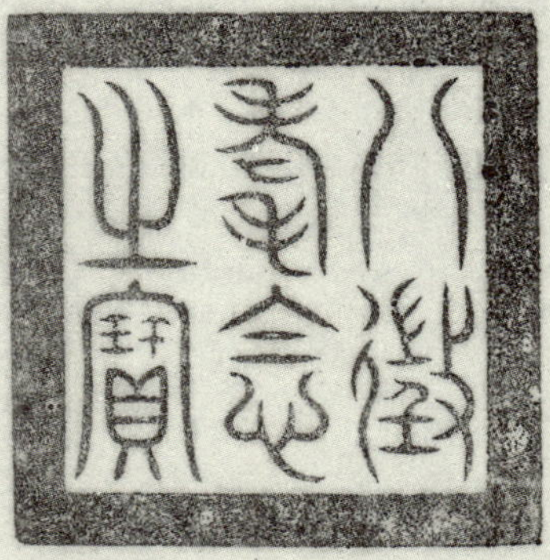
八徵耄念之寶

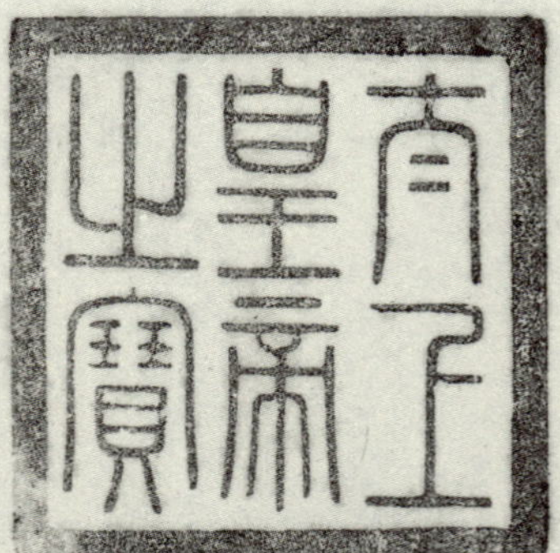
太上皇帝之寶

淮海集卷第五　古詩

秦觀　少游

贈蹇法師翊之

天都九經緯人物如紡績豈無僊聖游但未見衷識蹇師蜀方士鬼物充服役朅來長安城摩挲金銅狄大蛇死已論葛陂囚且釋是事何足云聊爾恤艱厄方從馬明生西去鍊金液丹成得度世造化爲莫逆予亦江海人名宦偶牽迫投劾去未能見師三歎息

送劉貢父舍人二首

虎去藜藿採珠在其川媚君子一詘信實繫天下事念

昔元豐間公初謫南裔託詞弔湘水聞者爲心醉踰年
憸臣逐國老起相繼除公守襄陽士始有生意茲焉歸
法從乃是朝廷計在公何足云事業本餘棄掞垣美花
木入直春正麗同僚看家風立馬揮九制
觀也本諸生早與世參商方枘不量鑿交親指爲狂末
路辱公知賜出非所望相期古人處豈止事文章汝南
雖奧區校官寔始張解鞍一百無有栖栖寄僧坊築室從
有徒皆公借餘光一壺千金直所濟在倉黃萬里猶比
鄰別離無足傷何以報公德修好以爲常

南京妙峯亭 王勝之所作 蘇子瞻題榜

王公㕔承明出守南宫鑰結搆得崇丘蹁然瞰清洛是時謫仙人發軔自廬霍郊原春鳥鳴來此動豪酌報投一何富王楼金刀錯新牓揭守楹千載見遠託碣來訪隊迹物色屬揺落人煙隔島鳫田疇帶城郭紅蕖隕風漪砂礫卷飛韡青青陵上姿獨汝森自若人生如博奕得喪難前約金鎚初控顚已復東方作大明昇中天龍驤入階閣深懲漁奪弊法令一刋削斯民如解懸喜氣鬱磅礴公平數登覽行矣翔寥廓

次韻奉酬丹元先生

金華紫煙客來作牧羊兒至言初無文尋繹自成詩二

景入妙解元氣含煙詞憐我驪蒼浪黃埃眩蟲絲勸解
冠上纓一濯含風猗欄身列鉄外倒躡蜿蜒髻維斗錯
明珠望舒耿脩眉真遊無疆界浩蕩天風吹

送裴仲謨

君才出於德妙高如匠石但見廣夏成不見斧斤迹厚
爲諸兄奉自奉頗云嗇回三生陽亢宗濟俗有慙色汝南
古佳郡月旦評一易爾來似揚州不辨龍蜥蜴短簿髯
參軍喜怒移頃刻正平竟獲免寔是我文舉力念公多乖
隔憂思如紡績恥爲兒女仁到此淚横臆熙朝大烹鮮
賢者不家食朝爲郡縣吏暮作臺省客矧聞諸法從久

爲言貴去去勿重陳九萬自此擧

題雙松寄陳季常

遥聞連理松託根黄麻城枝枝相鉤帶葉葉同死生雖
云金石姿未免兒女情想應風月夕滿庭合歡聲

徐仲車食於學官吏或以爲不可欲罷去之太
守不聽禮遇如初感之而作

許丞老病聾督郵白欲廢賤黄次公鑒裁實精詣朂
勤謝督郵此丞乃廉吏重聽庸何傷善助無失意古人
骨已朽來者復誰繼仲車天下士固非許丞類至行通
神明聞學有根柢若充老更聘自革風俗變太守前已

參寥集卷五　三

聞粟帛餓見賜奈何少年子輒効督郵事道要賢哲窮閭之爲流涕人心如其面難以一律揆所望在次公督郵何足議

次韻夏侯太冲秀才

儒官飽閑散室若僧坊靜北窗腹便便支枕看斗柄或時得名酒亭午猶中聖醒來復何事弄筆賦秋興焉知懶是真但覺貧非病茫茫流水意會有知音聽鐘鼎與山林人生各天性

送張和叔兼簡黄魯直

汝南如一器百千聚飛蚊終然鼓狂鬧啾啾竟誰聞識

郎盛德後清修繼先芬未試霹靂手低回從此君學官
冷於水虀鹽度朝曛閒蒙相煖熱破憂發孤欣君今又
復去冀北遂空羣豈無一樽酒誰與通慇勤大梁多豪
英故人滿青雲爲謝黃叔度鬢毛今白紛

題騕褭圖

雙瞳夾鏡權協月尾鬣風蕭森澤髮鞍銜不施轡復脫
旁無馭者氣騰越地如砥平丘隴滅天寒日暮抱饑渴
驤首號鳴思一發超軼絶壁入恍忽東門京鑄久銷歇
晝一覩丹青亦云沒賴有龍眠戲揮筆眼前時見千里骨
玉臺閶闔相因依嗟爾龍媒空自奇鸞旗日行三十里

焉用逐風追電爲

和東坡紅鞓帶

君不見相如容皃窮不枯卓氏恥之分百奴一朝奉指使節笮駟馬赤車從萬夫仲元君平更高妙寄食耕卜霜眉鬚兩川人物古不乏數子風流今可無參軍少年飽經術期作侍中司御壺老披青衫更躍鞚上馬不用兒孫扶一朝忽解印綬去恥將詩禮攫裙襦懸知百年事已定却笑列仙形甚臞東阡北陌西風入瑞草橋邊人叫呼想見紅團照白髮頹然醉卧文君壚

和王忠玉提刑

嵩峯何其高峯高氣尤淸心念昔秋欲老從公峯下行古木上參天哀禽報新晴脩塗雲外轉槁葉風中零曛黑度伊水眇然古今情黎明出龍門山川莽難名信美非吾土顧瞻懷楚萍美人天一方傷哉誰目成黃綬我聊爾白鷗公勿驚糟醨可餔啜古人忌偏醒

題楊康功醉道士石

黃冠初飲何人酒徑醉頹然不知久風吹化石楚山阿藤蔓纏身蘚封口常隨白鶴亦飛去但有衣冠同不朽異物終爲賢侯得野老田夫豈宜有華陰楊公香案吏一見遂作忘年友日暮西垣視草歸往往對之傾數斗

大夢之間無定論啓毋望夫天所誘彀城或與子房期
西域更爲陳那吼我疑黄冠反見玩若此堅頑定醒否
何當一笑凌蒼霞顧謝主人聊舉手

送蔡子驥用蔡子駿韻

越絶山川遠相屬萬壑千巖抱青緑卧龍一峯稱是奇
遶趾清漪如帶束鏡水春生鷳尾銜稽山日暮猿聲續
三休上輿蓬萊接登眺使人遺寵辱我昔東游觀禹穴
痛飲狂歌得所欲上天何曾有官府鸞鳳日日遭鞭扑
僧坊畫壁閱幾徧神妙難忘獨金粟華年夢斷已十年
又見春風煮餳粥苧羅若耶固依舊可憐雲月誰追逐

故人淡泊出天性鵁鶄巢林一枝足不肯絃歌甘覺虞還同市門隱梅福惟應月下小叢歌尚有哀音傳舊俗

飲酒詩四首

我觀人間世無如醉中眞虛空爲消隕況乃百憂身惜哉知此晚坐令華髮新聖人難驟得得且致賢人

左手持蟹螯舉觴屬雲漢天生此神物爲我洗憂患山川同恍惚魚鳥共蕭散客至壺自傾欲去不容間

客從南方來酌我一甌茗我酌初不啜彊啜且復醒既鑿渾沌氏遂出華胥境操戈逐儒生舉觴還酩酊氏一作竅

畱觴淡如水經年不濡唇爰有擾龍系爲造英靈春英

靈韻豈高黃菊難爲鄰他年血食汝應配杜康神

艇齋 并序

予以出梭史領倅錢塘邂逅得友丁君彥良於陳留官舍丁君彥良年少氣雋誦詩文亹亹不休動有過人語深恨得之晚也臨分以艇齋詩速予賦爲寄題一篇

平生樂漁釣放浪江湖間一兀寄幽艇不憂浪如山聞君城郭居左右圖書環有齋亦名艇何時許追攀釣古不釣今所得孔與顏不然如幽祖跨鶴出雲寰

和裴仲謨放兔行

兔飢食山林兔渴飲川澤與人不瑕玼焉用苦求索矣

寒草枯死見窘何太迫上有蒼鷹鷙禍下有黃犬厄一死
無足悲所耻敗頭顱敢期揮金遇倒橐無難色雖乖犧
者意頗塞仁人責兎兮兎兮聽我言月中仙子最汝憐
不如亟返月中宿休顧商巖并嶽麓

和裴仲謨摘白鬚行

仲將題淩雲比訖鬚盡白陸展媚側室星星染爲黑人
生如寄耳况復形與色澤龕藏山舟夜半輸有力厖眉
三不遇已矣何所惜二毛賦秋興自愛頗姑息聞諸古
盆乾毛髮因地得數窮反其本螻蟻得而食妙年光可
鑒炯若鵝羽戢映梳櫛蕭蕭變化了無隙所以梵志云

昔人已非昔皤然君勿笑子羽以皃失信美如客兒終

翦鬆摩詰我作白鬚行而得養生術

淮海集卷第五

淮海集卷第六　古詩

秦觀　少游

覿覯二弟作小室請書魯直名曰寄寂作此寄之用孫子實韻二首

力田不逢年識者未宜閔他時歳在金百兩無虚稛士生當自量天道平如準汝兄魯叔山正坐不前謹有琴亦無絃何心尚求軫客來欲頽玉大白輙滿引官長既屢罵諸生亦時𩥇一口吸西江玄哉居士藴歳寒知蒼松日暮識丹槿夢想八九椽森然羅玉笥

次韻寄少游　薛宣欲吏雲

季氏或招閔此分曾中秋萬物既收稛賣藥偶知名草玄非近準才難不易得志大略細謹士生要洪毅天地

如蓋軫驥令驂車驂井下知綆引難甘所爾食聊寄綠然驛誰能借前籌還歸用東藴吾閫調羹鼎異味及榆槿豈其供王羞而集會楚筍

南都新亭行寄王子發

洛水浤浤天上動道入隋渠下梁宋宋都堤上十二亭一一飛甍若鸞鳳光華遠繼周王雅宴喜還歸魯侯頌玉觴嚴令肅衣冠金縷哀音繞梁棟娟娟殘月照波翻習習暖風吹鳥哢何處高帆落文鷁誰家駿馬嘶征鞚柳枝芳草恨連天暮雨朝雲同昨夢借問亭名製者誰留守王公才望重胷中雲夢吞八九月解千牛節皆中祥符相公實曾祖庭列三槐多伯仲承明獻直出荊州

轉守此都行大用此都去天纔尺五交廣荆楊歸引控兎園事迹化黄埃清泠文雅堪長慟舳艫銜尾車桂轄昨日出迎今日送送故迎新無已時古往今來相戲弄亭下欹崎淮海客未路逢公詩酒共一樽明日難重持豈恤官期後芒種今年氣候頗云早夭矯梅花春欲縱行見亭中祖帳開千乘送公歸法從

反初

昔年淮海來邂逅安期生記我有靈骨法當遊太清匪中緣未斷方外道難成一落世間網五十換嘉平夜參半不寐披衣涕縱横誓當反初服仍先謝[illegible][illegible][illegible][illegible]陽

之阿餔餟太和精心將虛無合真與元[illegible]昇[illegible]降三境
中高真相送迎琅函紀前績金蕭錫嘉[illegible]耶光洞[illegible]
不借日月明故棲黃埃裏絕想空復情

寄尊薑法魚糟蟹　寄子瞻

鮮鯽經年漬醽醁團臍紫蟹脂填腹後[illegible]葉[illegible]滑於酥
先社薑芽肥勝肉鳧卵累累何足道飣餖[illegible]飧亦時欲
淮南風俗事瓶罌方法相傳為旨蓄魚[illegible]醯[illegible]邊豆
山蔌溪毛倒蒙錄輒送行庖當[illegible]鮮澤居備禮無[illegible]

精思

精思洞元化白日昇高旻俯仰凌倒景龍[illegible]遊如[illegible]

道過紫府弭節聊逡巡金牀設寶几璀璨明月珍僊者
二三子春然骨肉親飲我霞一杯放懷暖如春遂朝玉
虛上冠劍班列真無端拜失儀放斥今自新雲霄難遠
返下土多埃塵淮南守天庖嗟我實何人

送揚康功守蘇

公於萬事輕獨嗜山水重寓直西掖垣滄洲長入夢廣
陵一部會廚酒萬斯甕每歎闕登臨持此將焉用比持
蘇臺節論纘縉紳共翻玄美泉石汔可小嬉弄怱怱治
行李草草别賓從乃知仁智心所樂異庸衆梅花發春
端百卉且興動公等行復反臺閣俟鵷鳳

偶戲

偶戲失班龍坐謫崑崙陰崑崙一何高去天無數尋嘉禾穗盈車珠玉炯成林天飈時一拂清哀動人心一面四百門宮譙雲氣侵闕然竹使符難矣動足登臨君乎仙來按行憐我久滞淫力請始去免反室歲已深親朋喜我來感歎或霑襟塵囊君勿悲殊勝巢欲釜

次韻黃冕仲寄題順興步雲閣

故山無期大刀頭黃塵滌暑未罷休步雲之篇忽我投便見氷玉懸清秋順興山川甲閩甌無風萬壑松颼颼步雲之人人品優御風御寇真其儔仙人乘槎凌斗牛

圖瑞十見天星周褒鶴忽驚空蕙帳周家正要磻溪望

正仲左丞生日

元氣鍾英偉東皇賦炳靈眚敷十一葉椿茂八千齡汗

血來西極搏風出北溟之無分繈褓詩禮學趨庭妙質

珠遺海髙材刃發硎丞更芸閣祕屢直瑣闈青史筆開

凡例綸言正緯經文昌頻啟覆京兆屢空囹遂揔臺綱

紀常參國典刑兩宮隆眷遇諸夏聳瞻聽武略驅雷電

文鋒粲斗星乞閑辭冗濫分逸下青冥騎引雙朱服腰

横萬寶釘明峯春矗矗汝水暮泠泠散策花間徑揮犀

水上亭壺觴延墨客燈燭按歌伶周衮歸公旦商巖夢

武丁久聞虛撲席佇見返皇扃別數汾陽考重鐫宋文銘巍然廟堂上永作丗儀形

病犬

犬以守禦用老憊將何爲踉蹌劣於行纍然抱渴饑主人恩義易勿爲升斗資飽勉不肯去猶若戀藩籬屠膾意得逞焉庖在須斯糟糠固非意豚矢同一時念昔初得寵青韁纏毬絲飼養倏飢飽動止常相隨胡去不終始委逐在衰遲犬死不足道固爲主人悲

贈女冠暢師

艷人剪水腰如束一幅烏紗裹寒玉飄然自有姑射姿

回看粉黛皆塵俗霧閣雲牕人莫窺門前車馬任東西
禮罷曉壇春日靜落紅滿地乳鵶啼

和子瞻雙石

天鑱海瀆石鬱若龜毛綠信爲小仇池氣象宛然足逹
巖下空洞鼎張彭亨腹雙峯照清漣春眉鏡中蹙疑經
女媧鍊或入金華牧鑪熏充雲氣研滴當川瀆尤物足
移人不必珠與玉道旁初無異漢將疑虎伏支機亦何
據但出君平卜奇礓入華林傾都自追逐我願作陳郡
令吼震山谷一拳旣在夢二騶空所欲大士捨寶陁仙
人遺句曲惟詩落人間如傳置郵速

徐得之閑軒

建安自古多俊髦徐子磊落尤其豪論兵說劒走湖海身勤事左無所遭遺緑水五校已屠膾黑衣三衛羞徒勞歸來故山便卜築脫棄萬事輕鴻毛横前澗水漱哀玉傍舍老櫪藏飛猱山蔬何用嫓粱肉鶴髮未必輸青袍追寒弄月有真意慎勿輕語傳兒曹

雷陽書事

駱越風俗殊有疾皆勿藥束帯趨祀房用史巫紛若絃歌薦蠒栗奴主洽觴酌呻吟殊未央更把鷄骨灼一笛一腰鼓鳴聲甚悲涼借問此何爲居人朝送殤

郭披莽蒼磨刀向猪羊何須作佳事鬼去百無殃

舊傳日南郡野女出成群此去尚應遠東門已如雲豈

氓託絲布相就通慇懃可憐秋胡子不遇卓文君

海康書事十首

白髮坐鉤黨南遷海瀕州灌園以餬口身自雜蒼頭籬

落秋暑中碧花蔓牽牛誰知把鋤人舊日東陵侯

荔子無幾何黃甘遽如許遷臣不惜日恣意移寒暑詹

巢俯雲木信美非吾土草芳自有時鶗鴂何關汝

卜居近流水小巢依嶔岑終日數椽間但聞鳥遺音鑪

香入幽夢海月明孤斟鷓鴣一枝足所恨非故林

培塿無松栢駕言出焉遊讀書與意會却掃可忘憂尺
蠖以時詘其信亦非求得歸良不惡未歸且淹留
粵女市無常所至輒成區一月三四遷處處售鰕魚青
裙腳不襪臭味猨與狙孰云風土惡白州生綠珠
海康臘己酉不論冬孟仲殺牛撾祭鼓城郭爲沸動雞
非堯曆須自我先人用大笑荊楚人嘉平臘雲夢
粲粲養摩勒作湯美無有上客賦驪駒玉奩開素手那
知蒼梧野棄置同芻狗荊山玉抵鵲此事繇來久
喬土桑柘希蠶月不紡績吳綃與魯縞取具艑船客一
朝南風發家室相怵迫半賈鬻爾殘藏倍稱還逋息

一兩復一暘蒼茫颶風發怒號兼晝夜山海爲顛蹶二儀
何大塊噫乃爾不可遏黎明衆竅虚白日麗空闊
合浦古珠池一熟胎如山試問池邊蜑云今累年閉豈
無明月珍轉徙須渤閒何關二千石時至自當還

次韻曾存之嘯竹軒

翩翩曾公子子猷定前身嗜好準疇昔了然不緇磷寄
食平準官植竹當比鄰朝與竹相對暮與竹相親安可
一日無此君眞可人

游仙二首

服形一百神朝剸心萬緣盡我無退轉境何以有精進戲

為汗漫游八極一何近渺渺東海水纍纍北邙墳向來
歌舞處忽復成荒村愚人如鹿耳其死了無魂孰知九
霄間玄圃枕崑崙縹緲化人衣蒼雞誰與捫
雲車自天來駕言游混茫手持太一節身佩使者章龍
虎傍夭矯馬龜伏以翔朝元紫微上所覩浩難量寶網
結萬珠參伍相煌煌花品不知數妙英拆玄房宮殿隱
人身處處輒清涼危鬢擢貞玉高謝人間粧二三古鬟
眉冠雲帶含光遺我飛霞佩副以明月璫再拜敬服之
百毛發靈香

次韻答張文潛病中見寄

與君涉世網所得如鉤溫念昔相乖離俯仰變寒暄把袂安可期寄書囑加飧三年汝水濱孤懷誰與言末路非所望聯鑣金馬門校文多豫暇玄談到羲軒孰云答簪小史青垂後昆匪惟以舊聞抵梧良可刊比枉病中作筆端淮海奔亟駕問所苦兀坐一室閑晤對不知夕歸途斗星懸平時帶十圍頗復減臂環君其專精神識恙不足論愷悌神所勞此理直如絃

送喬希聖

鷃翔蓬蒿非所悲鵬擊風雲非所喜貴賤窮通盡偶然回頭揔是東流水我思田文昔相齊朱袍照日如雲霓

三千冠珮醉明月清歌一曲傾玻璃如今陳迹知何在
但見荒冢煙蕪迷又思原憲昔居魯門戶東西閉環堵
杖藜對客騁高談自覺胷襟輩堯禹如今寂寞已成塵
空有聲名掛千古送君去何時回世間如此令人哀我
徒駐足不可久笑指白雲歸去來

與子瞻會松江得浪字

松江浩無旁垂虹跨其上漫然銜洞庭領略非一狀怳
如陣平野萬馬攢穹帳離離雲抹山窅窅天粘浪煙中
漁唱起鳥外征帆颺愈知宇宙寬斗覺東南壯太史主
文盟舊蒙盡詩將超搖外形檢語笑供頡頏嬉娟蠹

遇漲剩亦從放獨留三百錢聊用沃軒曠子瞻得風字

吳越溪山興未窮又扶衰病過垂虹浮天自古東南水送客今朝西北風絕境自忘千里遠勝遊難復五人同舟師不會留連意擬看斜陽萬頃紅

二子緣詩老更窮人間無處吐長虹平生睡足連江雨盡日舟行擘岸風人笑年來三黜慣天教我輩一罇同知君欲寫長相憶更送銀盤尾鬣紅

參寥得岸字

蜿蜒跨長虹吳會稱傑觀淪漣幾萬頃杖目失垠岸倒景射遙山青螺點空半從來誇震澤勝事無昏旦破浪湧長鬐排空度飛翰跡肝入清境劃若春冰泮安得夌九垓從公遊汗漫

淮海集卷第六

淮海集卷第七 律詩五言七言

秦觀 少游

德清道中還寄子瞻

投曉理竿棧溪行耳自醒蟲魚各蕭散雲日共晶熒水荇重深翠煙山疊亂青路迴逢短榜崖斷點孤翎叢薄開羅帳淪漪寫鏡屏踈籬窺窅窕支港泛笭箵遠溆依微見哀猿斷續聽夢長天杳杳人遠樹冥冥旅思揺風旆歸期數月蓂何時燃蜜炬復聽閤前鈴

次韻子由題斗野亭

滿市花風起平堤漕水流不堪春解手更爲曉停舟古

埭天連鴈荒祠木蔽牛杖藜聊復爾轉眄夕煙浮 子由詩

細雨添春色微風靜開流勞生兩蓬鬢生計一扁舟
飲食隨魚蟹封疆入斗牛風波方在眼轉覺此生浮

鮮于子駿使君生日

惟昔高堂夢熊羆兆吉占氣鍾西蜀秀時應仲秋嚴江漢揮犀尾風雲下筆尖微辭追屈宋精義到黃炎操覆森寒栢名聲耿夜蟾擊彊鵰鶚健治劇鷸鶵銛使者旌旄易將軍印綬添鴛鴻隨步武虎豹入韜鈐錦覆郎官被彤垂太守襜兩行分蜜炬十里上珠簾禮士常懸榻誅姦或奮髯雨堂昏絳帳風帙亂牙籤銀漢星初換金莖露已霑歡聲連北固壽邑亘東漸麗句充文几奇香

切玉奩簪紳五福具罇俎四難兼賤子真殊幸清摽獲屢覘誤蒙雕朽木猥辱畫無鹽嘉運方熙洽英才豈滯淹佇公歸法從行道慰民瞻

輦下春晴

樓闕過朝雨參差動霽光衣冠紛禁路雲氣繞宮牆亂絮迷春闊鶯花困日長經旬辜酒伴猶未獻長楊

睡起

睡起東軒下悠悠春緒長爬搔失幽囀敧欠墮危芳蝶網留晴絮蜂房受晚香欲尋初斷夢雲霧已冥茫

次韻莘老初至湯泉二首

夾路山重複參天樹老蒼一區成小市數埒引溫湯洗
沐同幽客餔飧就梵坊未輸朝市子斗酒得西涼
年華行已老林莽尚葱蒼地勝連龍洞泉溫注鬼湯人
風遠城市鍾梵近僧坊九夏來投錫棲心應更涼莘老詩
川谷閟深阻天時正莽蒼聊同不速客來浴自然湯
茂宰薦休政道人棲淨坊悅如登十地熱惱頓清涼

過六合水亭懷裴博士次韻三首次莘老韻

昔同裴博士酌酒俯庭柯晚岫潭潭碧風池瑟瑟波蒼
崖遺老沒白首故人過轉眄成陳迹勞生可奈何
晚憩孤亭上羸驂繫斷柯荒門寒帶路空檻闊增波往
事青山在餘生白鳥過誦言成絕唱疊疊追陰何

折柳相從地重來失舊柯林光延晚照岸影動波陽

浦檀欒密當簷翡翠過主人成異物搔首奈情何

懷孫子實

舉眼趨浮末斯人獨好脩青春三不惑黃卷百無憂王

出方流潤鸞鷟停翠竹幽相思自成韻不必寄西郵

對淮南詔獄二首

一室如懸磬人音盡不聞老兵隨卧起漂母給朝饘樊

雉思秋野鞲鷹望暮雲念歸忘食事日減臂環分

淮海行搖落文書亦罷休風霜欺獨宿燈火伴冥搜笳

動朱樓曉參橫粉堞秋更擠飛鏡破應得大刀頭

次韻荅米元章

嗜好清無滓周旋粲有文揮毫春在手岸幘海生雲花鳥空撩我尊罏正屬君惟應讀雌蜺差不愧王筠

宿參寥房

鄉國秋行暮房櫳日已瞑驚風多犯竹破月不藏星鈎箔簷花動抄書燭燼零非關相見喜自是眼長青

次韻蔣穎叔南郊祭告上清儲祥宮 二十六韻

特起朝陽內祠宮極邃清高窗闥玉女巨闕守昌明盛掩秦諸時雄逾漢兩京垣橫天上紫洲露海中瀛黃帝初龍躍中原罷虎爭樵夫亦談道行旅不持兵此地脩

禮檜王時保利耳栢梁災未幾陳寔詔重營御書金續出慈闈服玩并標題動宸翰撰次鸞鴻生玉刻黃冠印金書秘殿名妙經藏洞觀真籙佩威盟仙溜花間靜瓊枝物外縈鑾禋承帝祉肆眚順民情天施寧論報風行不計程近導聞磬管時或見旌旄海嶽朝雙闕星辰集上楹禮如尊太一事異寵文成大似圓丘報長於至日迎侍臣來祭告法駕欲時行鑾車通元氣高真達孝誠慶增黃帝系壽續太陰精西北夷門峻東南輦路傾雲行博山氣風卷步虛聲符貺方期應英髦各彙征謳歌興法從可見泰階平

次韻米元章齋居即事

庭木雙株茂盆池一掬慳支頤魚出樂入背鳥知還老境行將及仙書讀未閑因君歌鳳過逋昔夢歸山

次韻酬陳傳道

白髮三冬學青衫八尺身誰知人上傑聊作吏中循揮翰通元氣開編友古人寄聲張氏子曲逆豈長貧

次韻傳道自適兼呈都司芸叟學士

楚國陳夫子周南頗滯留弊袍披縞葉瘦馬兀扁舟藥餌過三伏文書散百憂何人共禪悅居士有浮休

擬郡學試東風解凍

寶歷開新歲春回斗柄東澌生天際水凍解日邊風[illegible]
蕩傒蘋起侵尋帶雪融江河霜練靜池沼玉奩空魚潛
雍容裏雲霄俯仰中更無舟楫礙從此百川通

駕幸太學

原廟初更十二章還輿詔蹕幸諸庠法天辟水遥迎仗
應月深衣不亂行風動四夷將遣子禮行三舍遂賓王
前知此舉追虞氏果有球音發舜堂

題閻求仁虛樂亭三首 前二首芋老

禪房幽構徑彎環噪鶴鳴鳩盡日閑隱几寘濠超物表
畫圖縣縣見林間褰簾雲吐池中月岸幘天横竹外山

秋興已闌成麗句板輿時此慰慈顔

長官平昔嗜林丘僧與開亭待勝遊脩竹回環扶碧瓦

小池方折轉清流春深鷓鴣催詩句夜靜蟾蜍入酒舟

只恐政成留不得縣人空此憶韋遊

誰構新亭近翠微似教陶令狎天機池光引月來簷廡

竹影號風到客衣愛酒有時攜玉斝無絃聊自拂金徽

人間此樂應無幾肯向良辰與物違

懷李公擇學士

一辭行旆楚亭皐幾爲登臨掛鬱陶逢斷草枯時節晚

山長水遠夢魂勞流傳玉刻皆黃絹早晚金閨報大刀

寘牽方疑鬼神車順風行看駛鴻毛

次韻二首

青鬢從遊各白袍老來邂逅更陶陶尺書繼月傳雙鯉
相見何時詠百勞諫草十年聊閣筆坐棠三郡不更刀
靈崖瀑水堪行樂時事紛紛劇蝟毛

畫船京口見停橈蕭洒渾疑謝與陶但把好山供勝踐
不將餘論掛塵勞諫垣天上經焚草藩國年來屢夢刀
北路近傳新政美未嘗因物彊吹毛

題湯泉二首

滿斛泠泠注不窮幻塵乾慧洗皆空法流水接諸天上

神瀵香聞一國中金粟示爲除病惱跋隆仍巳獲圓通

馬蹄又入風埃去回首吳吟謝遊翁湯泉有遊翁

温井霜寒碧甃澄飛塵不動玉奩清老翁仙去嬴驂共

太子東歸廢沼平據石聊爲寶陀觀決渠還落堰溪聲

浣腸灌頂雖殊事一洗勞生病惱輕

寄題王欽之自圓庵

誅茅圯户結圓廬從事風流入畫圖珠箔[illegible][illegible]藏濕沚

葛巾藜杖造虛[illegible]閒居士天花室畫[illegible][illegible]人白玉壺

遥想吏行凫鶩散沉煙一穗封[illegible][illegible]

浣腸亭并次韻二首

繚繞雲巒欲盡頭灑然華構引飛流朱盤瀲灔閑水去
碧甃縈紆走玉虬毛骨漸驚超濁界風煙驟覺變清秋
更憐白足如霜句可羨溪邊六逸遊
卧龍西畔北池頭水壁華堂瑟瑟流幾曲漪漣觥盈翠帶
一峯孤秀浴蒼虬香囊近午清無汗素扇生涼爽入秋
待喚畫師來貌取圖成便是竹溪遊

遊龍門山次程公韻

路轉横塘入亂峯遍尋蕭洒興無窮樓臺特起喧卑外
村落隨生指點中溪傍五雲清逼玉松分八面翠成宮
歸途父老欣相語今日程公昔謝公

遊龍瑞宮次程公韻

靈祠眞館閟山隈形勢相高對越臺苺徑翠依屛上轉藕花紅繞鑑中開鶴銜寶箭排烟去龍護金書帶雨來夾道萬星攢騎火滿城爭看使君回

次韻朱李二君見寄二首

東阡北陌坐淹時偶爲高風振羽儀十丈蓮花開處遠三年楮葉刻成遲鬢毛俱逐安仁老錢粟難輸曼倩飢尚賴故人遙省憶發揮春色有新詩

萬古流空一鳥沉衣冠常苦事違心七行俱下知君舊四者難并笑我今梅已偷春成國色雲猶憑臘造天陰

美人綠綺頻遥贈莫致南金增永吟

睡足軒二首

長年憂患百端慵開斥僧坊頗有功地撤蔽虧僧界淨人除荒穢玉奩空青天併入揮毫裏白鳥時與隱几中最是人間佳絶處夢殘風鐵響丁東

數椽空屋枕清流一掃蕭然散百憂終日掩關塵境謝有時開卷古人遊鳴鳩去後滄浪晚飛雨來初菡萏秋此處便令君睡足何須雲夢浮南州

淮海集卷第七

淮海集卷第八　律詩七言

秦觀　少游

寄孫莘老少監

一出承明七换麾君恩復許上彤墀白衣蒼狗無常態
璞玉渾金有定姿天上圖書森似舊人間歲月滚如馳
鼇頭只在蓬山半行赴蟠桃熟後期

次韻馬忠玉喜王定國還自濱州

淮海相逢一解顔紛紛歲月夢魂間初驚漁艇逐花去
忽認星槎拂斗還桂嶺暮登猿斷續槐堂春到鳥綿蠻
石渠舊議行當復未信佳時得自閑

寄李公擇郎中

節旄淮畔脫秋風忽跨鯨魚上碧空華秀兩跗當重露文成五色在高桐江南又說衣冠盛廷右仍瞻禮樂隆朝覲既外淮海見濃濃兩雪自消融

寄李端叔編修

蘇亭解手屬冬春聞道歸來白髮新馬革裹尸心未艾金龜換酒氣方震夢魂偷遶邊城月導從公穿禁路塵知有新編號横槊爲憑東使寄淮濱

寄題倪麥復北軒

倪郎才韻照冰壺北向開軒頗自娛簷度蕙風鳴鵠鷂

壁經梅雨畫蝙蝠觥籌交錯銀河掛文史縱橫角簟鋪
官舍私居同是漫莫嗟三徑就荒蕪

寄題盧君斗齋

俠氣軒軒翰墨場邅迴世路鬢成霜出從車馬行千里
歸與琴書寄一方鳥囀入簾春欲破爐香侵夢日初長
扁舟會有山陽役聊借狂夫挹酒漿

次韻酬周開祖宣義

并州令尹古人風淮海相忘十載中麗句曉披花綺詩
清談初扣玉丁東追攀昔共猗玗子嗜好今同桑苧翁
所惜華船輕解繂未窺笠澤故書叢

送王元龍赴泗州糧料院

子猷風味最諸王試吏聊懷莞庫章鷁峙碧桐初振羽珠遺滄海漸騰光淮山暮眺千峯擢洛水秋輸萬鵠翔顧我行爲太梁役一卮薄酒話愁腸一作爲公繫馬一傳觴

次韻子由題九曲池 廣陵五題

蕭瑟通池閟茂林岸傍無復屬車音涵春似恨隋家遠漲曉疑連蜀井深闢草事空煙冉冉司花人遠樹陰陰勞生俛仰成陳迹縱有遺聲可用尋子由詩嵆老琴彈怨廣陵隋家水調寄哀音可憐九曲遺聲盡惟有一池春水深鳳闕蕭條荒草外龍舟想象緑楊陰都人似有興亡恨每到殘春一度尋

次韻子由題平山堂

棟宇高開古寺間，盡收佳處入雕欄。山浮海上青螺遠，天轉江南碧玉寬。雨檻幽花滋淺淚，風巵清酒漲微瀾。遊人若論登臨美，須作淮東第一觀。子由詩：堂上平看江上山，晴光千里對憑欄。海門僅可一二數，雲夢猶吞八九寬。簷外小棠陰蔽芾，壁間遺墨涕汍瀾。人亡坐覺風流盡，遺構仍須子細觀。

次韻子由題蜀井

蜀岡精氣滀多年，故有清泉發石田。乍飲肺肝俱澡雪，久窺杖屨亦輕便。炊成香稻流珠滑，煮出新茶潑乳鮮。坐使二公鄉思動，故極西望欲揮鞭。府尹司封、高安著作皆是蜀人。子由詩

信脚東遊十二年甘泉香稻憶歸田行逢蜀井恍如夢
試煑山茶意自便短綆不收容盥濯紅泥仍許置清鮮
早知鄉味勝爲客
遊宦何須更著鞭

次韻子由題摘星亭 迷樓舊址

崑崙左右兩招提中起孤高雉堞西不見燒香成宿霧
虛傳裁錦作障泥螢流花苑飛星亂蘚滿春城綠髮齊
長憶凭欄風雨後斷虹明處海天低 障泥事見李商隱隋宮詩 子由詩
闕角孤高特地迷迷藏渾忘口東西江流入海情無限
暮雨運山醉似泥夢裏與士癡未覺後來愁思獨難齊
只堪留作遊觀地
看遍峯巒處處低

次韻子由題光化塔

古佛悲憐得度人應緣來現比丘身水流月落知何處

花發鸎啼又一春方外笑談清似玉夢中煩惱細如塵

老僧自説從居此却悔平時事遠巡寺內許山頭孤塔問眞人去是僧伽笄二身處處金錢追晩供家家爇變保新春欲求豈外無心地一掃胷中累劫塵方丈近聞延老宿清朝解客語遶巡

次韻子瞻贈金山寶覺大師

雲峯一變隔炎涼猶喜重來飯積香宿鳥水干迎曉鬧亂帆天際受風忙青鞋踏雨尋幽徑朱火籠紗語上方珍重故人敦妙契自憐身世兩微茫子瞻詩誰能斗酒博西涼但記齋廚法鼓香積寺眞同一夢覺高談爲洗五年忙清風還眞山阿幽興月常隨屋角方稽首願師憐久客直將歸路指茫茫

遊鑑湖

畫舫珠簾出繚牆天風吹到芰荷鄉水光入座盃盤瑩
花氣侵人笑語香翡翠側身窺淥酒蜻蜓偷眼避紅粧
蒲萄力緩單衣怯始信湖中五月涼

謁禹廟

陰陰古殿注脩廊海伯川靈儼在傍一代衣冠埋石窆
千年風雨鎖梅梁碧雲暮合稽山暗紅芰秋開鑑水香
今我免魚繇帝力恨無歌舞奠椒漿

蓬萊閣

雄簷傑檻跨峥嶸席上風雲指顧生千里勝形歸俎豆

七州和氣入簫笙人遊晚岸朱樓遠鳥度晴空碧嶂橫

今夜請看東越分藩星應帶少微明

程公闢次韻

半天鍾鼓宴崢嶸早晚陰晴景旋生湖暖水香春載酒月寒雲白夜聞笙金鼇破海頭爭並玉鷺排煙陣自橫我是蓬萊東道主倚欄先占月初明

別程公闢給事

人物風流推鎮東多郎持節作元戎罇前倦客劉師命

月下清歌盛小叢裘弊黑貂霜正急書傳黄犬歲將窮

買舟江上辭公去迴首蓬萊夢寐中

程公闢次韻

君家仲父早相從晚接清談有阿戎曲水觴情林竹茂小山招隱桂枝叢與時搏擊飛終遠隨處登臨興莫窮人下天來應聞得高名已到月華中

中秋口號

雲山簷楯接低空公宴初開氣鬱葱照海旌幢秋色裏
激天鼓吹月明中香槽旋滴珠千顆歌扇驚圍玉一叢
二十四橋人望處台星正在廣寒宮

客有傳朝議欲以子瞻使高麗大臣有惜其去
者白罷之作詩以紀其事與莘老同賦

文章異域有知音鴨綠差池一醉吟頴士聲名動倭國
樂天辭筆過雞林節旄零落氊吞雪辯舌縱橫印佩金
奉使風流家世事幾隨浪拍海東岑此一首莘老作
學士風流異域傳幾航雲海使南天不因名動五千里

豈見文高二百年貢外別題求妙札錦中翻様織新篇

淹留却恨鴛行舊不得飛觴■尚上蹕前

淮海集卷第八

（宋）秦觀　撰

宋本淮海集

第二册

國家圖書館出版社

第二册目録

卷九　律詩　七言

卷十　絶句

卷十一　絶句

淮海集卷第九

秦觀　少游

顯之禪老許以草庵見處作詩以約之

汩汩塵勞不自堪駝裘鞭馬度晴嵐洞天窅窕清都邃神水歊蒸翠釜涵列岫過霜仍晻曖雙松迎臘正驂驔此心久已蒙師指更許山中爲結庵

橡葉岡頭驛馬銜區中奇觀得窮探崖空飛鼠聲相應江靜群峯影倒涵居士碧雲裁秀句道人哀玉扣清談偶成二老風流事不是三乘宿草庵　參寥次韻　盤盤秀嶺拱層簷方丈門關揖翠嵐風激松梢聲間發月留泉底影相涵先機清曉猊臺震險句窮宵虎穴探白傳異時修故事杖藜

應許到蓬壺

和莘老游龍洞

舉蕭傳火度冥冥乍入清都醉魄醒草隱月崖垂鳳尾風生陰穴帶龍腥壁間泉貯千鍾碧門外天横數尺青更欲仗節留頃刻却疑朝市已千齡 唱首詩側徑縈紆入杳冥神鑱鬼鑿路巖扃天懸乳石嬰華蓋壁隱莓苔矗翠屏九道寒江雲外白一泓陽井雪中青還同康樂登臨海可共羊河筆不停參寥和瞳朧杲日破林坰笑語相將馬暫停路與徐徐爭險磴身隨鴻鵠入青冥巉巖曲穴疑無底蟠屈蒼虬信有靈能使謝公詩興動宛如游刃發新硎

送蔣穎叔帥熙河二首

侍臣不合出都門爲有威名藩漢尊戶部左曹回妙手

何妨右臂落清罇揮毫珠璧生談笑轉盻龍鸞在[illegible]

滄海一空何足道歸來黃閣坐調元

天馬蒲萄隔玉門漢廷誰更畜貌如尊行臺曉日屯千騎

祖道春風屬一罇莫許留犂輕結好使令歐脫復游魂

要須盡取熙河地打鼓梁州看上元

和劉僕射感舊言懷寄蘇左丞左丞昔守南京

僕射方爲幕客今同爲執政作此詩僕射詩略

記其一聯云論文青眼今猶在報國丹心老更同

三禁提衡系擾龍拜無燒尾有家風班行舊號青雲士

賔主今爲黃閣公炯炯坐屏雲母隔珊珊行佩水蒼同

自驚初到蓬萊上便見驪珠出海宮

西城宴集元祐七年三月上巳日詔賜館閣官花酒以中澣日游金明池瓊林苑又會於國夫人園會者二十有六人二首

春溜泱泱初滿池晨光欲轉萬年枝樓臺四望煙雲合簾幕千家錦繡垂風過忽聞花外笑日長時奏水中嬉太平誰謂全無象寓在群仙把酒時 次王敏仲少監韻

宜秋門外喜參尋豪竹哀絲發妙音金爵日邊樓壯麗彩虹天際卧清深已煩逸少書陳迹更屬相如賦上林猶恨真人足官府不如魚鳥自飛沉 次王仲至侍郎韻

清明前一日李觀察席上得風字

病軀寒食百無悰，偶到平陽舊第中。池館信爲三輔冠，盃盤直有五陵風。美人賦韻分春色，上客揮毫奪化工。白髮漸於花柳薄，但憐流水碧相通。

次韻羅正之惠綵扇

吴客新裁製素綵，名郎持贈意俱圓。有人充户修明月，無女乘鸞向紫煙。供奉宜升清暑殿，動揺合作御風仙。誰知揮却青蠅輩，功在春蠶一覺眠。

寄新息王令藏春塢

令君才高寺爲空，歲時行樂與民同。旋開小塢藏春色

更製新聲寫土風客向罇前忘爾汝路穿花去失西東
無言嫣女今焉在桃李相傳恨未窮

送劉承議解職歸養

征馬蕭蕭柳外鳴議郎歸養洛陽城登山尚記飛雲處
罷吏端如棄唾輕爲米折腰知我拙下車入里見君榮
堂前萬少宜秋色獻壽還應旋製聲

次韻王仲至侍郎會李觀察池上

螭口清漪下玉欄隔花時聽鳥關關酒行寒食清明際
人在蓬壺閬苑間天近省闈御月麗春偏戚里將星閑
急恩歸去焚香坐靜聽撈嚴看入還

慶張君俞都尉留後得子

天上吹簫玉作樓蟠桃熟後更無憂內家報喜車凌曉太史占祥斗掛秋龍得一珠應獻佛虎生三日便吞牛魯元福祿何人似坐見張敖數子侯

寄題趙侯澄碧軒

風流公子四難并更引清漪作小亭潤及玉階春漲雨光浮藻井夜涵星捲簾几硯成圖畫倚檻鬚鬢入鏡屛何日解衣容借榻臥聽螭口瀉泠泠

寄張文潛右史 一云次韻參寥寄蘇子瞻時聞蘇除起居舍人

解手亭皋纔幾月春風已復動林塘稍遷右史公何泰

初閱除書國爲往日出想驚儒發冢風行應罷女爭桑

東坡手種千株柳聞說邦人比召棠

次韻裴秀才上太守向公二首

東風已動北風歸寒氣侵尋自齊威何處管絃傳臘酒

誰家刀尺制春衣使君英妙開蓮幕別駕風流出粉闈

唯有廣文官獨冷終年如坐水邊磯

上客新從潁尾歸使君高會列南威風將沉燎縈歌扇

雪帶梅香上舞衣飜樣雲團分御帑如椽蜜炬出宮闈

食前方丈羅珍怪却訝犀燃牛渚磯

次韻太守向公登樓眺望二首

茫茫汝水抱城根野色偷春入燒痕千點湘妃枝上淚
一聲杜宇水邊魂遥憐鴻隙陂穿路尚想元和賊負恩
粉堞女牆都已盡恍如陶侃夢天門
奄烟起處認孤村天色清寒不見痕車輞湖邊梅濺淚
壺公祠畔月銷魂封疆盡是春秋國廟食多懷將相恩
試問李斯長歎後誰牽黄犬出東門

寄錢節 時節出爲揚州從事新鄉兼簡參寥

論月柴門不浪開命車良爲故人來茫然極目春千里
尚想愁腸日九回緑水池邊聊復爾黄糧枕上信悠哉
何時共約參寥子自擷青菁作飯材

贈劉使君景文

落落衣冠八尺雄魚符新賜大河東穰苴兵法申司馬曹植詩原出國風拈筆古心生篆刻引觴俠氣上雲空石渠病客君應笑手校黃書兩鬢蓬王仲至和每愛揚雄解薦雄喜君歸與自江東軒昂豈爲兵家學磊落真餘國士風垂橐忽驚詩滿卷近惠子詩一卷論文常負酒鐏空邊州千騎新居上莫憶鱸魚記棹蓬曹子方和使君家世本英雄名字流傳久已東遠略未歸燕塞石多材聊賦楚臺風滿頭霜雪心猶壯萬卷圖書室屢空却愧故情於我厚高車時有過蒿蓬劉景文自和天祿誰嘲寂寞雄吹噓亦忒誦河東淹留未試曾中策慷慨聊生座上風客至採珠邊筍滿日長吹玉植橐空一篇憐我飄飄去敢似曹家詠轉蓬詩云飄飄隨長風

荅龔深之

深巷茅簷日漸長臥看花鳥競韶陽惜無好事携罇酒賴有鄰家振燭光尚友頗存書萬卷封侯正闕木千章錯刀錦段相仍至小子都忘進取狂

次韻答裴仲謨

十年淮海閒居草偶遣兒童次第成方愧貧家矜敝帚忽蒙鄰壁借餘明文昌但顧花前老張翰何須身後名移病閭門參拜阻臥聽車馬去來聲

答曾存之

環堵蕭然汝水隈孤懷炯炯向誰開青春不覺書邊過白髮無端鏡上來祭竈請鄰聊復爾賣刀買犢豈難哉

故人休說封侯事歸釣江天有舊臺

春日寓直有懷參寥

觚稜金爵自岧嶤藏室春深更寂寥捫虱幽花㪚露葉岸巾高柳轉風條文書几上髩須變鞍馬塵中歲月銷何日一節江海上與君徐步看生潮

次韻裴仲謨和何先輩二首

聞說何郎操行端蕭然環堵若爲安鳥啼花發阻攜手不遠山高空憑欄別後想多黃絹作春來尤厭惠文冠兩章讀罷知高義貴賤交情自古難

長淮古郡寡參尋兀兀長如鶴在陰支枕星河橫醉後

入簾風絮報春深青山未落詩人手白髮誰知國上心

多謝名郎傳綠綺愧無佳句比南金

荅閻求仁謝參寥彥温訪於墳所

老濞城西木半摧崑崙岡下路新開故人此地銜憂去禪客他時問疾回聞爲樹風增永感却因水鳥證西來

已謀寒食驅羸馬細聽清談動玉京

次韻劉遜父以寧齋詩二軸作以還之

揚舲偶過海邊州一見名郎破百憂荀氏諸龍俱俊偉河東小鳳最風流明珠白璧俱投報細草幽花入獻酬別駕舊齋何足念文昌新府待公游

次韻何子温

一星就起海隅傍縣弩前驅過射陽行見斯民無重困

坐令吾道有餘光簿書不礙詩人筆猿鳥常窺使者章

談笑自然群吏肅何須酒後次公狂

次韻宋履中近謁大慶退食館中

翠華初到殿中間三館諸儒共一班迎謁曉廷清蹕近

退穿春仗綵旗閑病來怕飲東西玉老去慚陪大小山

知續春明退朝録借觀當奉一瓻還

與鄧慎思沐於啓聖遇才子端叔

羸兵瘦馬犯黃塵自笑區區甚辛衰身不是對花能伏老

自緣無酒可澆春校書天祿陪群彥睎髮陽阿遇故人
三百六旬如此少更添香火坐逡巡

和程給事贇闍黎化去之什

風流雲散越王城珍重闍黎願力成不使鄧尼驚倒化
衹教白傳歎先行早因妙契窺曹洞竟以清芬繼肇生
迴首中庭旌騎散月華還可一方明

再賦流觴亭

仙山遊觀甲寰瀛不比人間自雨亭歌斷瑶池雲杳杳
酒行金谷水泠泠珠簾卷雨驚秋近羅韤凌波笑客醒
月下珮環聲更好應容揮麈伴公聽

燕觴亭

碧流如鏡舞觴飛夏木陰陰五月時清渭日長遊女困
武陵春去落花遲玉笙吹罷觥籌錯蠟炬燒殘簪珥遺
吴越風流公第一未輸山簡習家池

會蓬萊閣

冠裳蓋座灑清風軒外時聞韻韡龍人面春生紅玉液
銀盤煙霞複紫駝峰天涵秋色山山共樹攬鄉思葉葉望
便欲買船江北去爲懷明德更從容

次韻侍祠南郊

風馬雲車下九天郊柴初告帝心虔天如倚蓋臨壇上

星若連珠繞御前縹緲佩環參雅奏岧嶤樓閣抱非煙
侍臣舉酒欣相屬醉看參横左右肩

與李端叔遊智海用前韻

點目誰能化兩龍超然想見古人風紅塵稍與僧家遠
白髮偏於我輩公休計浮名千載後且欣湯餅一杯同
何時並築邦溝上引水澆花半畝宮

和黄冕仲寄題延平冷風閣

冷風三伏是清秋雖有炎蒸不汝留滿地溪山歸藻井
有時絲管下滄洲快哉便得逍遥趣偶爾還成汗漫遊
誰謂發揮無妙手賦淩楚玉有家丘

次韻謝李安上惠茶

故人早歲佩飛霞故遣長須致茗芽寒橐遽收諸品玉
午甌初試一團花著書懶復追鴻漸辨水時能効易牙
從此道山春困少黄書剩校兩三家

次韻范純夫戲答李方叔饋筍兼簡鄧慎思

楚山冬筍斸寒空北客長嗟食不重秀色可憐刀切玉
清香不斷鼎烹龍論羹未愧蓴千里入貢當隨傳一封
薄禄養親甘旨少滿包時賴故人供

寄少儀弟

一隔音塵月屢遷忽收來問涕潸然栖遲冊府吾如昨

流落江村汝可憐夢裏漫成池草句愁來空誦棣華篇
早飛暫爾無多恨會有高風送上天

九月八日夜大風雨寄王定國

長年身外事都捐節物驚心一悵然正是山川秋入夢
可堪風雨夜連天桐梢摵摵增悽斷燈燼飛飛落小圓
湔洗此情須痛飲明朝試就酒中仙

林次中奉使契丹劉仲平出倅鄆州同舍十有
六人飲餞于丁氏園次少蓬韻二首

送次中諫議

鮮車百乘使龍庭路指金燕古北平祖帳列仙修故事

行臺諸部奏新聲爵犂撓酒知胡意尺牘移書示漢情納節便應歸法從中途已報制書行

送平仲學士

須句別駕鶚偉儀刑陵谷初無見坦平七子建安推世藝五經中秘擅家聲南宫參掇端如夢東觀分攜空復情莫愛谿堂好風月早來龍尾道前行

淮海集卷第九

淮海集卷第十 絶句

秦觀 少游

寄孫傳師著作

上林池籞富春風十里宫青錯御紅應與少年修故事

誤隨遊轂柳花中

泗州東城晚望

渺渺孤城白水環舳艫人語夕霏間林梢一抹青如畫

應是淮流轉處山

戲雲龍山人二絶

芳草未應羞鶗鴂潛鱗終是畏提壺蔡經背上痕猶在

更念麻姑指爪無
選勝只攜長脛鶴入廛還駕短轅車時人若問虛玄事
笑荅無過李老書

圓通院白衣閣

白衣閣外遶朱欄人在琉璃菡萏間誰把此花爲刻漏
修行不放一時閑
無邊剎境一毫端同住澄清覺海間還似此花并此葉
壞空成住未曾閑
一根反本六根同古佛傳家有此風滿目紅葉參翠蓋
不離門裏獲圓通

照閣

獼猴鏡裏三身現龍女珠中萬象開未若此軒人散後
水光清泛月華來

睡足寮寄蹇鼎二弟

與物無營但欲眠客來從笑腹便便秋生淮海涼如水
得句還應夢阿連

次韻參寥見別

爐香冉冉紆寒穗篝火熒熒擢夜芒預想江天回首處
雪風橫急鴈聲長

與倪老伯輝九曲池有懷元龍參寥

雲月娟娟淮海秋隋家池上共浮遊可憐一段風流事
特欠支郎與子猷

春日五首

幅巾投曉入西園春動林塘物物鮮却憩小庭纔日出
海棠花發麝香眠
一夕輕雷落萬絲霽光浮瓦碧參差有情芍藥含春淚
無力薔薇臥曉枝
裌衣新著倦琴書散策池塘返照初翠碧黃鸝相續去
荇絲深處見遊魚
春禽葉底引圓吭臨罷黃庭日正長滿院柳花寒食後

旋鑽新火爇爐香

金屋舊題煩乙子蜜脾新採賴蜂臣蜻蜓蛺蝶無情思
隨例顛忙一作狂過一春

秋日三首

霜落邪溪積水清寒星無數傍船明蒹葭深處疑無地
忽有人家笑語聲

月團新碾瀹花甆飲罷呼兒課楚詞風定小軒無落葉
青蟲相對吐秋絲

連卷雌蜺掛西樓逐雨追晴意未休安得萬妝相向舞
酒酣聊把作纏頭

次韻子由召伯埭見別三首

孤蓬短棹泝河流無賴寒侵紫綺裘召伯埭南春欲盡為公重賦畔牢愁

青熒燈火照深更逐客舟航似水到處故應山作主隨方還有月為朋

冠蓋紛紛不我謀掩關聊與古人遊會須疋馬淮西去雲巘風溪遂所求子由詩漾漾春雨濕邗溝蓬底安眠晝擁裘知有故人家在此速將詩卷洗閑愁　筆端大守孫揚襞袖裹新詩句琢冰送識扁舟六十里未嫌罪垢污交朋　高安此去風濤惡還有廬山得縱遊便欲携孥解船去念君無罪去何求

還自廣陵四首

薄茶便當烏程酒短艇聊充下澤車墳墓去家無百里

往來仍不廢觀書

南北悠悠三十年謝公遺墅故依然欲論舊事無人共

卧聽鍾魚古寺邊

邗溝繚繞上雲空坐阻層冰不得通賴有東風可人意

爲開明鏡玉奩中

天寒水鳥自相依十百爲群戲落暉過盡行人都不起

忽聞水響一齊飛

元日立春三絶

此度春非草草回美人休着剪刀催直須殘臘十分盡

始共新年一併來

發春獻歲偶然同新曆觀天最有功頭上兩般幡勝影
一時飛入酒盃中

攝提東直斗杓寒驟覺中原氣象寬天為兩宮同號令
不教春歲各開端

次韻宋履中題李侯檀欒亭

陰陰數畝籜龍稠亭外危通一徑幽頗似竹林當日集
酒狂莫笑阮陳留

春日偶題呈上尚書丈丈

三年京國鬢如絲又見新花發故枝日典春衣非為酒

家貧食粥已多時

觀辱戶部錢尚書和許餉祿米再成二章上謝

本欲先生一鮮顚頓頻分米慰長飢客無貴賤皆蔬飯
惟有慈親食肉糜

夢裏光陰挽不回掩關獨坐萬緣灰偶因問訊維摩病
香積天中施飯來

擬題織錦圖

悲風鳴葉秋宵冷寒絲縈手淚殘妝微燭窺人愁斷腸
機翻雲錦妙成章

晚出左掖

金爵觚稜轉夕暉翩翩宫葉墮秋衣出門塵障如黄霧
始覺身從天上歸

次韻蔡子駿瓊花

無雙亭上傳觴處最惜人歸月上時相見異鄉心欲絶

可憐花與月應知

處州水南庵二首

竹柏蕭森溪水南道人爲作小圓庵市區收罷魚豚稅
來與彌陀共一龕

此身分付一蒲團靜對蕭蕭玉數竿偶爲老僧煎茗粥
自攜修綆汲清寬

三月晦日偶題

節物相催各自新癡心兒女挽留春芳菲歇去何須恨
夏木陰陰正可人

次韻東坡上元扈從三絕

赭黄織底望龍章不斷惟聞蠟炬香一片韶音歸複道

重瞳左右列英皇

端門魏闕鬱崢嶸燈火成山輦路平不待上林鶯百囀

教坊先已進新聲

仗下番夷各一群機泉如雨自繽紛細看香案旁邊吏

却是茅家大小君

淮海集卷第十

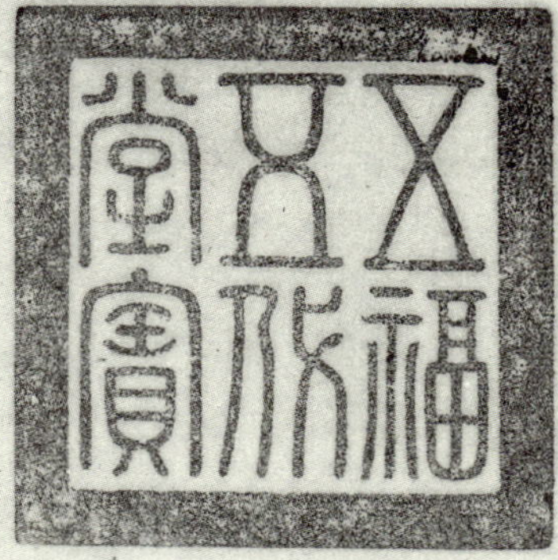
五福五代堂寶

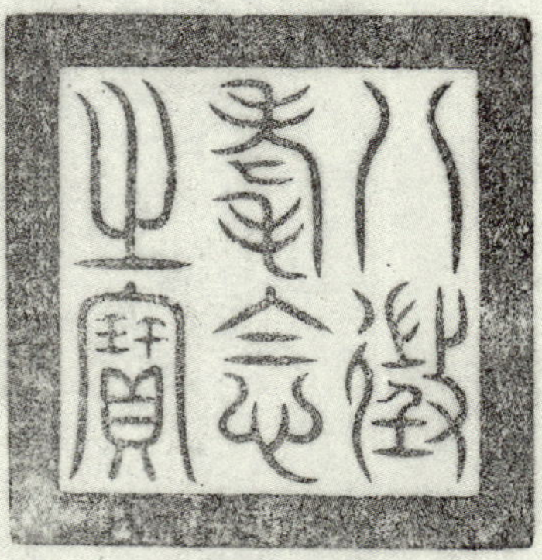
八徵耄念之寶

太上皇帝之寶

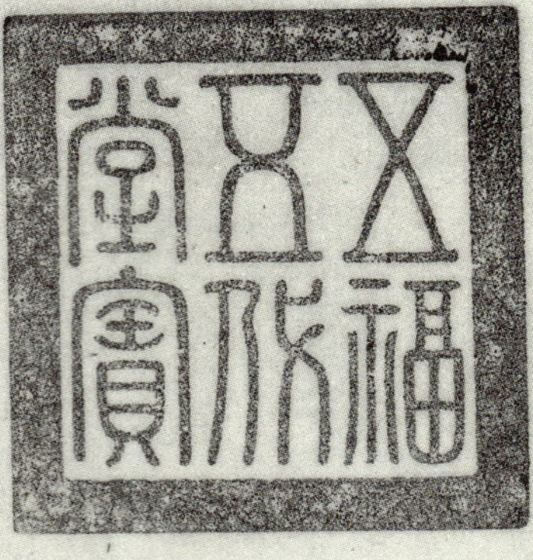
五福五代堂寶

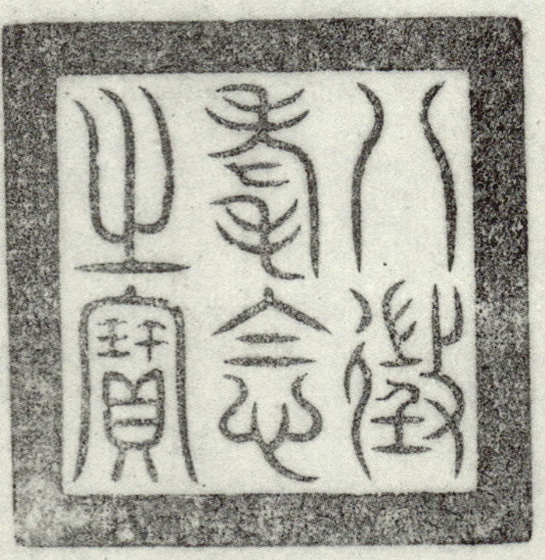
八徵耄念之寶

太上皇帝之寶

淮海集卷第十一

秦觀　少游

四絶

陰風一夜攪青冥風定霏霏霰雪來遥想玉真清境上
白虛光裏誦黄庭

夜深樓上撥書眠天在欄竿四角邊風捲亂雲星斗盡
獨留璧月向人圓

天風吹月入欄干烏鵲無聲子夜闌織女明星來枕上
了知身不在人間

本是匡山種杏人出山來事碧虛君上清試問因何事

請看先山十丈文

奉別牛司理

堂堂先德擅才名詞賦高凌晏客卿之子妙齡初筮仕
好修文史繼家聲

送酒與泗州太守張朝請

莫笑杭州別駕村昔曾桂籍數承恩而今雖是江湖上
猶有當時七字尊

題郴陽道中一古寺壁二絕

門掩荒寒僧未歸蕭蕭庭菊兩三枝行人到此無腸斷
問盡　花知不知

古歌巫女陽祠叢飢鼠相追壞壁中北客念家渾不睡
荒山一夜雨吹風

又別牛司理

半年淹卹越溪濱好愛如君只數人解手莫令書信斷
故園桑梓幸相鄰

和工部侍郎新章

甍棟相連數畝中出門遥見大明宫朝元雖共浮丘伯
耆英名還同桑苧翁

題金華山寺壁

鸞鶴同爲汗漫游天風吹散下滄洲金華有路通元氣

水繞高寒不斷流

次韻出省馬上有懷蔣穎叔

新淬魚腸玉似泥將軍唾手取河西偏裨萬户封龍額

部曲千金賜褭蹄

制詔行聞降紫泥簪花且醉玉東西羌人誰謂多籌策

止有黔驢技一蹄唱首云春雪京城一尺泥並鞍還憶蔣征西碧幢紅旆出關去一路東風送馬蹄不論埃壒與塗泥封印還家日巴西豈比元戎碧油下畢繞帳馮千蹄

元祐三年余被召至京師從翰林蘇先生過興

國浴室院始識汝師後二年復來閱諸公詩圖

次韻

聊移小榻就風廊卧又衣巾帶佛香白髮道人還省否

前年引去病賢良

客有遺予以假山石盆池者聞陳元發有石菖蒲作此詩乞之

瑟瑟風漪心爲清更窺盆翠眼增明可憐一片江山樣

只欠菖蒲十數莖

興國浴室院獨坐時見子湛就試未出

蕭城車馬沒深泥院裏安閑總不知見輩未來鈎箔坐

長春花上雨如絲

題趙園練畫江干晚景四絕

本自江湖客宦游常苦心看君小平遠懷我舊登臨

鳥外雲峰晚沙頭草樹晴想初揮灑就侍女一齊驚

公子歌鍾裏何從識渺茫惟應幷帳夢曾到水雲鄉

曉浦煙籠樹春江水拍空煩君添小艇畫我作漁翁

夢中得此

縞帶横秋匣寒流炯暮堂風塵如未息持此奉君王

寧浦書事六首

揮汗讀書不已人皆怪我何求我豈更求榮達日長聊

以銷憂

魚稻有如淮右溪山宛類江南自是遷臣多病非干此

地煙嵐

南土四時盡熱愁人日夜俱長安得此身作石一齊忘了家鄉

洛邑太師奄謝龍川僕射云亡他日歸然獨在不知誰似靈光

身與杖藜爲二對月和影成三骨肉未知消息人生到此何堪

寒暑更攢三十同歸滅盡無疑縱復玉關生入何殊死葬蠻夷

題務中壁

醽頭春酒響潺潺，壚下黃公寢正安。夢入平陽舊池館，隔花螭口吐清寒。

題法海平闍黎

寒食山州百鳥喧，春風花雨暗川原。因循移病依香火，寫得彌陀七萬言。

留別平闍黎

緣盡山城且不歸，此生相見了無期。保持異日蓮花上，重說如今結社時。紹聖元年觀自國史編修官蒙恩除館閣校勘通判杭州道貶處州管庫三年以不職罷將自青田以歸因往山寺中修懺三日書絶句於住僧房壁

淮海集卷第十一

淮海集卷第十二

秦觀 少游

序篇

臣聞春則倉庚鳴，夏則螻蟈鳴，秋則寒蟬鳴，冬則鴈鳴。此數物者微眇矣，然其候未至則寂寞而無聞，旣至則日夜鳴而不已。何則？陰陽之所鼓動，四時之所感發，氣變於外則情迫於中，雖欲不鳴，不可得也。淮海小臣，不聞廟堂之議、帷幄之謀，獨耳剽目采，頗知當世利病之所以然者，嘗欲輸肝膽、效情素，上書於北闕之下，則又念身非諫官，職非御史，出位犯分，重煩有司之誅，隱忍邊巡而不敢發幸陛下發德音下明詔使大臣任舉賢良方正能直言極諫之士將修祖宗故事而親策於庭嗚呼此亦愚臣效鳴之秋也輒忘踈賤條其意之所欲言者爲三十篇以獻惟陛下財擇焉其目曰以意寓言以言寓文示變化之所終始使天下曉然知之作國論瑟不鳴二十五絃各以其聲應轂不運三十輻各以其力旋默則治語靜則制動作主術急不極則緩不生緩不極則急不成一僨一起如環無端作治勢二篇以地爲險山川是資以兵爲險不厭通達作安都自信者不避嫌自許者不求合倚而要合之績乃可底作任臣二篇累

實發於本朝姦人之所不利巧爲詆誣以幻群聽作朋黨二篇鳥有鳳魚有鯤超絕之材宜見闊略作人材楊墨塞路孟氏所攘申商孅興莫或汝遏作法律二篇得與失爲鄰利與害同門非至精莫之能分作論議二篇爵祿者所以礪世磨鈍科條品目其可不悉作官制二篇善治民者以四海爲家善治財者以天地爲資國之大計於是乎在作財用二篇料敵之虛實若別牛馬應變之倉卒如數一二非有道之士不能作將帥以寡覆衆來如風雨去如絕絃作奇兵美言可以市三寸之舌勝百萬之師作辨士機會之來間不容髮匪龜匪鏡其

能勿失作謀主心不治則神擾氣不養則精喪治心養氣四術自得作兵法愚民弄兵依阻山谷銷亡不時或爲大釁作盜賊三篇党項微種盜我靈武逾八十年三誅不迄作邊防三篇東西爲緯南北爲經織者執綜而文成其詳在彼其略在此作序篇

國論

臣聞古之人君以其祖考之志而升黜人材弛張法度者多矣太上忘言其次有言其下不及言何則昔堯舜舉十六相去四凶肇十有二州皆堯志也而精誠所動神祇所移不待告之以言而天下曉然固已心知其本末

此所謂太上忘言者也盤庚之遷亳武王之伐商所以
從先王之業承文考之志也而浮言橫議二三不一至
以其遷伐之意託於詞令丁寧而告于庭委曲而誓諸
野然後民始怳然而服從此所謂其次有言也秦孝公
用商君之說變法令易風俗所以修繆公之業成獻公
之志也然未嘗以其變法之意告民疑而不服則痛法
以繩之此所謂其下不及言者也夫秦之不及言固無
足道而舜之忘言又未可以遽及然則後世人君有以
祖考之命而升黜人材弛張法度者安得不法盤庚武
王之有言哉陛下即位以來圖任元老眷禮名儒屏弃

姦臣投竄刻吏所以照臨海內甚盛罷青苗之使廢市易之司削保甲之條刊免役之令至於摘山煮海治鑄之事他日吏緣以爲姦者臨遣信臣更定其法所以加惠元元甚厚臣竊聞之凡此大功數十淹速輕重雖出於聖母之裁成其大槩則皆先帝之末命也然大道之行小人所不利或作爲詆欺之言悖亂群聽以爲先帝之道陛下當終身奉以周旋而數年之間遽聽一二大臣更張幾盡異乎所謂父作之子述之者矣自非明智不惑之士往往聞其說而疑之嗚呼此殆陛下不法盤庚武王有言之過也夫子之事父其生也養志爲大養

口體次之其殁也繼志爲大述事次之知述事而不知
繼志猶養口體而不養志也非所以爲達孝秦皇漢武
皆以蓋世之氣闢闔宇宙之材并吞諸侯攘却胡粤若
以功業言之則始皇之英偉傑特又非武帝之可比也
然而萬世之下號始皇爲暴主稱武帝爲賢君秦祚遽
傾漢基益大者何哉二世不變始皇之事孝昭能改武
帝之法故也向使先帝晩年於人材法度初無升黜之
心弛張之意陛下猶當繼其志不述其事又况親承於
末命乎臣願陛下具以意作爲明詔丁寧反覆如古訓
誥誓命之文布告天下咸使聞之則小人雖有誑欺之

言不能以疑衆矣然後被之於詩章傳示無窮以明德
意使後世皆知成先帝之功者陛下也豈不休哉

主術

臣聞人主之術無他其要在乎能任政事之臣與議論之臣而已政事之臣者宰相執政和陰陽萬物宰制百辟鎮撫四夷與天子經綸於帷幄之中者也議論之臣者諫官御史學術知古始器識通世務奮不顧身與天子辨曲直爭是非者也今天下之事有執政之臣以行之有議論之臣以言之則人主可以弁冕端委而無所事不然則雖畢精神竭筋力以夜繼日猶無益也臣請以用人一事

明之士大夫以名列於仕版者蓋以萬計有智者有愚者有賢者有不肖者若智與賢則功利之所從興也愚與不肖則罪害之所從起也夫人主以一身之思慮一耳目之聰明而當天下功罪利害之機非有政事之臣則百官之進退柰何而不亂也然人之難知久矣實愚而似智實智而似愚者有之實賢而似不肖實不肖而似賢者有之申以親疏之異重以好惡之偏夫以天下之智愚賢不肖而付之於二三大臣之手非有議論之臣則進退當否柰何而知之也雖然政事之臣者人主之股肱議論之臣者人主之耳目任政事之臣而忽諫

官略御史猶股肱便利而耳目盲聵也任議論之臣而輕宰相薄執政猶耳目聰明而股肱折也要之二者不可偏勝使之適平而已漢成帝用王鳳爲大將軍政事大小皆自鳳出天子曾不一舉手京兆尹王章言之爲鳳所陷罪至大逆故陽朔之後天下以言爲諱唐明皇用李林甫爲相十有九年顓政用事補闕杜璡上書斥爲下邽令由是諫諍路絶此則任政事之臣太勝也漢武帝擢嚴助朱買臣吾丘壽王司馬相如東方朔之徒參左右朝廷有政事輙令助等與大臣辯論大臣數詘

唐德宗晚　宰相唯奉行詔書所與圖事者李齊運裴

延齡韋渠牟而已此則任議論之臣太勝也臣聞仁祖
時天下之事一切委之執政群臣無得預者除授或不
當雖貴戚近屬旨從中出輒爲固執不行一旦諫官列
其罪御史數其失雖元老名儒上所眷禮者亦稱病而
賜罷政事之臣得以舉其職議論之臣得以行其言兩
者之勢適平是以治功之隆過越漢唐與成康相先後
蓋繇此也陛下即位以來圖任老成屬以事屢下明詔
使中外大臣舉諫官薦御史保任骨鯁以備獻納之科
可謂得人主之要術矣願鑒漢唐之弊專取法於仁祖
常使兩者之勢適平足以相制而不足以相勝則陛下

可以弁冕端委而無事矣

治勢上

臣聞御天下之術必審天下之勢不審其勢而已信臆泛行其所謂道守其所謂法則雖有剛嚴果斷之材或失而爲刻深慈惠惻隱之意或壞而爲姑息何則設之不當也夫聖主之於天下豈嘗有意用術哉天下有强勢吾則有寬術天下有弱勢吾則有猛術非强非弱天下無勢非寬非猛吾亦無術蓋無勢者天下之常而無術者聖人之至術也雖然御强勢者必以寬而强之弊實生於寬御弱勢者必以猛而弱之弊實生於猛何則昔

漢之文景承高祖開創之後撥呂氏蹀血之餘除誹謗去肉刑減笞法定箠令可謂寬矣而諸侯逆命夷狄侵邊孝武不勝其憤力攘匈奴誅兩粵大臣相繼而入獄二千石連頸而伏誅巫蠱之禍至於夫婦父子之間兩不相保由是言之豈非強之弊實生於寬耶昔唐肅宗器本刻深以刑名自喜安史之亂來歸者戮於獨柳之下待罪者斃於縲紲之中可謂猛矣而慶緒與思明復起代宗深懲其事會脅從之罪緩污染之誅至於封豕長蛇無所懲艾忠臣義士切齒不平王室陵夷之漸蓋基於此由是言之豈非弱之弊實生於猛耶是故救

彊之弊必於崇寬之時救弱之弊必於尚猛之日夫強弱之相乘寬猛之相代猶東之有西晝之有夜理之所必至事之所固然也顧昧者不知耳昔陵陽嚴詡將去潁川謂掾史曰我以柔弱召必選剛猛代到將有僵仆者矣及何並至郡首治鍾威趙季李款之獄果如詡言以詡並觀之則天下之勢可以前百年而預定古者刑罰世輕世重不爲定論文王之時關市譏而不征周公成王之時則關市有征矣至凶年然後弛之推此類而言則先王之法度大抵皆審天下之勢而爲之者也傳曰政寬則民慢慢則糾之以猛猛則民殘殘則施之以

寬以濟猛猛以濟寬政是以和夫傳所謂和者則臣之所謂聖人之至術者歟

治勢下

臣聞祖宗之時天下新脫割據戰伐之禍天厭久亂俱欲無爲而又掃除煩苛之患足以深結海縣之心削平僭僞之威足以逆折姦俠之氣當是時天下之勢如元氣在乎混淪之中固莫得而名已逮嘉祐之後習安玩治爲日既久大臣以厚重相高小臣以苟簡自便肉食者鄙未能遠謀誰能無僞朝不及夕故先皇即位之始大講法度又作而新之覈名實以明百辟讓夷狄以布威

臺有司奉行於中使者刺舉於外此真得所謂以猛政救緩熱之術也元豐之後執事者矯枉過直矜鉤距以爲法術任鬼丈以取婾快上下迫脅民不堪命故陛下即位之始黜鍛鍊之吏逐聚斂之臣登老成於散地擢忠鯁於譴籍平冤獄振乏餒與天下休息此真得所謂以寬政解急熱之術也而比日已來執事者又將矯枉而過直矣何告訐詆欺之言率然敢陳而王體未嚴也嚮背異同之見各自爲守而國論未決也蠻夷猾夏寇耽姦宄隱忍羈縻冀其自罷而天誅未迄也推此言之天下之緩急雖曰未見而固已胚渾於冥冥之中矣夫

致先帝之用猛術者嘉祐之緩勢也致陛下之用寬術者元豐之急勢也今又矯枉過直則勢必復緩緩甚則術又將出於猛矣猛術一用天下固已震動若再用焉則安危之計未可知也何則天下之勢猶一人之身緩而救之以猛猶關鬲不通而涌泄之也其急而解之以寬猶虛中㬥下而補養之也補養至平則可以已矣平而不已則又將至於關鬲不通再涌泄正氣必傷重被猛術國本必伐故曰安危之計未可知也臣願陛下遏逋慢之原杜解弛之漸明詔內外一乎中和使天下之緩勢不得而成緩勢不成則後世雖有猛術不可得而用之

淮海集卷第十二

淮海集卷第十三　進策

秦觀　少游

安都

臣聞世之議者皆以謂天下之形勢莫如雍其次莫如周至於梁則天下之衝而已非形勢之地也故漢唐定都皆在周雍至五季已來實始都梁本朝繼未能遠規長安盍亦近卜於洛陽乎而安土重遷眷眷於開封之境非所以爲萬世計也臣竊以爲不然何則唐漢之都必於周雍本朝之都必於梁而後可也夫長安之地左殽函右隴蜀襟憑終南太華之山縈帶涇渭洪河之水

地方數千里皆膏腴沃野卒有急百萬之衆可具形勢便利下兵於諸侯如建瓴水四塞之國也故其地利守自古號爲天府關封地平四出諸道輻湊南與楚境西與韓境北與趙境東與齊境無名山大川之限而汴蔡諸水參貫市車錯轂蹄踵交道舳艫銜尾千里不絶四通五達之郊也故其地利戰自古號爲戰場洛陽左瀍右澗表裏山河扼殽黽之隘阻成皋之險直伊闕之固廣袤六百里四面受敵以守則不如雍以戰則不如梁然雍得之可以爲重自古號爲天下之咽喉凡天下之形勢無過此三者也故彼蜀之成都吴之建業皆無覇基

一方之具而楚之彭城特盜賊之窟耳易曰天險不可升也地險山川丘陵也王公設險以守其國所謂險者豈必山川丘陵之謂哉在天而不可升在人而不可奪則皆爲險矣夫雍爲天府梁爲戰場周爲天下之咽喉而臣以謂漢唐之都必於周秦本朝之都必於梁而後可者漢唐以地爲險本朝以兵爲險故也漢高祖曰吾以羽檄召天下兵莫有至者武帝曰吾初即位不欲出虎符發兵郡國蓋漢踵秦事郡國皆道材官有變則以符檄發之京師惟有南北兩軍有期門羽林孤兒以備扈從唐分天下爲十道置兵六百三十四府其在關中

者惟二百六十有一府府兵廢始置神策爲禁軍亦不過數萬人以此見唐漢之兵皆在外也故非都四塞之國則不足以制海内之命此所謂以地爲險者也本朝懲五季之弊舉天下之兵宿於京師名挂於籍者號百餘萬而衣食之給一毫已上皆仰縣官又非若府兵之制一寓之於農也非都四通五達之郊則不足以養天下之兵此所謂以兵爲險者也夫以兵爲險者不可以都周雍猶以地爲險者不可以都梁也而昧者乃以梁不如周周不如雍嗚呼亦不達於時變矣夫大農之家連田阡陌積粟萬斛兼陂池之利并林麓之饒則其居

必卜於郊野大賈之室斂散金錢以逐什一之利出納百貨以收倍稱之息則其居必卜於市區何則所操之術殊則所托之地異也今梁據天下之衝歲漕東南六百萬斛以給軍食猶恐不贍矧欲襲漢唐之迹而都周雍之墟何異操大賈之術而欲托大農之地也由是言之彼周雍之地者漢唐之險耳本朝何賴焉

任臣上

臣聞明君之御臣也不致疑忠臣之事君也不避嫌嫌疑之事皆出於姦臣庸君度量狹隘心意頗僻不能以至誠相期而已古之人有自舉其身者有舉其子者有

舉其弟者有舉其姪者有舉其內外之親舊者而其君不以爲疑其臣不以爲嫌者何哉以其所舉者當而已矣漢宣帝欲擊先零問誰可將者趙充國曰無如老臣者矣宣帝用之遂破先零此所謂自舉其身者也晉君問孰可爲國尉祁奚曰午也可君曰非子之子耶對曰君問可否不問子也君子謂祁奚能舉善矣此所謂有舉其子者也李石當國薦弟福可任治人縣監察御史爲戶部侍郎此所謂有舉其弟者也晉求文武良將謝安以其姪幼度應舉郗超聞而歎曰安違衆舉親明也幼度不負舉才也果破符堅於淝水之上此所謂有舉

其姪者也崔貽孫爲相未踰年除吏八百莫不諧允德
宗曰人言卿擬官多親舊何耶對曰陛下令臣進擬庶
官夫進擬者必悉其材行如不與聞何由得其實此所
謂有舉其內外之親舊者也此數子者皆內有以自信
外有以信於人仰無所愧俯無所怍其視身也與人等
其視子弟親舊也與不相識何者等故能立功於當年
垂名於後世千載之下想見其風向使念於李之小嫌
忘事君之大節匿名迹遠權勢心知其然而不敢發則
與糞壤同朽耳尚何功名之立哉陛下即位以來委政
於六七大臣其人自以曠世遭遇莫不悉心竭力知無

不爲言無不盡可謂千載一時之嘉會也而臣竊有所不然者未能去用親之嫌而已奇材異行實爲時輩所見推者一涉大臣之親則相顧繆悠莫敢援之以進幸而不顧進之則諫官御史之章相隨而至矣臣以爲此風一成非聖朝之事也何則大臣之親嫌而不用則侍臣之親亦當嫌而不用引而下之至於臺省寺監之官推而廣之至於漕刑郡縣之吏其親者皆嫌而不用矣夫奇材異行不常有於天下幸而有焉又以親　嫌而棄之則是非得草萊巖穴之士終不用也昔西漢之韋氏平氏東漢之袁氏楊氏唐之韋杜蘇李陸蕭諸氏比肩

兄弟爲三公父子爲宰相盛者至與國相始終其間建功立業號爲名臣者蓋不可勝數柰何專用草茅巖穴之士哉願詔中外之臣惟賢是進惟不肖是退而勿以用親爲嫌諫官御史惟進退之當否是察而勿以親嫌爲劾則天下之奇材異行庶乎皆得而用也

任臣下

臣聞人主之於諫諍之臣非獨聽其言之難也取其大節而略其小過是爲難矣夫骨鯁自信以身許國不爲利害之所撓屈者謂大節也材智之不周思慮之不審學術之不至聞聽之不審所謂小過也必有大節而無

小過者然後得爲諫諍之臣則窮年没世不可得其人矣如或不然則與其無一時之小過孰若有終身之大節哉昔汲黯通經術則不如平津侯恢武功則不如大將軍明習法令則不如張湯文章儒雅則不如司馬相如謹厚自全則不如石慶術略横出則不如主父偃然淮南王謀反惟憚曰黯好直諫守節死義説平津侯等如發蒙耳由是言之諫諍之臣其功在於正綱紀立風憲通上下之情使亂臣賊子顧憚而不敢發如此而已一舉之不當理一發之不中節曾何足以深咎耶陛下即位以來首下明詔使中外大臣保任諫官御史蓋欲

賦者百有餘人其見用者十數人耳選擇既精人頗自重皆毅然有伏節死誼之心興利除害甚於嗜欲擊姦惡如報私讎首尾數年之間遂成冠古之治雖神功聖化敏妙自然亦此曹獻替可否之力也然比者嘗以所言不效諫官御史接迹引去或遷他官或補外郡臺省爲之一空臣愚跡遠不知朝廷之事切怪陛下何取之之難而去之之易也且人非蓍龜不無過誤顧其設心措意何如耳昔漢酈食其有撓楚之非唐魏鄭公有縱薛延陀之過本朝趙中令有遣趙保忠之失此三人者皆天下之豪傑一時之名臣也猶有非繆過失如此

又況不及於三人者乎臣願陛下鑒師古始追御來今重諫官之進退愼御史之升黜取其大節而略其小過使天下之士得以盡忠畢力於前則神功聖化又將有新於此矣或謂臣曰古者諫諍之臣職於廣聰明除壅蔽成德業而已後世狂夫小子狡猾不道之人或假其名以資盜竊竊其器以售姦如谷永者王鳳之客也而譏斥帷幄劉栖楚者李逢吉之黨也而頟叩龍墀陽爲訐拂之迹陰成附麗之謀以此言之小過其可略乎略其小過則成其大惡矣臣應之曰不然夫藥石所以療病因而致病者有矣然自古及今未有廢藥石者何哉以

其所愈者衆所害者寡也諫諍之臣雖賢否有遠近才有脩短大抵搢紳之選也安可盡誣以谷永劉棲楚之徒歟就使有一二人焉則去其一二人者可也何至空臺省而逐之耶陸贄曰天不以地有惡木而廢發生天子不以時有小人而廢聽納又曰諫者多表我之能好諫者直示我之能賢諫者之狂誣明我之能恕諫者之漏泄彰我之能從有一于斯皆爲盛德嗚呼人主用諫諍之臣執贄之論盡矣

朋黨上

臣聞朋黨者君子小人所不免也人主御群臣之術不

務嫉朋黨務辨邪正而已邪正不辨而朋黨其嫉則君子小人必至於兩廢或至於兩存君子小人兩廢兩存則小人卒得志而君子終受禍矣何則君子信道篤自知明不肯偷爲一切之計小人投隙抵巇無所不至也臣請以易道與夫堯舜漢唐之事明之易以陽爲君子陰爲小人一陽之生則爲復復者反本也三陽用事則爲泰泰者亨通之時也而五陽之極則爲夬夬者剛決柔也以此見君子之道必得其類然後能勝小人也一陰之生則爲姤姤者柔遇剛也三陰用事則爲否否者閉塞之時也而五陰之極則爲剥剥者窮上反下也以

此見小人之道亦必得其類然後能勝君子也陰陽相與消長而爲慘舒爲生殺君子小人相與勝負而爲盛衰爲治亂然皆以其類也臣故曰朋黨者君子小人所不免也堯之時有八元八凱十六族者君子之黨也又有渾沌窮奇檮杌饕餮四凶族者小人之黨也舜之佐堯有大功二十者舉十六相去四凶而已不聞以其朋黨而兩廢之亦不聞以其朋黨而兩存之也臣故曰人主御群臣之術不務嫉朋黨務辨邪正而已東漢鉤黨之獄海內塗炭二十餘年盖始於周福房植謂之甘陵南北部至於李膺陳蕃王暢張儉之徒遂有三君八顧

八俊八及八廚之號人主一不復察其邪正惟知震怒而
已故曹節侯覽牢修朱並得以始終表裏成其姦謀至
於刑章討捕錮及五族死徙廢禁者六七百人卒一不知修
並者乃節覽之黨也唐室之季朋黨相軋四十餘年搢
紳之禍不解蓋始於李宗閔李德裕二人而已嫌怨既
結各有植立根本牢甚互相傾擠如牛僧孺李逢吉之屬
則宗閔之黨也李紳韋處厚之屬則德裕之黨也而逢
吉之黨又有八關十六子之名人主一不復察其邪正惟
曰去河北賊易去此朋黨難而其徒亦曰左右佩劍彼
此相笑蓋言未知孰是也其後李訓鄭注用事欲以權

示天下凡不附己者皆指以為二人之黨而逐去之至於人人駭慄連月雰晦卒不知訓注者實逢吉之黨也臣故曰邪正不辨而朋黨是嫉則君子小人必至於兩廢或至於兩存君子與小人兩廢兩存則小人卒得志君子終受禍矣

朋黨下

臣聞陛下即位以來虛懷仄席博採公論悉引天下名士與之經綸至有去散地而執鈞衡起謫籍而參侍從者雖古版築飯牛之遇不過如此而已君子得時則其類自至數年之間衆賢彈冠相繼而起聚於本朝夫衆

賢聚於本朝小人之所深不利也是以日夜悩悩作爲無當不根眩惑誣罔之計而朋黨之議起焉臣聞比日以來此風尤甚漸不可長自執政從官臺閣省寺之臣凡被進用者[illegible]爲小人一切指以爲黨又至於三君八顧八俊八及八厨之名八關十六子之號巧爲標榜公肆詆欺一人名之於前萬人實之於後傳曰下輕其上爵賤人圖柄臣則國家搖動而人不靜也然則其可以不察歟臣聞慶曆中仁祖銳於求治始用韓琦富弼范仲淹以爲執政從官又擢尹洙歐陽脩余靖蔡襄之徒列於臺閣小人不勝其憤遂以朋黨之議陷之琦弼仲淹

等果皆罷去是時天下義士扼腕切齒髮上衝冠而小人至於舉酒相屬以爲一網盡矣賴天子明聖察見其事琦弼仲淹等旋被召擢復蒙器使遂得成其功名今所謂元老大儒社稷之臣想望風采而不可見者皆當時所謂黨人者也向使仁祖但惡朋黨之名不求邪正之實赫然震怒斥而不反則彼數人者皆爲黨人而死耳尚使後世想望風采而不可見耶今日之勢蓋亦無異於此臣願陛下觀易道消長之理稽帝虞廢舉之事鑒漢唐審聽之失法仁祖察見之明杜媒孽之端窒中傷之隙求賢益急用賢益堅而信賢益篤使姦邪情

得而無所售其謀讒佞氣索而無所啓其口則今之所謂黨人者後世必爲元老大儒社稷之臣矣

淮海集卷第十三

淮海集卷第十四　進策

秦觀　少游

人材

臣聞天下之材有成材者有奇材者有散材者有不材者器識閎而風節勵問學博而治行純通當世之務明道德之歸此成材者也經術藝文吏方將略有一卓然過人數等而不能飾小行矜小廉以自託於閭里此奇材者也隨群而入逐隊而趨既無善最之可紀又無顯過之可繩攝空承乏取充位而已此散材者也寡聞見暗機會乖物理昧人情執百有司之事無一施而可此不

材者也古之人主於成材則付以大任而備責之於奇材則隨所長而器使之於散材則明賞罰而磨礪之於不材則棄之而已四者各有所處然而奇材者尤人主所宜深惜者也蓋天下之成材不世出而散材者又不足以任能事不材者適足以敗事而已是則任天下之能事者常在乎奇材有奇材而不深惜焉則將與不材同棄而曾散材之不如矣夫匠氏之於木也楩楠豫章易直而十圍者必以爲明堂之棟路寢之楹七圍八圍者雖多節必以爲高明之麗拱把而上者雖小橈必以爲狙猿之杙稍脩則以爲榱桷甚短則以爲侏儒至於

被樠軸解亟沉而易蠹者然後以之爨也今有梗楠豫
章於此七圍八圍拱把而上特以多節小橈之故遂并
棄之豈不惜哉人主用天下之材亦何以異於此今國家
之人材可謂富矣養之以學校而取之以貢舉名在仕
版者無慮數萬然一旦有事則常若乏人何哉以臣觀
之未能深惜天下之奇材故也蓋不深惜天下之奇材
則用之或違其長取之將責其備雖有嶔崎歷落穎脫
絕倫之士執事者始以名聞未及試之而媒孽其短者
踵已圜視而起矣夫奇材多自重又不材者之所甚嫉
彼以自重之勢而被甚嫉之毀其求免也豈不難哉一

旦有事而常若乏人其勢之使然無足怪也昔孟公綽爲趙魏老則優不可以爲滕薛大夫裨諶能謀於野則獲於邑則否黃霸爲丞相功名損於治郡時人固有所長亦有所短也皐陶喑而爲大理天下無虐刑師曠瞽而爲太宰晉國無亂政賢如蕭何而有市田請地之汙直如汲黯而有褊心忿罵之鄙文如長卿而有臨邛滌器之陋將如韓信而有胯下蒲伏之辱吏如張敞而有便面拊馬之事此數子者責其備則彼將老於耒耜之旁死於太山龕巖之下耳人主豈得而用之陛下即位以來屢下明詔舉諫官御史臺閣學校之臣刺史牧民

之士與夫可備十科之選者其所得人材蓋不可勝數臣
願陛下取其名實尤異者皆加之而勿疑人情不能無小
過非有顯惡大義所當絶者宜一切置而不問以望其異
時之功則彼將輸寫肝膽始加委軀命求報朝廷而不可
得一旦有天下四夷之事何足患哉

法律上

臣竊觀唐虞以後有天下者之安榮危辱之所從長久亟
絶之所自無一不出於其所任之術而所任之術大抵不
過詩書法律二端而已蓋純用詩書者三代也純用法
律者秦也詩書法律雜舉而並用迭相本末遞爲名實

者漢唐也何以知其然耶夏商周之興也治教政令既本於道德之意而舟車器械亦出於義理之文其迹載於典謨訓誥誓命之篇而其旨寓於國風雅頌之什當是時也聖賢之學著而百家之說熄帝王之制舉而霸者之事廢議事以制不爲刑辟故曰純用詩書者三代也魏文侯之師李悝論次諸國之法著爲法經其徒商鞅用以相秦始作牧司連坐告匿之法而輔以詆欺文致細微之事晚節末路至於焚書坑儒偶語者棄市以是古非今者族吏見知不舉與同罪故曰純用法律者秦也漢自高祖納陸賈之言 爲新語用叔孫通之說

而使定禮儀可謂知所取矣而以三章之約不及魯
於是蕭何攟摭秦法作律九章而張湯趙禹之徒又益
見知故縱監臨部主之法唐曰太宗詔封倫秦漢之下詔
用魏公帝王之謀可謂知取舍矣而朝廷郡縣百官有
司所以朝夕從事者一出於律令格式之文故曰詩書
法律雜舉而並用迭相本末遞為名實者漢唐也惟其
純用詩書故三代享國安榮而歷年長久惟其純用法
律故秦危辱而亟絕惟其詩書法律雜舉而並用迭相
本末遞為名實故漢唐之有天下雖號長久而安榮之
日少危辱之日多僅免亟絕而已蓋詩書者所以崇德

其事皆孝悌忠信人之所欲者也而安榮長久人之所
欲者也而法律所以制姦宄其事皆鞭笞斬艾人之所惡
欲以報所惡之讎者也以所惡之術報所惡之讎亦其
理之然哉賈生曰今或言禮誼之不如法令教化之不
如刑罰人主胡不引商周秦事以觀之也嗚呼若賈生
者可謂知治體矣

法律下

臣聞古今異勢不可同日而語以今天下而欲純用詩
書盡去法律則是腐儒不通之論也要使詩書不爲法
律所勝而已祖宗之時二法雖號並行而士大夫頗自

所重以經術爲職文藝相推間有喜刑名精案牘者輒指以爲俗吏而恥與之言近世則不然士大夫急於功利不師古始相與習者莫非柱後惠文之事父教其子兄詔其弟以爲速化之術無以過此間有引古義決嫌疑則掩口而笑曰此老生之常談耳何所用於今哉嗚呼此風一成非天下之福也蓋昔者以詩書爲本法律爲末而近世以法律爲實詩書爲名臣以天下之大弊君子所宜奮不顧身而救之者無甚於此何則廢詩書而從法律則是舉天下而入於申韓之術也楊子曰申韓之術不仁之至矣夫不仁者三代之所以失天下

也君子救之其可以緩耶臣嘗思之其所以然者無他始於試法而已朝廷試士以法者欲其習爲吏也而假之太優權之太峻至有黃綬中選數歲之間持斧仗節領一道之權任二千石之重而制策進士留滯於州縣之官有十年而不得調者嗚呼欲士大夫之不廢詩書而從法律也豈可得乎且法吏之與儒臣所聞異趣所見異塗猶方圓曲直之不相入也昔匈奴渾邪王降漢長安賈人與市者當坐死五百餘人而汲黯固爭以爲不可若使法吏言之則必以爲闌出財物矣寄人有告其子長受其米肉遺者而卓茂折之以禮以爲汝能高

飛遠走不在人間乎若使法吏言之則以爲受所監臨
矣朱博曰如太守漢吏奉三尺律令以從事耳亡奈生
所言聖人道何也且持此道歸堯舜君出爲陳説之令
天下所以未受其禍者以異時制策進士所得之臣有
如汲黯卓茂者在也十數年之後耆老大臣相繼得謝
而試法所得之吏有如朱博者當軸而處中焉則君子
雖欲奮不顧身以救之亦無及已臣以爲縱未能盡罷
其事宜且稍變革以抑其風使吏非有出身毋得試法其
餘出仕換官之類可一切試以經術藝文要令天下皆
知法律之不如詩書也則申韓之禍熄矣

論議上

臣竊聞役法之議不決久矣有司閲四方之牘眩蠭起之說牽制優游相視而不斷者二年于茲雖稍復釐削著爲一切之令取濟朞月卒未有確然定論可以厭服人情傳萬世不弊者也其所以然者無他焉士大夫據偏守獨各有系吝不能以至公爲心故耳何則異所謂役法者其科條品目雖曲折不同大抵不過差免二者而已差役之法雖曰迭任府史胥徒之士率數年而一更然而捕盜者奔命不遑主藏者備償無窮園鬻於飛輓資產破於廚傳執事者患其弊也於是變而爲免

役之法雖曰歲使中外之民悉輸緡直以免其身然而平估至於室廬檢括及於車馬裒多以爲寬剩厚積以爲封樁則其弊又有甚於差役者矣蓋差役之法不弊則免役之法不作免役之法不弊則今日之議不興然而士大夫進用於嘉祐之前者則以差爲是而免爲非進用於熙寧之後者則以免爲得而差爲失私意既摇於内公議遂移於外嗚呼豈特二年而無定論哉雖十年而無定論不足怪也昔唐室賦役之法有租庸調者最爲近古自開元之後版圖既隳丁口田畝皆失其寔法以大弊故楊炎變之以爲兩稅之法已而盗起兵興

征求無節法又大弊故陸贄以七事者力詆其非然而終唐之世不復改也夫唐之諸臣豈不知兩稅爲非古租庸調爲近古哉蓋以晚節末路俱爲弊法以此易彼寔無益也今差役免役之法蓋類於此然則何爲而可耶臣聞楚人有第二區者其甲則長子之所築也其乙則少子之所築也規摹不同而歲久皆弊其父謀所止二子各請止其所　之廬至數日不決有鄰人告之曰昔少君以甲第壞甚於是營乙以舍族人今乙第又壞而長君復欲徙之於甲是以壞易壞非計之得也何不合二第可用之材別營一區而棄其窳撓者乎

總其論遂定今陛下以役法之議付於嘉祐熙寧之臣何異楚人之謀於二子也盍亦質諸鄰人之論哉陛下若以臣言爲然願詔有司無牽於故新之論毋必於差免之名悉取二法之可用於今者別爲一書謂之元祐役法則嘉祐熙寧之臣皆默然而心服矣若夫酌民情之利病因五方之所宜條去取之科列輕重之目此則有司之事臣所不能知之亦猶楚人之築某材可棄某材可留皆當付之匠氏不可問諸鄰人也傳曰雖有絲麻無棄菅蒯雖有姜姬無棄蕉萃唯陛下擇焉

論議下

臣聞世之議貢舉者大率有三焉務華藻者以窮經爲迂闊尚義理者以綴文爲輕浮好爲高世之論者則又以經術文辭皆言而已矣未嘗以爲德行德行者道也是三者各有所見而不能相通臣請原其本末而備論之則貢舉之議決矣古者諸侯卿大夫交接鄰國以微言相感動當周旋進退之時必稱詩以喻其志蓋以別賢不肖而觀盛衰焉其後聘問不行於列國學詩之士逸於布衣於是賢人失志之賦興屈原離騷之詞作矣此文詞之習所由起也及其衰也彫篆相夸組繪相侈苟以譁世取寵而不適於用故孝武好神仙相如作大

人賦以風其上乃飄飄然有凌雲之志此文辭之弊也
昔孔子患易道之不明乃作彖象繫辭文言說序雜卦
十篇以發天人之奧而左氏亦以春秋之法弟子傳失
其眞於是論本事作傳以記善惡之實此經術之學所
由起也及其衰也幼童而守一藝白首而後能言楚漢
儒之陋有曰秦近君能記說堯典二字至十餘萬言但
說若稽古猶三萬言也此經術之弊也古者民有恭敏
任恤者則閭胥書之孝悌睦婣有學者則族師書之有
德行道藝者則黨正書之而又攷之於州長興之於鄉
老大夫而論之於司徒司徒樂正司馬所謂秀選進造

之士者是也然後官而爵禄之此德行之選所由起也及其衰也鄉舉里選之法亡郡國孝廉之科設而山林遺逸之聘興於是矯言僞行之人弊車羸馬竄伏巖穴以幸上之爵禄故東漢之士有廬墓而生子唐室之季或號嵩少爲仕途捷徑此德行之弊也是三者莫不有弊而晚節末路文辭特甚焉蓋學屈宋而不至者爲賈馬班揚學賈馬班揚而不至者爲鄴中七子學鄴中七子而不至者爲謝靈運沈休文休文之撰四聲譜也自謂靈均以來此祕未覩武帝雅不好焉而隋唐因之遂以設科取士謂之聲律於是彫朴根柢之學或以不合

而罷去靡曼剽奪之使或以中程而見收自非豪傑不待文王而興者往往溺於其間此楊綰李德裕之徒所爲切齒者也熙寧中朝廷深鑒其失始詔有司削去詩賦而易以經義使學者得以盡心於六藝之文其意信美矣然士或苟於所習不能博物洽聞以稱朝廷之意至於歷世治亂興衰之迹例以爲祭終之芻狗雨後之土龍而莫之省焉此何異斥桑間濮上之曲而奏以舉動勸力之歌雖華質不同其非正音一也傳曰梁麗可以衝城而不可以窒穴言殊器也驊騮騏驥一日而馳千里捕鼠則不如狸狌言殊技也鴟鵂夜撮蚤察毫末

書出瞋目而不見丘山言殊性也今欲去經術而復詩賦近乎棄本而趨末并爲一科則幾於取人而求備爲今計者莫若以文詞經術德行各自爲科以籠天下之士則性各盡其方技各盡其能器各致其用而英俊豪傑庶乎其無遺矣

淮海集卷第十四

淮海集卷第十五 進策

秦觀 少游

官制上

臣聞王者用人之要術惟資望而已歲用有等功勞有差天下莫得躐而進者謂之資行能術業卓然高妙爲世所推者謂之望用人以資而已則盛德尊行魁奇儁偉之人或拘格而遭回如張釋之十年不得調楊子雲位不過侍郎之類是也用人以望而已則狂繆之流矯亢之士或以虛名而進拔如晉用王衍唐用房琯之類是也古之善用人者不然以資待天下有常之士以望

待天下非常之材使二者各有所得足以相推而不足以相礙故自一命以至九命自受職以至作牧非有功不遷非有缺不補而天下不以爲淹或舉於耕或舉於版築或舉於屠釣加之士民之上委以將相之權而天下不以爲驟何者資之所當然望之所宜爾也國家以爵祿格爲有定之制而以職事官爲不次之選於先王用資望之術可謂得其意矣然臣愚猶以爲未者太必於用資太不必於用望也何則夫郡守者民之師帥天子所與共理者也衣冠而坐堂皇之上則賓客造謁於前掾屬趨走於下政教賞罰軍旅之事一皆聽其可否

所爲是則千里蒙其賜所爲非則數十萬室受其害而
謂天下之重任矣今將相大臣自朝廷而出者不過爲
郡守而任嘗再爲通判者苟無大惡顯過有保任人亦
必至於郡守是將相大臣與保任嘗再爲通判者相去
無幾耳夫賢者能使所居官重不肖者反之今二千石
所以不至尊重難居者非特法令使然亦其人材之所
致豈非所謂太必於用資乎館閣者圖書之府長育
英材之地也從官於此乎次補執政於此乎遴升故並非
學術藝文屹然爲一時之望者莫得而居之可謂天下
之妙選矣今中材凡吏一爲大臣之所論薦則皆得居

其位嘗有金穀之職兵刑之勞則皆得假其名嗚呼比歲已來校書正字之職龍圖集賢之號何其紛紛也傳曰惟名與器不可以假人此不幾於以名器而假諸人乎臣所謂太不必於用望者此也昔漢制郡守入爲三公學者以東觀爲老氏藏室道家蓬萊山言其清祕常人所不能到也願下明詔應中州已上非吏臺省寺監漕刑之任者不得爲郡守慎惜館閣之除以待文學之士則用人之術庶乎其盡矣

官制下

臣聞國家次五代一切之制百官稱號最爲雜揉名存

而器不設文具而實不應所謂臺省寺監者朝廷之官也而其汎及於州縣莞庫之吏其濫至於浮屠黃冠之師乖違之條舛繆之目至不可勝數先皇帝惻然憫之始詔有司作寄祿格以易天下之官而歸之於臺省還之於寺監然後循名可知其器而緣實亦得其文可謂帝王之盛典矣然有所未盡者臣竊昧死而妄議焉司之則自正議大夫以上遷進太略自中散大夫以下清濁不分也夫遷進太略則大臣僥倖而其弊也至於無以復加而法制亂清濁不分則小臣偷惰而其弊也至於莫爲之寵而資望乖舊制侍郎至僕射凡十二遷其

兼侍從之職者八遷九遷其任執政之官猶六遷也
侍郎以上皆天子之臣非多其等級則勢必至易極易
極則國家慶賞將窒而不得行此制官之深意也今寄
祿格則不然自正議大夫不問人之如何四遷而至特
進故大臣爲特進者遇朝廷有大慶賞則不得已而以
司空之官予之夫司空者職事官也寄祿無以復加而
予焉豈非所謂亂法制之甚與舊制少卿之官率一秩
而有四名太常光祿衛尉司農是也郎官員外率一秩
而有八名如禮工祠屯主膳虞水之類是也京朝之官
率一秩而有三名如太常祕書殿中諸丞是也蓋入仕

之門有制策進士明經諸科任子雜色之異歷官之途
有臺省寺監漕刑郡縣之殊非銖銖而較之色色而別
之則牛驥同皂賢不肖混殽而天下皆將汎汎然倫取
一切不復淬勵激昂以功名爲己任此亦制官之深意
也今寄祿格則不然自中散大夫以下至承務郎秩爲
一名而已故嘗任臺省之職或任漕刑之司者人心有
所不厭而莫爲之寵則往往假以龍圖集賢之號夫龍
圖集賢之號所以待天下文學之士也而以諸吏莫爲之
寵而假焉豈非乖資望之甚歟蓋爵祿者天下之砥石聖
人所以礪世磨鈍者也夫不爲爵勸不爲祿勉古之人

有行之者蒙穀是也齊死生同貧富等貴賤古之人有行之者莊周是也今朝廷之臣皆得莊周蒙穀而爲之則爵祿之器雖不復設可矣如其不然則遷進太略清濁不分之弊安得而不革哉晁錯曰爵者上之所命出於口而無窮韓愈曰聖君所行即是故事自古豈有定制也願詔有司以寄格再加論定稍放舊制自正議大夫以上更增四秩之號自中散大夫以下秩之號爲三等之名如此則遷進頗詳而法制不亂清濁稍異而資望不乖是亦先皇之志也惟陛下留神省察

財用上

臣聞先王之理財也若持衡然天下之財不使之偏歸於公室亦不使之偏入於私家惟其適平而已故邦國有以供祭祀奉養祿廩賜予之費而民有以給朝晡伏臘冠婚喪祭之資其取民之制謂之什一什一者天下之中正也多乎什一小桀大桀寡乎什一小貉大貉魯哀公曰二吾猶不足桀之道也白圭以二十而取一貉之道也推此言之則先王理財之意惟其適平而已自什一之法壞天下之財始失其平其偏歸於公室也則有鬻鹽冶鑄以管山海之饒榷酒酤以漁井邑之利筭舟車告緡錢以推抑商賈造皮幣省酎金以侵牟封君

甚者至令吏坐列肆販物以來利焉其偏入於私家也則有以農田而甲一州販脂而傾都邑賣漿而踰侈酒削而鼎食貨脯而連騎馬醫而擊鍾甚者至累萬金而不佐公家之急是以民常困於聚斂之吏而吏常嫉夫兼并之民所謂事勢之流相激使然曷足怪哉本朝至和嘉祐之間承平百餘年矣天子以慈儉為寶貢賦經常之外殆無一毫取諸民田疇邸第莫為限量衣食器皿靡有約束俯仰如意豪家氣浸生貨賄充溢侈心自動於是大農富賈或從僮騎帶刀劍以武斷於鄉曲畢弋漁獵聲伎之奉擬於侯王而一邑之財十五六入於私

家矣熙寧元豐之間大臣用事始作法度與時變通青苗免役市易之利相次而作有司日夜手畫口説區處於中使者旁午冠蓋相望奉行於外而言利之臣析秋毫矣江淮則增煮海之息閩蜀則倍摘山之贏青徐則竭冶鑄之利其他希風旨效計數無名之取額外之求蓋不可勝數而天下之財太半歸於公室矣陛下即位之始深知其弊凡法度之不便於民者一切罷去嘗以掊克進者相繼而黜數因赦令而弛逋負大出稟廥以振乏絶於是公私之財漸向於平然而有大弊者士大夫矯枉過直邈然以風裁自持不復肯言財利之事

易曰天地之大德曰生聖人之大寶曰位何以守位曰仁何以聚人曰財理財正辭禁民爲非曰義而洪範八政一曰食二曰貨以此見理財先食貨者帝王之要務所以安中國服四夷者也特不可使之偏入於公私耳今國家北有抗衡之虜西有假息之羌中有大河之費數萬之吏取給於水衡之錢百萬之兵仰食於太倉之粟公私窘急可爲寒心此正人臣揚搉斂散以究虛盈以濟用度之秋也而恥言財用之事是晉人而已矣晉人王衍者口不言錢而指以爲阿堵物臣竊笑之以爲此乃姦人故爲矯亢盜虛名於暗世也何則使顏閔言

錮不害爲君子盜跖呼阿堵物豈免爲小人哉晉人尚清談而廢實務大抵皆類此矣昔管仲道輕重之權范蠡計然否之策蕭何漕關中之粟財利之臣也東郭咸陽之鬻南鹽孔僅之冶鑄桑洪羊之均輸亦財利之臣也士大夫言財利有如東郭咸陽孔僅桑洪羊所爲也則不可有如管仲范蠡蕭何之所爲也亦惡乎而不可哉

財用下

臣嘗以爲君子理財之術莫若盡地力節浮費二者而已何則理財之要在乎原其所自有而爲之道要其所從無而制之法風霆雨露之發生山林川澤之滋養財

之所從出也不原其所自有不要其所從無切切焉從事於闔闢斂散之中則是賤丈夫爭錐刀之末耳豈君子所謂理財者耶是故原其所自有而爲之道則莫若盡地力要其所從無而制之法則莫若節浮費君子理財之術蓋無以易於此臣請爲陛下遂言之夫理天下之財譬如治水增繕隄防決之於鄰國非治水之善也橫賦強市取之於百姓非治財之善也善治水者以四海爲壑善理財者以天地爲資今天下之田稱沃衍者莫如吳越閩蜀其一畝所出視他州輒數倍彼閩蜀吳越者古揚州梁州之地也按禹貢揚州之田第九梁州

之田第七是二州之田在九州之中等最爲下而乃令以沃衍稱者何哉吴越閩蜀地狹人衆培糞灌漑之功至也夫以第七第九之田培糞灌漑之功至猶能倍他州之所出又况其上之數等乎以此言之今天下之田地力未盡者亦多矣李悝曰治田勤則晦益三升不勤亦如之地方萬里增減輒爲粟百八十萬石然趙過爲代田一晦歲收常過縵田一斛以上善者倍之秦漢開鄭白渠漑田四萬四千餘頃至唐大曆初兩渠所漑纔六千三百頃耳以代田鄭白渠言之則治田之勤不勤何止晦有三升之損益也今二千石雖兼勸農之事

而例爲虛名莫有任其責者爲今之計莫若詔天下州置勸農一司以守將爲長聽於僚介之中自擇一人爲副先籍境内定墾田與夫陂塘溝渠之數而周知其利害歲時出行諸郊召見耆老問以疾苦及所願欲而不得者爲罷行之而罰其游惰不聽命者歲終部使者第其殿最以聞功效尤異者寵用之如此則天下之田皆與閩蜀等而地力盡矣古者吉凶之服則一比共之祭器則一閭共之喪器則一族共之吉凶禮樂之器則一鄉共之凡嫁子娶妻純帛無過五兩凶荒則又殺禮而多婚夫一鄉者五百家而五兩者五匹耳其用財可省

約也今則不然嫁子娶妻喪葬之費其約者錢數萬其
豐者至數百萬中人之家一有吉凶之事則賣田疇鬻
邸第舉倍稱之息猶弗能給然則今時吉凶之費絶長
補短殆二十倍於古也財用安得而不竭乎周之太宰
王之大臣也其職曰以九式均節財用漢之許劭魏之
毛玠唐之楊綰人臣耳而能使一時士大夫心化其風
損車馬毀池觀減騶騎散音樂以此見法制者雖盛世
不可去而風化者雖衰世亦可行也今令雖有儀制之
文毛舉數事不能委曲爲今計者莫若自宗室外戚以
至品官民庶之家宮室輿馬飲食衣服皆做典禮而爲

之度數稍寬其剩使可久行其冠婚喪祭之事則視歲
上下而隆殺之使諫官御史得以彈奏於中而漕刑守
令得以舉劾於外敢不承者雖貴且親必罰無赦然後
陛下崇節儉尚敦樸以爲之率棄難得之貨却無用之
器罷不急之務以爲之先如此則天下淫侈之俗曠然
一變而浮費節矣賈生曰今背本而趨末食者甚衆是
天下之大殘也淫侈之俗日以長是天下之大賊也殘
賊公行莫之或止大命將傾嗚呼如賈生者可謂知理
財之術矣

淮海集卷第十五

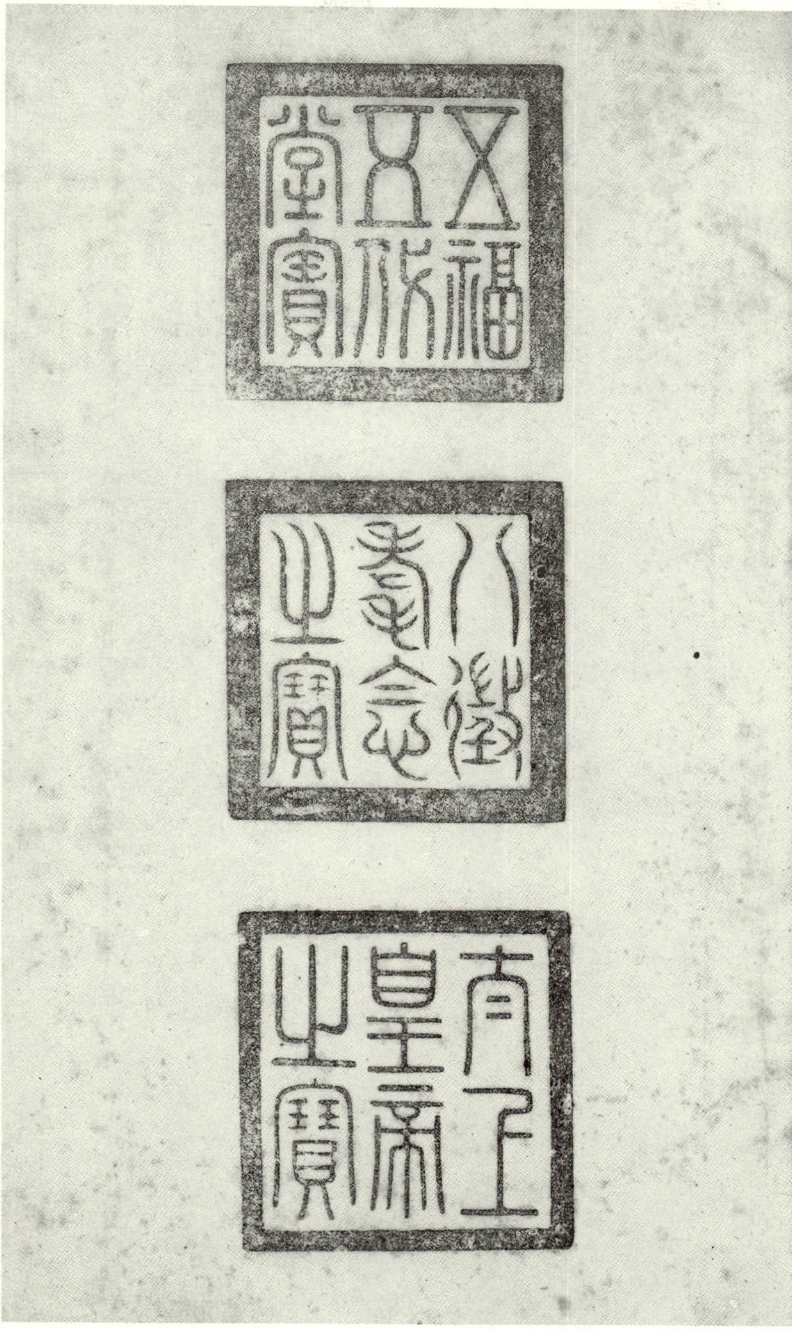

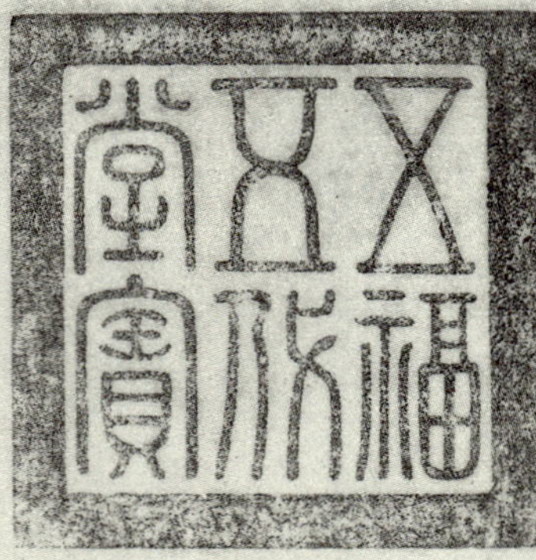
五福五代堂寶

八徵耄念之寶

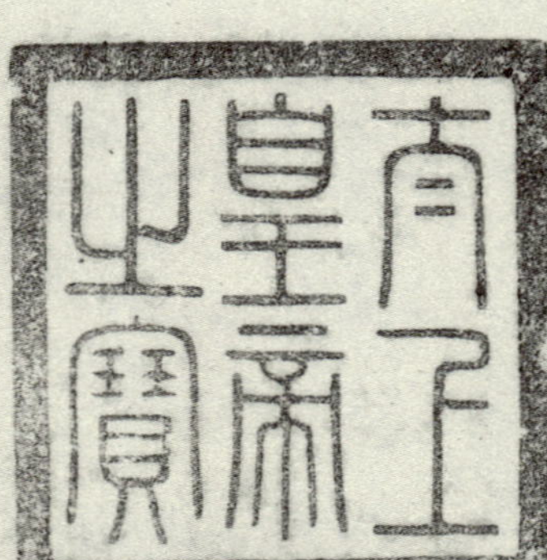
太上皇帝之寶

淮海集卷第十六 進策

秦觀 少游

將帥

臣聞將帥之難其人久矣勢有彊弱任有久近敵有堅脆地有遠邇時有治亂而勝敗之機不繫焉惟其將而已矣昔智氏以韓魏三國之兵伐趙馬服君之子以四十萬之衆抗秦可謂彊矣而潰於晋陽坑於長平廉頗率老弱之卒守邯鄲田單鳩創病之餘保即墨可謂弱矣而粟腹以摧騎劫以走是不在乎勢之彊弱也穰苴之用於齊拔於閭伍之中也一日斬莊賈晋師罷去燕師

渡水而解韓信之擊趙非素拊循士大夫也背水一戰而擒趙王歇斬成安君是不在乎任之久近也以周瑜之望曹公不啻虎狼而吴兵捷於赤壁以元德之視陸遜甚於雛鷇而蜀師衂於白帝是不在乎敵之堅脆也東西異壤也而鄧艾以縋兵取成都南北異習也而王鎮惡以舟師平關中是不在乎地之遠邇也夫以東晉之衰而謝元得志於淝水開元之盛而哥舒翰失利於潼關是不在乎時之治亂也故善將者勢無彊弱任無久近敵無堅脆地無遠邇時無治亂不用則已用之無不勝焉故曰惟其將而已矣雖然有一軍之將有一

國之將有天下之將走及犇馬射中飛鳥攻堅城破彊
敵所向無前此有勇之士一軍之將也出奇制勝無窮
如天地不竭如江河攻輒破擊輒服此有智之士一國
之將也福於己而禍於人則功有所不立利於令而害
於後則事有所不爲功成事畢自視缺然無矜大之色
此有道之士天下之將也古者閫外之事將軍制之軍
中不聞天子之詔其委任責成如此非有道之士其可
以輕付之哉國家將帥可謂盛矣閱禮樂而敦詩書者
肩摩而轂擊縱横剽悍稱智囊而號肉飛者至不可勝
計然驛騎有赤白囊至則廟堂之上爲之紛然進止賞

罰皆從中決者何也豈以爲將帥者皆智勇之人非有道之士不可獨任故邪夫廟堂議邊事則王體不嚴將帥之權輕則武功不立嗚呼可謂兩失之也臣以爲西北二邊宜各置統帥一人用大臣材兼文武可任天下之將者爲之凡有軍事惟以大義上聞進退賞罰盡付其手得以便宜從事如此則雖有邊警可以不煩廟堂之論而豪傑之材得以成其功矣

奇兵

臣聞萬物莫不有奇馬有驥犬有盧畜之奇也鷹隼將擊必匿其形虎擬而後動動而有獲禽獸之奇也天雄

鳥喙堇葛之毒奇於藥繁弱忘歸奇於弓矢鸊鵜莫邪
奇於刀劍雲為山奇濤為海奇陰陽之氣怒為風交為
電亂為霧薄而為雷激而為霆馳散而為雨露凝結而
為霜雪天地之奇也惟兵亦然嚴溝壘盛輜重傳檄而
出計里而行剋期而戰此兵之正也提百一之士力扛
鼎而射命中者縋山航海依叢薄而晝伏乘風雨而夜
起恍焉如鬼之無迹忽焉如水之無創此兵之奇也兵
之道莫難於用奇莫巧於用奇莫妙於用奇何以言之
凡用奇之法必以正兵為主而出者謂之孤軍孤軍勝
敗未可知也霍去病所將常選有大軍繼其後是以深

入而未嘗困絕李陵提步卒五千轉鬬單于於漠北而無它將援之其擒宜矣故曰莫難於用奇夫材有勇怯伎有精冗勇者克敵則怯者奮冗爲敵破則精者却自然之勢也善將者擇其精勇以爲奇悉其冗怯以爲正奇兵雖少而以銳爲正之勢正兵雖雜而以衆爲奇之勢長短相補強弱相資則寡者亦爲衆冗怯者亦爲精勇也故曰莫巧於用奇昔岑彭泝都江而上以拔武陽繞出延岑軍後而公孫述驚鄧艾取陰平道下油江破緜竹徑薄成都而劉禪降孫處自江左浮大海直搗番禺而盧循破李愬越·文成戍殲張柴柵夜襲蔡州而

吴元濟擒此數子者皆智謀足以料敵勇敢足以決勝故能乘變投隙而就其功名使敵雖有彊將勁卒不得盡試其能而固已敗也故曰莫妙於用奇孫臏曰解雜亂糾紛者不控捲救鬭者不搏撠批亢擣虛形禁勢格則自爲解耳則非夫通陰陽之幾達萬物之變以得用奇之奥者何足以及此令夫屠者之解牛也經肯綮則以刀遇大軱則以斧至庖丁則不然批隙導窾游其刃於空虛而磔然已解矣奕者之鬭碁也諦分審布失其守者逐而攻之至奕秋則不然倒行而逆施用意於所爭之外而沛然已勝矣夫屠奕鄙事也有奇技則無與

抗者況於兵乎兵法曰兵以正合以奇勝然而天下之士狃於常而駭於變知所以合者多而悟所以勝者少也

辯士

臣聞兵之大槩我爲主彼爲客是守之而已彼爲主我爲客是攻之而已客主不分彼我相埒塗覯而卒遇是戰之而已此兵之常法也且事固有常法所不能辯者守則形不便攻則勢不利戰則氣不克當是時也雖有智勇無所用之獨可馳一介之使憑軾撙銜喻以禍福而得志此軍中所以不可無辯士也然則所謂辯士者必以其具三德明五機而利口者不與焉蓋上知道德

性命之原下達禮義形器之變旁通幽明時物之所宜者識也窘之而益出費之而益新掩之以卒而不亂壓之以重而不懾者才也經傳子史天星地志醫方卜筮百家之書無所不涉而能謹守其宗者學也夫是之謂三德俯而賀仰而吊聞者遑懅心折骨驚手足俱廢其名曰恐機道以令名贊以美利聞者恍懌陽氣浸淫上滿大宅其名曰喜機訐過差而不貸觸忌諱而無疑聞者忿然髮上衝冠目眥盡裂其名曰怒機旁刺其所悼念逆鈎其所感傷聞者泫然涕下霑臆不復自勝其名曰悲機發端而指隙其說泛而不根其意圓而無主聞

者茫然如獲異物不知其名欲捨之而行則恐其實也欲取之而去則恐其恠也徙倚周章狐疑而不決其名曰思機此五者天之所以命於人有觸之則彍然而發莫能禦已夫是之謂五機蓋三德不具不足以立己五機不明不足以移人故曰所謂辯士者必具三德明五機而利口者不與焉昔蘇秦張儀犀首陳軫代厲之屬嘗以辯名於世矣然三德不足而五機有餘故事求遂而不問禮之得失功求成而不卹義之存亡偷合苟容取濟一時而已此其所以爲利口之雄而君子不道也然後世之人見其如此遂以辯爲縱橫之術諱問而恥言

之則所謂因咽而廢食也孔子曰賜能辯而不能訥孟子曰予豈好辯哉余不得已也由此觀之孔孟之間未嘗發辯特貴夫時然後發不得已而後用爾古者列國之大夫聘於塗者肩摩而轂擊兵之交則使在其間若非辯士爲之則安能專對而不辱於君命耶或曰戰國之時無定勢無常形橫則秦帝從則楚王故辯士足以乘間而執其機自漢以來形勢異矣尚安所事辯乎曰是不然人之生也有手足則知摶擊有心智則知思慮有口舌則知語言天下之亂常生於此三者然反而用之亦可已亂蓋摶擊爲力思慮爲謀語言爲辯天下未

嘗一日不用力與謀也何獨於辯而疑之昔酈食其使齊田横以七十城下漢陸賈使南越尉佗去黄屋而稱臣賈林致李抱真命而王武俊倒戈韓愈入鎮州而牛元翼出矣此後世用辯士之明效也天下不用兵則已矣如用兵辯士不可無也

謀主

臣聞兵家之所以取勝者非特將良而士卒勁也必有精深敏悟之士料敵合變出奇無窮者爲之謀主焉古之人將有天下之事未嘗不先於謀故考訂卿士之議參酌庶人之言所以謀之於明也拂龜端策灼之而辨

兆撲之而分卦所以謀之於幽也易曰天地設位聖人成能人謀鬼謀百姓與能夫謀者聖人所不能免也況於兵乎兵之道猶一人之身將者心也謀主者思慮也圖籍者臟腑也法制者脉絡也號令者聲音也旌旗鼓鐸者耳目也車騎步兵者四肢也心之統臟腑揔脉絡出聲音用耳目役四肢也精以思慮則外不擾於人事內不冦於陰陽思焉而不精慮焉而不熟則飢飽勞佚之過漫然而不知寒暑温清之變冥然而不察冒犯水火嬰觸金石無所不至故心雖明臟腑雖安脉絡雖通聲音雖和耳目雖聰明四肢雖便利不可以無思慮

將雖良圖籍雖具法制雖進號令雖嚴旌旗鼓鐸雖修車騎步兵雖練不可以無謀主蓋將軍之於謀主也有之者勝無之者敗已棄之而資敵者敗敵取之而助己者勝嘗用矣而或棄者亦敗棄矣而或用者亦勝何以知其然耶昔楚漢之強弱者不待較而知也而項氏乘百戰之威身死東城劉氏以顛沛奔北之餘五載而成帝業何哉漢有良平之屬爲之謀楚有一范增而不能用也故楊雄曰漢屈群策群策屈群力楚憞群策而自屈其力屈人者勝自屈者負此所謂有之者勝無之者敗也昔陳餘捨李左車之計死泜水上韓信釋縛而師

事之遂收燕齊袁本初棄許攸之策攸奔曹公公跣而迎之遂破冀州夫攸在車者豈欲負彼而忠此哉用舍之勢然也此所謂已棄之而資敵者敗敵取之而助己者勝也昔張綉以精卒追魏師賈詡以爲不可已而果敗既又請收散卒而攻之已而果勝夫詡之爲綉謀一也從違不同則勝敗異變可不察哉此所謂嘗用矣而棄之者亦敗嘗棄矣而用之者亦勝也是以良將之待謀主也致之以禮而不敢慢交之以誠而不敢欺結之以恩而不敢厭遺其過差而略其缺失所與圖畫者雖父子兄弟有不得而知焉古之人所以談笑而折衝偃

息而銷釁者繇此道也後世則不然將受命之日士大夫莫敢仰視而所謂幕府從事者往往皆闒茸取具之人一旦敵傳於陴隍之下變發乎肘腋之間召而問之五色已無主矣是豈有補於萬分之一哉臣病夫世之論兵者止知重將帥之選急士卒之練講器械陣營之所宜究山川形勢之便而推風角鳥占之説至於謀主則未始一言及焉不知夫謀主者一軍勝敗之樞機也

淮海集卷第十六

淮海集卷第十七 進策

秦觀 少游

兵法

臣聞御兵者將而將所以御之者法法不得將與無兵同將不知法與無將同蓋斷木爲棊刓革爲鞠亦皆有法況於帥無罪之人被堅執銳從事於萬死一生之地哉兵之有法猶人之有精神魂魄也精神失守魂去而魄奪則雖有七尺之軀死無日矣何則所以使形者亡也故知兵有法正行無間不知而將是謂妄行古之論兵者多矣大率不過有四一曰權謀二曰形勢三曰陰

陽四曰技巧然此四術者以道用之則爲四勝不以道用之則爲四敗事同而功異不可不察也何以知其然耶昔孫臏伏萬弩於馬陵之下魏軍至而伏發龐涓死焉王恢伏車騎材官三十萬於馬邑之旁匈奴覺之而去恢以自殺此則用權謀之異也馬服君救閼與旣遣秦間卷甲而趨之二日一夜遂破秦軍曹公追劉先主一日一夜行三百里敗於烏林此則用 形勢之異也西伯將獵卜之曰獲霸王之輔果得太公望而克商漢武卜諸將貳師最吉因以爲將卒降匈奴此則用陰陽之異也申公巫臣教吳以車戰吳是以始通上國房琯用

車以抗禄山賊投芻而火之王師奔潰此則用技巧之異也豈非以道用之則爲四勝不以道用之則爲四敗乎雖然所謂道者何也治心養氣而已矣蓋心不摇於死生之變氣不奪於寵辱利害之交則四者之勝敗自然洞見如形影入於水鏡之中是兵法之大要也夫鏃金羽鶵以爲矢傅膠合漆以爲弓天下所同也而羿爲善射服在箱驂在旁制以銜轡之利而加以鞭策之威天下之所同也而王良爲善御是何也其所以用之者道也今世之學兵法者肩相摩袂相屬雖其精粗不同然率向之所謂四術而已至於治心養氣之道則以爲

書生之語而不與焉嗚呼是守弓矢與馬而欲爲君王良也

盜賊上

臣聞治平之世内無大臣擅權之患外無諸侯不服之憂其所事乎兵者夷狄盜賊而已夷狄之害士大夫講之詳論之熟矣至於盜賊之變則未嘗有言之者夫豈智之不及哉其意以爲不足恤也天下之禍嘗生於不足恤昔秦既稱帝以爲六國已亡海内無足復慮爲秦患者獨胡人耳於是使蒙恬北築長城却匈奴七百餘里然而陳勝吴廣之亂乃起於行伍阡陌之間由此言

之盜賊未嘗無也夫平盜賊與攘夷狄之術異何則夷狄之兵甲馬如雲矢石如雨牛羊橐駝轉輸不絕其人便習而整其器犀利而精故方其犯邊也利速戰以折其氣盜賊則不然險阻是憑抄奪是資亡命是聚勝則烏合非有法制相縻敗則獸遯非有恩信相結然揭竿持梃郡縣之卒或不能制者人人有必死之心而已故方其群起也速戰以折其氣勿迫以携其心蓋非速戰以折其氣則緩而勢縱非勿迫以携其心則急而變生今夫虎之爲物嘯則風生怒則百獸震恐其氣暴悍可殺而不可辱故捕虎之術必先設機穽旁置網罟撞以

利戟射以強弓鳴金鼓而乘之不旋踵而無虎矣至虵
與鼠則不然雖其毒足以害人而非有風生之勇其貪
足以蠹物而非有震恐百獸之威然不可以驟而取者
以其急則入於竄穴而已故捕虵鼠之術必環其竄穴
而伺之薰以艾注以水彼將無所得食而出焉則尺棰
可以制其命夷狄者虎也盜賊者虵鼠也虎不可以艾
薰而水注虵鼠不可以弓射而戟撞故曰平盜賊與攘
夷狄之術異也雖然盜賊者平之非難絶之爲難平而
不絶其弊有二不可不知也蓋招降與窮治是已夫息
莫大於招降莫深於窮治何則凡盜賊之起必有梟桀

而難制者追討之官素無奇略不知計之所出則往往招其渠帥而降之彼姦惡之民見其負罪者未必死也則曰與其俛首下氣以甘飢寒之辱孰若剽攘攻劫而不失爵祿之榮由此言之是乃誘民以爲亂也故曰患莫大於招降凡盜賊之首既已伏其辜矣而刀筆之吏不能長慮却顧簡節而疎目則往往窮支黨而治之迫脅之民見被汚者必不免也則將曰與其嬰錮金木束手而受斃孰若遯逸山海脫身而求生由此言之是驅民以爲亂也故曰禍莫深於窮治且王者所以感服天下者恩與威也仁及有罪則傷恩戮及不辜則損威威

惠兩失而欲天下心畏而力服堯舜所不能也夏書曰殲厥渠魁脅從罔治舊染汙俗咸與惟新蓋渠魁盡殺而不赦則足以奪姦雄之氣脅從汙染不治而許其自新則足以安反側之心夫如是天下之人孰肯捨生之塗而投必死之地哉嗚呼先王已亂之道可謂至矣

盗賊中

臣聞自古盗之所以興皆出於仍歲水旱賦斂横出徭役數發故愚民爲盗弄兵於山海險阻之間以爲假息之計自陛下即位以來輕徭役薄賦斂善氣旣應年穀胥熟是宜外户不閉道不拾遺而郡縣之間枹鼓或警

遊徼旁午未見休已者何也以臣思之蓋不任吏之敝也夫任法不任吏爲弊至多而於盜賊尤甚何則今盜賊之法可謂密矣彊盜得財滿匹及傷人者輒棄市殺一家三人以上若支解人者論如律案問欲舉者得減重論殺併徒伴及告獲它盜者降除其罪爲之囊橐通行飲食者從末減若文致於法而人心不厭者輒讞考之若此之類與夫捕獲亡逸賞罰之格凡數十條然皆畫一之制也夫民之所以爲盜賊者其情不一或閭里惡少自負其氣椎埋鼓鑄不復齒於平人或驕兵墮卒窮苦無聊亡命嘯聚或執左道轉相誑惑以爲徒黨或

困於飢寒迫於逋負剽奪衣食以延一日之命或故吏善家子失計隨流輕舉妄動若此之類特盜賊之大情耳其間寅緣曲折可矜可疾者蓋不可勝數夫以畫一之法御不可勝數之情而吏莫敢爲輕重則宜殺而生宜生而殺者有之矣吏果於生殺而不察其宜則威惠不行盜賊所以充斥也臣嘗觀古之能吏盜賊之課尤異者其術不過數端而已蓋有使吏民雜舉少年惡子鮮衣凶服之人悉籍記之一旦收捕納於虎穴中者尹賞之治長安也有明設購賞令相斬捕吏追胥有功而上名尚書調補縣令者張敞之治膠東也有耳目具知

主名區處窮里空舍坐語未訖捕吏已至者趙廣漢之治京兆也有擇縣之豪傑用以爲吏一旦竊發則移書詭責取辦其人者朱博之治渤海也有置正五長閭里千百有非常吏輒聞知姦不得舍者韓延壽之治潁川也有遺發之兵罷捕逐之吏單車獨行務以德化撫之而安之者龔遂之治瑯琊也此數子者可謂善治盜賊矣然以今日之法繩之則彼將皇恐救過之不暇尚何功名之有哉何則非賊殺不辜則固縱反者也夫以龔遂韓延壽張敞朱博趙廣漢尹賞爲吏於今之時猶不能最盜賊之課又可責於常人乎爲今計者莫若寬法而

任吏稍重郡守之權責以大綱而略其小過凡重法之地皆愼擇其人聽於法外處置盜賊有司覆按不得劾以出入其所賜緝捕緡錢使得益以釀酒賞格之外得酒數百石亦足以布設耳目而畜養爪牙如此則守臣之威權稍重而盜賊可以清矣王嘉曰國家有急取辦於二千石尊重難危乃能使其下嗚呼二千石能使其下則雖有黃巾赤眉無足畏也

盜賊下

臣聞盜賊之起小則蜂屯蟻聚鹵掠閭里大則擅名號攻城邑取庫兵釋死罪殺掠吏民然皆無足深慮如臣

前効計足以辨所可深慮者其間有豪俊而已何則人之有豪俊猶馬之有驥犬之有盧雖上觀下獲一日千里而縱蹀嚙之變亦可畏也昔周亞夫得劇孟喜曰吳楚舉大事而不求劇孟吾知其無能爲也天下騷動大將得之隱如一敵國去唐縱朱克融北還盧龍未幾軍亂遂復失河朔夫孟克融皆匹夫耳而得失去就之間繫吳楚之成敗爲河朔之存亡以此言之盜賊之間而有豪俊豈不爲可深慮也哉臣以爲銷亡大盜之術莫大乎籠取天下之豪俊天下豪俊爲我籠取則彼卒材鼠輩雖有千百爲群不足以置齒牙之間矣國家取人

之制其選高者惟制策進士夫豪傑之士固有文武縱
横之間無一不可者椎魯少文獨可以任之大事者使天
下豪傑皆文武縱横之才二科足以取之若有椎魯少文
之人則不可得而取之矣是制策進士所得之外不能
無遺材也臣嘗爲朝廷患之未知所處有搢紳先生
告臣曰漢法郡縣秀民推擇爲吏考行察廉以次遷補
或至于二千石入爲公卿古者不專以文詞取人故得
士爲多黄霸起於卒史薛宣奮於書佐朱邑選於嗇夫
邴吉出於獄史其餘名臣循吏由此而進者不可勝數
唐自中葉以後方鎮皆選列校以掌牙兵是時四方豪

傑不能以科舉自達者皆爭爲之往往積功以取旄鉞雄老姦宿盜或出其中而名卿賢將如高仙芝封常清李光弼來瑱李抱玉段秀實之流所得亦已多矣王者用人如江河江河之所趨百川赴焉蛟龍生焉及其去而之他則魚鼈無所還其體而鯢鰍爲之制今世胥吏牙校皆奴僕庸人者無他以朝廷不用也今欲用胥吏牙校而胥吏行文書治刑獄錢穀其勢不可棄鞭撻〻〻行則豪傑不出於其間故凡刑者不可用而用者不可刑朝廷若採唐之舊制使諸路監司郡守其選士人以補衙職課之以鎮稅場務督捕盜賊之類有公罪則贖

焉使長吏得薦其材者第其功閥書歲月使得出仕比任子而不以流外限其所至朝廷察其尤異者擢用數人則豪傑英偉之士漸出於此塗而姦猾之黨可得而籠入也臣嘗思之迺銷盜賊之術未有以過於此者竊取其說以獻惟陛下財擇之

淮海集卷第十七

淮海集卷第十八 進策

秦觀 少游

邊防上

臣嘗以謂方今夷狄之患未有甚於西邊者夫契丹強大幾與中國抗衡党項遺種假息之地不當漢之數縣而臣以謂夷狄之患未有甚於西邊者何也蓋大遼自景德結好之後雖有餘孼金帛綿絮他物之賂而一歲不過七十餘萬西邊自熙寧犯境以來雖絶夏人賜予熙河蘭會轉輸飛輓之費一歲至四百餘萬比邊歲賂七十餘萬而兵寢士休累世無犬吠之警西邊歲費四

百餘萬而羌虜數入逆執事如鴈行將吏被介胄而臥以此言之北邊之患孰與西邊之患重乎今天下議臣策士議欲綏西邊之患者多大率不過有二臣請具陳其說而去取之有曰昔漢武以遼陽九百里之地止辟難守棄以予胡元帝亦以關東歲饑納賈捐之䟽罷朱崖郡蓋王者不以無用弊所恃也狄道枹罕故爲吐蕃諸侯之巢穴五泉會寧亦久爲夏人所據若以蘭會之地復賜夏人用府州故事擇土酋以爲熙河之守則數百萬之費可一朝而省此其說一也有曰狄道枹罕五泉會寧皆中國故地自漢唐以至國初不聞其難守

者以靈武内屬故也今置靈武於度外者八十餘年蕃漢地形相錯如繡耕鑿則有蹂踐之患饋運則有鈔集之虞是以苦其難守也若遂取橫山次復靈武則蘭會熙河自爲内地尚安有數百萬之費乎此又一說也以臣觀之以前說可以施於陛下即位之初後說可以施於今日之後何則陛下即位之初羌虜各率種落交臂屈膝請命下吏是若赦其罪戾與之更始假以熙河之節賜以蘭會之區則外足以懷犬羊之心内足以寬元元之力今則不然天奪其魄自干誅夷相爲轒車遊魂疆埸邊屯吏士攘袂切齒皆欲犁其庭而掃其閭夫順

遂之勢殊則撫御之術異爲今計者獨有取橫山而復
靈武耳羈縻不絶之可復道哉臣故曰前説可施於陛
下即位之初後説可以施於今日之後也昔曹公征漢
中而弗克乃下教曰雞肋楊脩以爲雞肋者食之無所
得棄之如可惜公將歸矣已而果然蓋是時成都方爲
劉氏所據曹公以爲雖得漢中之地必有輸將之費禦
捍之勤其勢未易久守故不若棄之便也及鄧艾襲取
成都而漢中遂爲控引輸寫之地豈可謂食之無所得
棄之如可惜者乎然則曹公之棄漢中特以未暇取成
都耳以此言之則知前二説者去取各有時也且天下

之形勢固有不相關而實相待者飛者以翼而鷙其足則不能飛走者以足縛其手則不能走瓶罄則罍恥唇亡則齒寒矣橫山靈武亦蘭會熙河之手足而蘭會熙河亦橫山靈武之罍齒也功成於彼則患紓於此矣杜欽議夜郎以爲不毛之地無用之民聖王不以勞中國宜罷郡放棄其民絕其侯王勿復通如以先帝所立之功不可隳壞亦宜因其萌芽絕之嗚呼是今日西邊之勢也

邊防中

或謂臣曰咸平中賊繼遷者攻陷靈武進圍麟州朝廷

檄召諸鎮兵討之僅能解圍而已逮寶元慶曆之間元
昊僭逆兵拏而不解者數年竟亦不能致其頭於北闕
下元豐初大舉弔伐之師五道並進輒無功而返未幾
永樂陷没詔使死者二人夫羌之勁悍不可以力屈久
矣柰何輕議取横山復靈武哉臣應之曰不然夫勝有
勢敗有時聖人不能生其時時至而不失其勢昔咸平
之時海内初離分裂之禍上下厭苦於兵俱欲休息而
繼遷之黨以兇悍狡險之姿據平夏之全壤扼瀚海之
要衝故其據清遠而窺靈武也朝廷置之度外而不復
問寶元慶曆之間天下承平日久邊防之備大率皆

弛將不知兵而兵不習戰彼元昊者雖生於砂磧之
馬之區而計數足以濟其驁勇決足以成其惡料敵合
變有古單于之風小羌入事請盟唯恐居後於是盡有
河南之地又取河西之境乃歸節旄僭名號盜奄甲一出
其鋒不可當者矣先皇帝自熙寧以來繼累朝之事爲
萬世之計申嚴武備命將出征戎軒啓行抱罕請命天
再指五原内屬元豐之初遂決策大舉夏人震懼不
知所爲然猶未即伏辜者其形勢已成其支黨具在壁壘
如不肖子守其先人之廬雖終賣鬻而期月之間資用
尚饒未可問也今則不然承先皇帝飭勵之後繼以文胡

卑之餘將帥之銓擇士卒之蒐練器甲之犀利財用之
充委皆數倍於寶元慶曆之間而天方厭羌内難屢起
權臣擅事蚌鷸相持既狃於永樂之役常以中國爲易與
耳又謂陛下新即位方務休靖未能外事四夷夫戰而
輕驕與夫解不設備在兵法皆滅亡之道也由是言之
彼無敗形我無勝勢者咸平之時是也我之勝勢已具
彼之敗形未成者元豐之初是也我有必勝之勢彼有
必敗之形者今日是也且時難得而易失一日縱敵數
世之患也柰何不議取橫山而復靈武哉昔漢武帝擊
匈奴追奔逐北者二十餘年浮西河絕大漠破寘顏

王庭封狼居胥山禪於姑衍以臨瀚海虜名王貴人以百數築單于邸城於長安然竟不能南面而臣之也逮宣帝匈奴內亂五單于爭立漢以威德覆之於是始肯臣服甘露中呼韓邪單于遂來朝於甘泉之宮唐太宗伐高麗至身屬櫜鞬鞍結兩服雖拔遼東白崖諸城而駐蹕之役靺鞨犯陣李勣等力戰破之軍還悵然思魏徵在朕豈有此行耶追高宗時蓋蘇文死諸子鬩狠怨禍構連饑饉頻仍災異並見於是唐遣勣等討之遂滅其國以其地置安東都護夫孝武太宗用武之主也宣帝高宗守文之君也然而匈奴之所以叛服高麗之所

以存亡者何哉用武之主奮威而擊於前守文之君乘弊而取於後亦其形勢使然無足怪也臣以爲陛下觀匈奴高麗之所以破則知夏國之可夷觀宣帝高宗之所以克則知天誅之可致觀武帝文皇之功則先帝之志不可忘也願陛下擇大臣知兵者一人以爲統帥盡護諸將之軍使之毋顧小利毋急近功而專以橫山靈武爲事不過三年河南之地復歸於中國矣

邊防下

臣旣言靈武蘭會之形勢因請遂陳攻守之策今夫盡堅悉銳傳壘而陣八部並進晝夜不息是知攻而已者

也增陴濬隍嬰城自固屈指計功以須援兵是知守而已者也知攻而已者可以擒小敵矣而不可以擒大敵知守而已者可以保堅城矣而不可以保脆城古之知攻守者不然堅壁不戰自養其鋒則雖大敵而可擒直前逆擊折其盛勢則雖脆城而可保是之謂以守爲攻以攻爲守非天下之奇材何足以知之乎諸葛相蜀歲出師以伐魏魏人患之及亮死師不復出而蜀遂以亡蓋亮以蜀者險阻新造之國而四面皆迫強敵非數出鋭師以挫之則其勢不能自保此則以攻爲守者也漢使趙充國擊先零而請罷騎兵留步士萬人屯田以待

其敝宣帝從其議遂滅先零蓋充國以先零窮寇急與之角則中國必有饋輓轉輸之勞故罷騎留屯而圖以朞月此則以守爲攻者也臣以爲孔明所以保蜀之策可以守蘭會而充國所以破先零之計可以取靈武何則今蘭會之地與夏人接界犬牙相入若積粟儲械端坐而守彼必時入而寇我小則掠羊馬大則拔障隧援兵將至羌輒引去既解而歸則又復入如此連年則我數摇動而車甲疲非長久之道也爲今之策莫若以秦鳳涇原麟府鄜延環慶五路之兵與蘭會相表裏約以兵萬人歲各一出雖大勝無輕入雖小却無久留務以

撓羌人而已夫以五路之兵歲各一出則是我之兵常一戰而羌人歲五戰也羌雖魁健豈有歲五戰而不罷極者也彼既救死扶傷之不給則蘭會之地自然無事此則孔明守蜀之遺意也自靈武陷没八十餘年其地北距大河南抵環慶瀚海七百里爲鹵無水泉若誠舉大兵徑薄其下則虜將嬰其巢穴竄伏不出而潛以精兵擊吾歸路吾軍粮盡引還則腹背受敵而進退不可得非萬全也爲今之策莫若興屯田假以歲月以爲必謀之計今屯田自關中以至塞下往往而有然水利不興人力未盡内無良吏爲之教督外無遊兵爲之捍敵

是以雖有其名而未享其利須置使者一人如漢之搜粟都尉之類專領其事凡要害之利盡發吏卒屯之濬溝瀆繕亭障頻出騎士以爲田者遊兵積粟數百萬斛則靈武在吾掌股中矣此亦充國破先零之遺意也夫羌以數縣之衆乃能與中國之師抗者無他吾軍動以轉輸輜重自隨道非饋餉不行彼則各贏斗升之糧負於馬上而戰耳是中國所長者兵多所短者難饋餉羌所長者易食所短者兵少也今既大興屯田假以歲月以爲必誅之計又分諸路之兵歲各一出以爲撓賊之謀則吾之所短者無足慮彼之所長者無所施臣謂不過三年

羌必大困然後遣一介之使告之曰能以靈武之地歸中國則罷兵不然并取夏臺數州矣彼知我不得靈武兵未息也必自割其地獻於朝廷如有迷愎不從則以數萬人自鄜時度塞門抵回東阪可唾手而取也傳曰猛虎在深山百獸恐及其在陷穽之中摇尾而求食積威約之漸也夫能以積威約之漸則羌雖勁悍將揺尾而求食矣

淮海集卷第十八

淮海集卷第十九　進論

秦觀　少游

晁錯論

臣聞世之論者皆以爲漢用爰盎之謀斬晁錯以謝天下爲非是以臣觀之漢斬錯七國之兵所以破也何則勝敗之機繫於理之曲直理直則師壯師壯勝之機也理曲則師老師老敗之機也故善戰者戰理昔晉欲報楚之惠退師三舍軍吏以爲師老子犯曰師直爲壯曲爲老豈在久乎若子犯可謂善戰理矣蓋不退師則背惠食言而曲在晉師退而楚不還則曲在楚我直彼曲

所以勝也漢斬晁錯之事何異於此夫漢之諸侯連城數十地方千里雖號彊大然則皆高帝之封也一旦用錯計擿其罪過而削奪之則天下忿然皆有不直漢之心當此之時諸侯直而漢曲故吴王得以藉口反也然吴王即山鑄錢煮海爲鹽以其子故招致天下亡命欲爲反者三十餘年其稱兵也發憤削地以誅錯爲名耳漢斬錯而兵不罷則逆節暴露天下亦忿然有不直七國之心當此之時諸侯曲而漢直故太尉得以破其兵也雖然漢之斬錯也其謀發於爰盎盎與錯有隙故世之論者以錯死爲冤此正樓緩所謂以母言之則爲是

以妻言之則爲妬夫言之者異而其意同也就使盎與錯素無眦睚之嫌其爲漢計亦當出此然則漢不斬錯柰何即七國之兵未易破也何以知之以唐安禄山之事可知也方明皇之時姦臣楊國忠用事天下皆切齒不不平故禄山以誅國忠爲名而反是時唐若斬國忠以謝天下則禄山安得而至長安乎惜其不知此至賊入潼關人神共怒然後爲陳元禮之所殺也由是觀之漢不斬錯則七國之兵豈易破哉或曰王思禮之徒嘗以此勸哥舒翰用計留卒三萬守關悉精鋭渡滻水以誅君側禄山可遂破乎曰不然漢斬晁錯事出景帝爰

盎發其端而已故足以激忠義之氣而折姦雄之心使翰雖斬國忠事不出於人主亦不能感動天下秖足以危身矣尚爲禄山之成敗哉故斬國忠以破禄山事非明皇不可爲也

韋元成論

臣觀韋元成等議漢宗廟之事未嘗不竊笑之以爲此乃不達時變腐儒之論也何則禮非天降地出出於人心而已合於先王之迹而不合於人心君子不以爲禮也夫事死如事生事亡如事存古今之情一也上古之世生養之具未備巢居而穴處食草木之實鳥獸之肉

飲其血茹其毛則祭其先亦不過薦毛血於中野而已中古以來養生之具漸備範金合土以爲臺榭宮室以炮以燔以烹以炙以爲醴酪夫以備者自奉而以不備者奉其先則非人心之所安也於是始制宗廟之禮祭祀之儀故有天下者事七世日有祭月有祀時有享歲有貢終始有歸其物則天之所生地之所長苟可薦者莫不咸在夫豈求勝於上古之世哉蓋以謂不如是則人心怵焉而不安此制禮之本意也昔惠帝作複道叔孫通因請以爲原廟又嘗出遊於離宮因請獻櫻桃夫原廟與諸果之獻前此未嘗有而通輒以爲請者知制

禮之本意則可以義起之也彼元成等不然徒見漢之宗廟祭祀不合六藝之文遂欲一切毀之不知六藝之文中古之事也上古之事不可盡行於中古中古之事豈可盡行於後世哉古者君子將營宮室宗廟爲先廄庫次之宮室爲後將毀宮室廄庫爲先宗廟爲後何則營之先親而後身毀之先身而後親可知也漢之制度不合於六藝之文者多矣彼元成等徒知陵廟園寢便殿祭祀之爲過而不知神仙長年合歡增成飛廉象玉之爲過也知廟在郡國月游衣冠之爲非而不知千門萬户之宫神明通天之臺離宮別館百有餘區之爲非也元帝初元中雖以災異嘗罷

角抵上林宮餘希御幸者而永元中幸長揚射熊館布車騎大獵則是宮室宴享之事未能如禮也宮室宴享非禮則置而不議宗廟　祀非禮則議而毀之漢之祖宗神靈不存則已神靈若存能不發怒於子孫乎元帝寢疾而夢祖宗譴責也豈非以此乎史稱元帝少而好儒及即位用元成等爲宰相而孝宣之業衰焉後世遂以儒爲不足用嗚呼以元成等議宗廟祭祀之事言之元帝所用者蓋腐儒耳安得真儒用之哉

石慶論

臣聞漢武帝既招英俊程其器能用之如不及內修法

度外攘胡粤封泰山塞决河朝廷多事丞相李蔡嚴青
翟趙周公孫賀劉屈氂之屬皆以罪伏誅其免者平津
侯公孫洪牧丘侯石慶而已平津以賢良爲舉首用經
術取漢相辯論有餘習文法吏事其免固宜牧丘鄙人
耳爲相已非其分又以全終何也蓋慶之終於相位非
其才智之足以自免也事勢之流有激使然而已矣何
則夫君之與臣猶陰之與陽也陰勝而僭陽則發生之
道缺陽勝而偏陰則刻制之功虧僭賓生偏偏亦生僭
兩者無有是謂大和萬物以生變化以成方武帝即位
之始富於春秋武安侯田蚡以肺腑爲丞相權移主上

滋不平特以太后之故隱忍而不發當此之時臣彊君弱陰勝而借陽武安侯蚡之[illegible]徵其事盡收威柄於掌握之中大臣取充位而已稍不如意則痛法以繩之自丞相以下皆畏恐救過而不暇當此之時君彊臣弱陽勝而偏陰之豪傑之士類多自重莫肯少殺其鋒鄙人則惟恐失之無所不至也當君彊臣弱陽勝偏陰之時雖有豪傑安得而用雖用之安得而終然則用之而終者惟鄙人而後可也慶爲相時九卿更進用事不關决於慶慶醇謹而已在位九歲無能有所正言嘗欲治上近臣反受其過上書乞骸骨詔報反室自以爲得計旣

而不知所爲復起視事嗚呼此其所以見容於武帝者歟夫慶終於相位是田蚡之所致也故曰事勢之流相激使然而巳矣然則平津之免何也洪之才術雖不與慶同日而語至於朝奏暮議開其端使人主自擇不肯面折廷爭公卿約議至上前皆背其約以順上旨如此之類則與慶相去爲幾何耶洪與慶爲人不同其所以獲免者一也蓋是時非特丞相也如東方朔枚臯司馬相如嚴助吾丘壽王朱買臣主父偃之屬號爲左右親幸之臣而亦多以罪誅唯相如稱疾避事朔臯不根持論以此獲免由是觀之武帝之廷臣鄙人者多矣豈特丞

也哉故淮南王謀反惟憚汲黯好直諫守節死義至說公孫洪等如發蒙耳嗚呼如黯者可謂豪傑之士也

張安世論

臣聞張安世匿名迹遠權勢自前史皆以爲賢以臣觀之安世亦具臣耳賢則未也何則有大臣者有具臣者有姦臣者天下之士於道可進則請於君而進於道可退則請於君而退進退在道而不在我進之不從退之不聽去而已此之謂以道事君不可則止大臣者也進賢而不能固退不肖而不能必取充位而已具臣者也同乎已雖不肖必與異乎已雖賢必擠專爲利而已此姦臣者也安世身

爲漢之大臣與聞政事當天下進賢退不肖之責而竊
竊焉專爲匿名迹遠權勢之事進之不從退之不聽也
能致爲臣而去乎臣知安世之不能也蓋安世與霍光
同功一體之人其女孫敬又霍氏之外屬婦也光得薨
而子禹謀反夷宗族敬尚相坐宣帝雖赦之而安世心
不自安顧上徽博陸之顯方貪權勢在己是以深思熟
計欲以自媚於上故每定大政已決輒移病出聞有詔
令乃驚使吏之丞相府問焉謂其長史曰明主在上賢
不肖較然臣下自修而已何知士而薦之嗚呼其視姦臣
則有間矣豈大臣之所以事君者乎臣故曰安世則具

臣矣賢則未也昔伊尹之相湯曰阿衡周公之相周曰太宰衡者所以權萬物之輕重而歸於平宰者所以制百味之多寡而適於和惟其和平而已矣故爲重爲多者無所於德爲輕爲寡者無所於怨衡宰之工實無心也伊尹周公所以事其君者如此曾若安世遠權勢者乎雖號不同而其於有心則同也昔叔向被囚祁奚免之叔向不告免焉而朝范滂被繫霍諝理之滂往候之而不謝管仲奪伯氏駢邑三百沒齒無怨言諸葛亮廢廖立李平及亮卒立泣涕平致死嗚呼國之大臣其好賢也如祁奚之於叔向霍諝之於范滂其疾惡也如管仲

之於伯氏諸葛之於廖立李平則名迹之或匿或見權勢之或遠或近皆可以兩盡濤爲吏部拔賢進善時無知者身殁之後天子出其奏於朝然後知羣才皆濤所進而王通以爲密不以仁予之也嗚呼知通之不與濤則知臣之不與安世矣

淮海集卷第十九

（宋）秦觀 撰

宋本淮海集

第三册

國家圖書館出版社

第三册目録

卷二十八　啓

卷二十九　啓

卷三十　簡

淮海集卷第二十 進論

秦觀 少游

李陵論

臣聞草食之獸不疾而易藪水生之蟲不疾而易水行小變不失其大常也如此者可以用兵矣何則夫用兵之法有所謂常有所謂變什則圍之伍則攻之不敵則逃之兵之所謂常也以寡覆衆兵之所謂變也古之善用兵者雖能以寡覆衆而什圍伍攻之道未嘗忽焉所謂行小變而不失其大常也嗚呼李陵之所以敗者其不達於此乎兵法曰小敵之堅大敵之擒也方漢武時

匈奴承冒頓之後號爲彊盛控弦百萬幾與中國抗衡衛青霍去病之徒每出塞至少不下三萬騎其多至十萬騎又有諸將相爲應援然後有功陵乃以步卒五千出居延行三十日至浚稽山與單于七八萬騎接戰一日數十合安得而不敗哉蓋陵嘗將八百騎深入匈奴二千餘里過居延北不見虜還又嘗將輕騎五百出燉煌至鹽水迎貳師未聞困絶謂以少擊衆可以爲常不知幸之不可以數也昔秦始皇問李信曰吾欲取荆將軍度用幾何人而足李信曰不過二十萬人又問王翦曰非六十萬人不可始皇使信伐荆既而軍敗復欲使

翦翦曰大王必不得已用臣非六十萬人不可始皇從之遂平荆地夫王翦豈不知以少擊衆爲利哉以爲小變不可恃大常不可失也故田單疑趙奢之用衆而奢以爲鏌鋣之劒肉試則斷牛馬金試則截盤匜薄之柱上而擊之則折爲三質之石上而擊之則碎爲百嗚呼以王翦之事趙奢之言觀之則陵之敗也其自取之哉夫豪傑之士不患無才患不能養其氣而已不能養其氣則雖有奇才適足以殺其身也方陵之召見武臺天子欲使爲貳師將輜重陵恥之不敢言也遂請當一隊以分單于兵夫以陵之奇才向使少加持重則衛霍

之功豈難繼耶而不勝一旦之憤輕用其鋒至兵敗降匈奴頹其家聲是以不能養其氣而已矣或曰李陵以孤軍深入其亡也宜矣然則李靖以騎三千蹀血虜庭遂取定襄何也曰唐之擊突厥也六總管師十萬皆授靖節制所尚輒克虜勢窘甚矣頡利諸酋皆勒所部來奔所謂傷弓之禽可以虛弦下也況於勁騎三千乎與陵之事異矣

司馬遷論

班固贊司馬遷以爲是非頗謬於聖人論大道則先黃老而後六經序游俠則退處士而進姦雄述貨殖則崇

勢利而羞賤貧先黃老而後六經求古今搢紳先生之論尚或有之至於退處士而進姦雄崇勢利而羞貧賤則非閭里至愚極陋之人不至是也孰謂遷之高才博洽而至於是乎以臣觀之不然彼實有見而發有激而云耳孟子曰仁者人也合而言之道也揚子亦曰道以導之德以得之仁以人之義以宜之禮以體之天也合則渾離則散蓋道德者仁義禮之大全而仁義禮者道德之一偏黃老之學貴合而賤離故以道爲本六經之教於渾者略於散者詳故以仁義禮爲用遷之論大道也先黃老而後六經豈非有見於此而發哉方漢武用法刻

深急於功利大臣一言不合輒下吏誅有罪當刑得以貨自贖因而補官者有焉於是朝廷皆以偷合苟免爲事而天下皆以竊資殖貨爲風遷之遭李陵禍世家貧無財賄自贖交遊莫救左右親近不爲一言以陷腐刑其憤懣不平之氣無所發泄乃一切寓之於書故其序游俠也稱昔虞舜窘於井廩伊尹負於鼎俎傅說匿於傅巖呂尚困於棘津夷吾桎梏百里飯牛仲尼阨於陳蔡蓋遷自況也又曰士窮窘得委命此豈非人所謂賢豪者耶誠使鄉曲之俠予季次原憲比權量力効功於當世不同日而論矣蓋言當世號爲修行仁義者皆

畏避自保莫肯急於人之難曾匹夫之不若也其述貨殖也稱秦始皇令烏氏倮比封君與列臣朝請以巴蜀寡婦清爲正婦而客之爲築女懷清臺蓋以譏孝武也又云諺曰千金之子不死於市非空言也蓋遷自傷砥節礪行特以貧故不免於刑戮也以此言退處士而進姦雄崇勢利而羞貧賤豈非有激而云哉彼班固不達其意遂以爲是非頗謬於聖人亦已過矣然遷爲人多愛不忍雖刺客滑稽佞幸之類猶屑屑焉稱其所長況於黃老游俠貨殖之事有見而發有激而言者其所稱道不能無溢美之言也若以春秋之法明善惡定邪正責之

則非矣揚子曰太史公聖人將有取焉又曰多愛不忍子長也仲尼多愛愛義也子長多愛愛奇也夫惟所愛不主於義而主於奇則遷不爲無過者皆是非頗謬於聖人曷爲乎有取也

李固論

取天下者必有功臣守天下者必有名臣雖然有國家者寧無功臣不可以無名臣何則功臣以乘逐便利爲能名臣以伏節死義爲任也昔西漢之末海内承平四夷賓服而王氏竊持國柄談笑而輒移之東漢之季姦雄崛起中原大亂而曹公睥睨神器終身不敢取臣嘗

疑焉及讀李固與杜喬之誄門生弟子貫械腰鈇鑕願俱死者相屬然後始知其所以然也何則西漢多功臣也蓋西漢自高祖以馬上得天下不悅諸生其取人也先器識所以朝多功臣則乘便逐利者衆形不便勢不利彼不爲也故晚節末路王鳳用事王章以直言被誅而天下靡然以苟患失之爲風矣其大臣如張禹孔光輩皆持禄取容偷爲一切之計其清節之士如龔勝郭欽蔣詡之徒亦不過謝病免歸而已其風如此亂臣賊子奈何而有懼哉此王氏所以談笑而移之也東漢自光武不任功臣鋭意文士其取人也先經術所以朝多

名臣則伏節死義者衆節之所在義之所存彼必爲也
故晚節末路梁冀擅命固與杜喬以死抗之而天下靡
然以殺身成仁爲俗矣其大臣如陳蕃黃琬輩皆捐覆
宗族以急國家之難黨錮之士如李膺任密范滂之徒
至連頸就誅而無愠色其俗如此亂臣賊子奈何而不
懼哉曹公之所以終身而不敢取也然西漢易亡而復
興東漢難亡而易絶者何也孟子曰三代之得天下也
以仁其失天下也以不仁故三代之君其始也雖勢彊
大非有仁心則不與及其季也雖德失政亂非有不仁
之罪則不絶哀平之君失德甚矣然其事止於女寵倖

季而已未犯不仁之罪也故國亡而復興栢靈之時什
道極矣鈎黨之獄忠臣義士死者百有餘人諸所夷滅
至不可勝數則是不仁之罪已貫盈矣故國亡而遂絕
此亦理之必至事之固然無足怪也嗚呼國者天下之
大器也君臣者相與持此器者也視器之安危則知人
之能否視國之理亂則知君臣之賢不肖以二漢論之
報施之道其不殊也如此然則爲君臣者可不戒哉

陳寔論

孟子曰伯夷聖之清者也柳下惠聖之和者也又曰伯
夷隘柳下惠不恭何也蓋古之君子初無意於制行其

制行也因時而已伯夷之時天下失於太濁於是制其行以清柳下惠之時天下失於太絜故制其行以和雖然清者所以激濁也非激濁而爲清是隘而已和者所以救絜也非救絜而爲和是不恭而已故由其本而言之則爲清爲和由其弊而言之則爲隘爲不恭故伯夷柳下惠者實未嘗清未嘗和也安有隘不恭之弊哉前史稱中常侍侯覽託太守高倫用吏陳寔曰此人不宜用而侯常侍不可違乞從外擧又中常侍張歸葬潁川雖一郡畢至而名士無往者張甚恥之寔是乃獨弔焉嗚呼若寔者可謂殆庶幾於夷惠矣何則拒靈之時政在

官人而天下之士方以高節相高疾之已甚至使其黨無所發憤常欲以身死黨錮之禍海内塗炭者二十餘年豈特小人之罪哉君子亦有以取之也寔知其然故於用吏送葬之事稍詘其身應之所以因時救弊而已其後復誅黨人張德寔以此多所全宥則其效蓋可見也嗚呼使東漢之士大夫制行皆如寔也黨錮之禍何從而興乎以此言之寔殆庶幾於美惠信不誣矣然則寔爲侯張而身詘也不爲過則元稹之徒因宦官以得宰相亦不爲過歟斯不然也昔孔子於衛見南子矣於魯敬陽虎矣至彌子以爲主我衛卿可得也則曰有命

蓋見南子敬陽虎者身可詘也不主彌子者道不可詘也寔於侯張亦詘身以伸道耳豈若元稹之徒詘道而伸身者哉然則士大夫爲道而不詘身於官人者亦可乎斯又不然也昔齊人獲臧堅齊侯使人唁之且曰無死堅稽首曰拜命之辱抑君賜不終姑又使其刑臣禮於士以杙抉傷而死古之人恥其身之辱於刑臣也如此非寔之時其可詘身於官人也是故爲伯夷之清而非其時者是隘而已若陳寔之人詘身於官人而非其時者是爲姦而已

淮海集卷第二十

淮海集卷第二十一 進論

秦觀 少游

袁紹論

天下之禍莫大於殺士古之人欲有爲於世者雖負其豪俊傑特之才據強大不可拔之勢疑若殺一士不足以爲損益然而未始不亡者何耶士國之重器社稷安危之所繫四海治亂之所屬也是故師士者王友士者霸臣事者彊失士者辱慢士者危殺士者亡世之論者皆以袁紹之亡繫於官渡臣竊以爲不然紹之所以亡者殺田豐耳使紹不殺田豐雖有官渡之敗未至亡也

何則昔楚漢相距於京索之間高祖犇北狼狽甚於袁紹者數矣而卒有天下項籍以百戰百勝之威非特曹公比也而竟死東城其所以然者無他士之得失而已故高祖以爲張子房韓信蕭何三者皆人傑吾能用之所以取天下項羽有一范增而不能用所以爲我擒以楚漢之事言之則知紹之亡果在於田豐不在於官渡也且紹之械繫田豐也何異高祖械繫婁敬於廣武乎高祖圍於平城而還以二千户封敬號建信侯紹敗而還慚豐而殺之嗚呼人之量度相遠一至於此哉傳曰善敗者不亡故楚昭王玲越王句踐皆濵於絶滅而復

續紹雖敗於官渡而冀州之地南據大河北阻燕代形勢之勝尚可用也向使出豐於獄東向而事之問以計策卑身折節以撫傷殘之餘親執金鼓以厲奔走之氣內修農戰外結英雄縱不能并吞天下豈遽至於亡哉方紹與董卓異議橫刀不應長揖而出及起兵渤海遂有四州之地連百萬之衆威震河朔名重天下不可謂非一時之傑也然殺一田豐遂至於此則天下之禍其有大於殺士者乎文若曰袁紹布衣之雄耳能聚人而不能用臣竊以為知言也

魯肅勸吳以荊州之地借先主先主因以取蜀吳王悔之歸咎於肅夫以肅之籌略過人而其昧有至於此乎以臣觀之吳人雖欲不借荊州以資先主不可得也肅策之善矣何則是時曹氏已據中原挾天子以令天下毅然有并吞諸雄之心袁紹呂布皆爲擒滅其能合從并力以抗之者獨仲謀與元德耳此所謂胡越之人未嘗相識一旦同舟而遇風波則相應如左右手勢使然也吳人雖欲不借荊州以資先主其可得乎且吳不借荊州則先主必還公安不然則當殺之二者皆不可也昔高祖入關與秦父老約法三章秋毫無所犯秦民大

悅項羽雖徙之於漢中而高祖還定三秦如探囊中物耳何則秦民之心已繫於漢也方先主東下荊州之人歸者十餘萬或勸速行以據江陵先主曰夫舉大事必以人爲主今人歸吾何棄去是時先主若還公安吳爲仇也夫以董卓之罪上通於天王允以順誅之而李傕郭汜糾合黨與猶能爲之報仇何則卓雖兇逆亦一時之望也先主以帝室之英名蓋當代士之歸者如水之赴海烏林之役曹公以百萬之衆泝江而下非其雄略則周瑜水軍豈能獨勝耶吳若殺之豪傑四面而至必矣孫氏之亡可立待也由是言之先主借荊州之事拒

之則爲仇殺之則切齒因而借之則可以合從并力而抗曹公肅之爲吳謀者豈不差乎然則周瑜嘗欲從先主置吳盛爲築宮室多其美女好玩其策何如此又大不可也先主嘗見其髀肉生慨然流涕歎功業之不建其在許也曹公與之出則同輿坐則同席竟亦不留此其志豈以美女玩好老於吳者耶史稱曹公聞孫權以土地借備方作書落筆於地彼知先主得荊州輔車之勢成天下未可以遽取也由是言之借荊州之事豈惟劉氏所以取蜀亦孫氏之所以保吳者矣

諸葛亮論

晁錯曰五帝神聖其臣莫及三王臣主俱賢五霸不及其臣臣竊以為不然夫覆杯水於坳堂之上置杯焉則膠焦鵬之翮拔而傳鳴鳩則累矣故有帝者之君則有帝者之臣有王者之君則有王者之臣有霸者之君則有霸者之臣諸葛亮雖天下之奇才亦霸者之臣耳何則亮帝王之輔肯為蜀先主而委鄙事通以為使亮而無死禮樂其有興乎尤非也臣以為亮雖無死曾不足以取天下況於興禮樂乎何則亮之所事者蜀先主而所自比者管仲樂毅也先主雖號人傑然取天下則不及曹孟德保一方則不如孫仲謀其所以得蜀者以劉

璋之間弱而已先主雖存司馬仲達陸伯言諸公皆無恙尚不足以取魏而死其能取天下乎管仲相齊九合諸侯一正天下然不能先自治而後治人故孔子以爲小器樂毅爲弱燕合五國之從衷萬乘之齊然曠日持久不能下莒與即墨至間者得行指燕之趙管仲樂毅雖得志於天下尚不能興禮樂亮而無死其能興禮樂乎夫古之君子進難而退易伊尹耕於有莘之野也則固已曰使是君爲堯舜之君使是民爲堯舜之民蓋求之而不用其道則彼有不出而已孔子曰如有用我者吾其爲東周乎蓋用之而不盡其蘊則彼有不留而已

是故有所不出出則可以取天下有所不留留則可以興禮樂方先主之顧亮於草廬之中所言者取荊益二州耳至言天下有變則一軍向宛洛一軍出秦川所謂俟河之清人壽幾何者耶關羽之死大舉伐吳亮曾不能彊諫及兵敗乃歎曰法孝直若在能制主上令不東就復東行必不危矣所謂虎兕出於柙龜玉毀於櫝中是誰之過歟以此論之亮不足以取天下而興禮樂亦明矣然亮與先主一言道合遂能覇有荊益成鼎峙之勢及受寄託孤義盡於主國無間言身死之日雖遷廢之人爲之泣下有致死者雖古往社稷之臣何以加諸

陳壽以謂管蕭之亞匹蓋近之矣然壽以謂應變將略非其所長信乎此非也亮之征孟獲曰公天威也南人不復反矣其卒於渭上司馬仲達按行其營壘處所曰天下之奇才也所作八陣圖後世言兵者必稽焉則亮之應變將略不言可知矣嗚呼豈壽果挾疑其父之故耶抑其所自見如此也

臧洪論

臣聞臧洪以袁紹不救張超絕不與通至於敗死以臣觀之洪實游俠之靡也豈臣子之義哉何則夫欲生而惡死天下之真情也然古之君子或捐軀命棄親族不

爲苟得者非不欲生以其所欲有甚於生而已觸鼎鑊
冒鋒鏑患有所不避者非不惡死以其所惡有甚於死
而已使其所欲未有甚於生所惡未有甚於死則君子
豈有矯世絶俗拂其所謂眞情者耶詩云旣明且哲以
保其身君子之常也傳曰志士仁人有殺身以成仁無
求生以害仁君子之變也不得已而爲之者也世衰道
微士大夫講學不明於是始惑於輕重趨舍之際徒知
保身之爲易殺身之爲難不知妄死之與苟生其失一
也齊有崔氏之難其臣死者十有餘人晏子獨以爲君
爲社稷死則死之爲社稷亡則亡之若爲己死而爲己

亡非其私暱誰敢任之以晏子之言論之洪爲張超而
死者果何爲也夫曹操呂布皆漢之姦臣然方是時操
挾天子其勢爲順布背朝廷其勢爲逆使超去逆就順
紹雖爲救猶或可責矧叛操而歸布安能責其不救乎
夫張超袁紹之於洪雖交有故新遇有薄厚然受其袁
用則皆主也使舊主爲新主所殺洪絕之而致死猶或
近義矧滅超者曹氏爲得與紹爲仇乎由是言之洪爲
張超而死者果何謂也孔融嘗爲管亥所困太史慈爲
突重圍求救於先主先主從之遂解都昌之急蓋是時
俗尚名節世皆爽天下之士惟以然諾不終爲媿禍亂不

解爲恥厥志有在生死以之故事成則爲大忠不成則爲臧洪以臣子之義責之皆罪人也楊子以要離爲蛛蝥之靡聶政爲壯士之靡荆軻爲刺客之靡者耶孟子曰可以死可以無死死傷勇若數子者可謂傷勇矣亦足以悲夫

王導論

臣聞春秋書趙盾之罪而三傳皆以爲實其族穿非盾也盾爲正卿亡不越境反不討賊故被大惡之名臣始疑之及讀晉史見王導周顗之事然後知三傳之說爲不誣矣何則經誅其志傳述其事也王敦之舉兵也劉

隗勸帝盡誅王導之族道嘗求救於顗顗申救甚切而不與之言導心銜之及敦得志問顗於導導不荅顗遂見誅後見其表始流涕曰吾雖不殺伯仁伯仁由我而死然則顗之死雖假手於敦實導意也若使後世良史書曰王導殺周顗不亦宜乎以此觀之則趙盾之事從可知矣夫盾以驟諫不入靈公使鉏麑賊之麑不忍殺又伏甲而攻之僅以身免故其族穿攻靈公於桃園然則靈公之死雖假手於穿實盾志也不然則其返也曷爲其不討穿乎傳以爲志同則書重信不誣矣豈非經誅其志而傳述其事耶然則穿首惡也盾疑似者也舍首

惡而誅疑似者何也蓋名實俱善者天下不疑爲君子
心迹俱惡者天下不疑爲小人有善之名無善之實有
惡之心無惡之迹是爲姦人姦人者皆託身於疑似之
間天下莫得而誅之此春秋所以誅之也太史公以春
秋別嫌疑明是非定猶豫蓋以此矣漢淮南厲王母坐
趙氏死厲王以爲辟陽侯力能得之而不爭輒椎殺之
唐高宗欲立武后畏大臣異議李勣曰此陛下家事無
須問外人帝意遂定唐人以爲立武后者勣也由此觀
之誅志不誅事非特春秋古今人情之所同然也春秋
能發之耳然則王導之罪與趙盾同乎曰非也導實江

左之名臣東晉之興導力爲多特其叙周顗之事有似於盾而已

崔浩論

臣聞有有道之士有有才之士至明而持之以晦至智而守之以愚與物並游而不離其域者有道之士也以明濟明以智資智穎然獨出不肯與衆爲耦者有才之士也夫有道之與有才相去遠矣不可不知也史稱崔浩自比張良謂稽古過之以臣觀之浩曾不及荀賈何敢望子房乎夫子房之於漢荀攸賈詡之於魏浩於元魏運籌制勝筭無遺策實各一時之謀臣也高祖以子

房與韓信蕭何為三人傑用之以取天下韓信王楚數十城蕭何封侯第一而子房獨願封留而已及太子監關中兵乃行少傅事晏然處於叔孫通之下了無矜伐不平之意故司馬遷以為無智名無勇功可謂有道之士也荀賈雖不足以與於此然攸謀謨惟幄時人子弟莫知其言詡亦闔門自守退無交私皆以令終故陳壽以為良平之亞雖有才之士亦頗聞君子之道者也浩則不然其設心措意惟恐功之不著名之不顯而已李順之死浩既有力而奏五寅元曆章尤夸誕妄詆古人所撰圖書至鑿石道傍公彰直筆明著之所為固如此

乎正孟子所謂小有才未聞君子之大道適足以殺其
身而已盆成括之流也以此論之若曾不及荀賈明矣
何敢望子房乎夫以其精治身以緒餘治天下功成事
遂奉身而退者道家之流也觀天文察時變以輔人事
明於末而不知本陰陽家之流也子房始遊下邳受書
圯上老人終曰願棄人間從赤松子游耳則其術蓋出
於道家也浩精於術數之學其言熒惑之入秦彗星之
滅晉與夫免出後宮姚興獻女之事尤異及黜莊老乃
以爲矯誣之言則其術蓋出於陰陽而已此其所以不
同也然高帝用子房之謀棄咸陽還定三秦滅項羽於

埸下太武用浩亦取赫連昌破蠕蠕平沮渠牧犍於涼州惠帝得不廢者子房之本謀而太武爲國副主亦白浩發之其迹蓋相似也嗚呼豈欲爲子房而不知所以爲子房者歟

淮海集卷第二十一

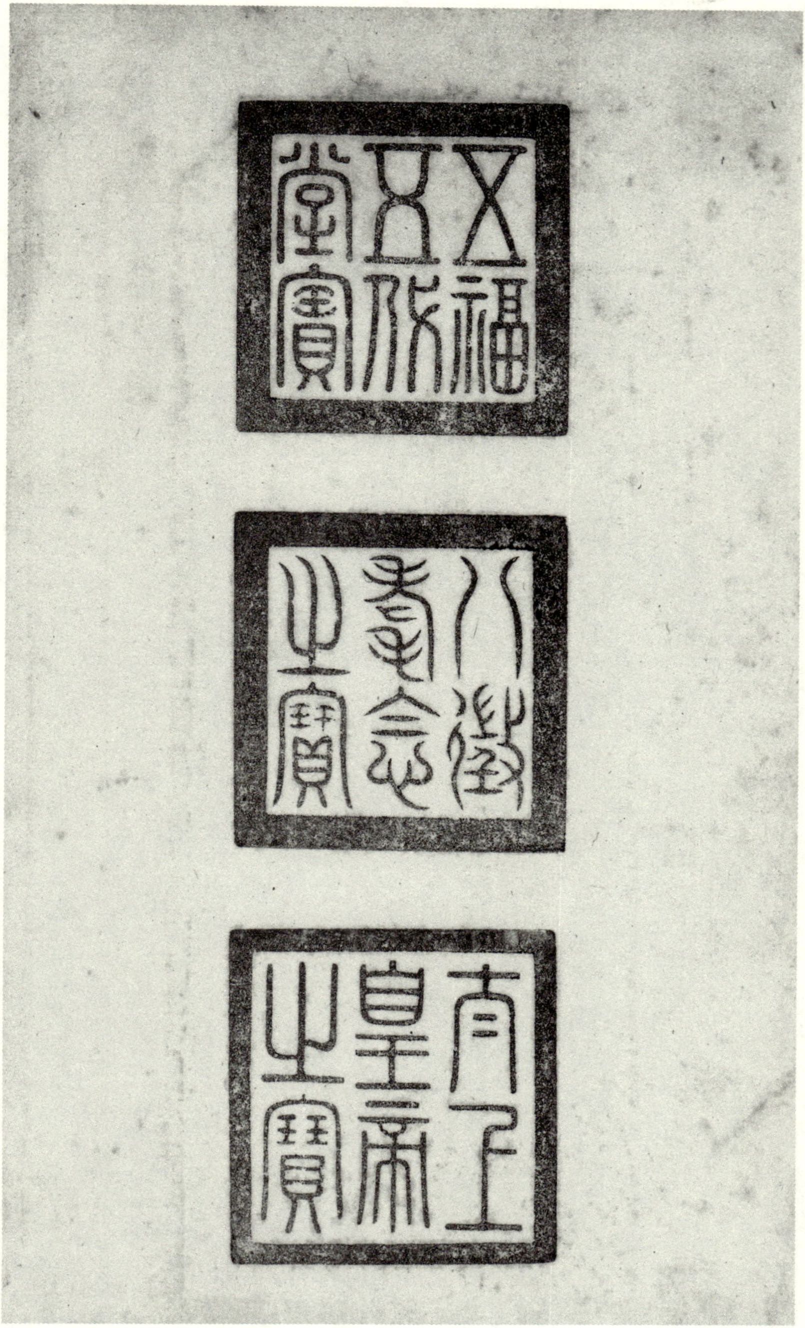
五福五代堂寶
八徵耄念之寶
太上皇帝之寶

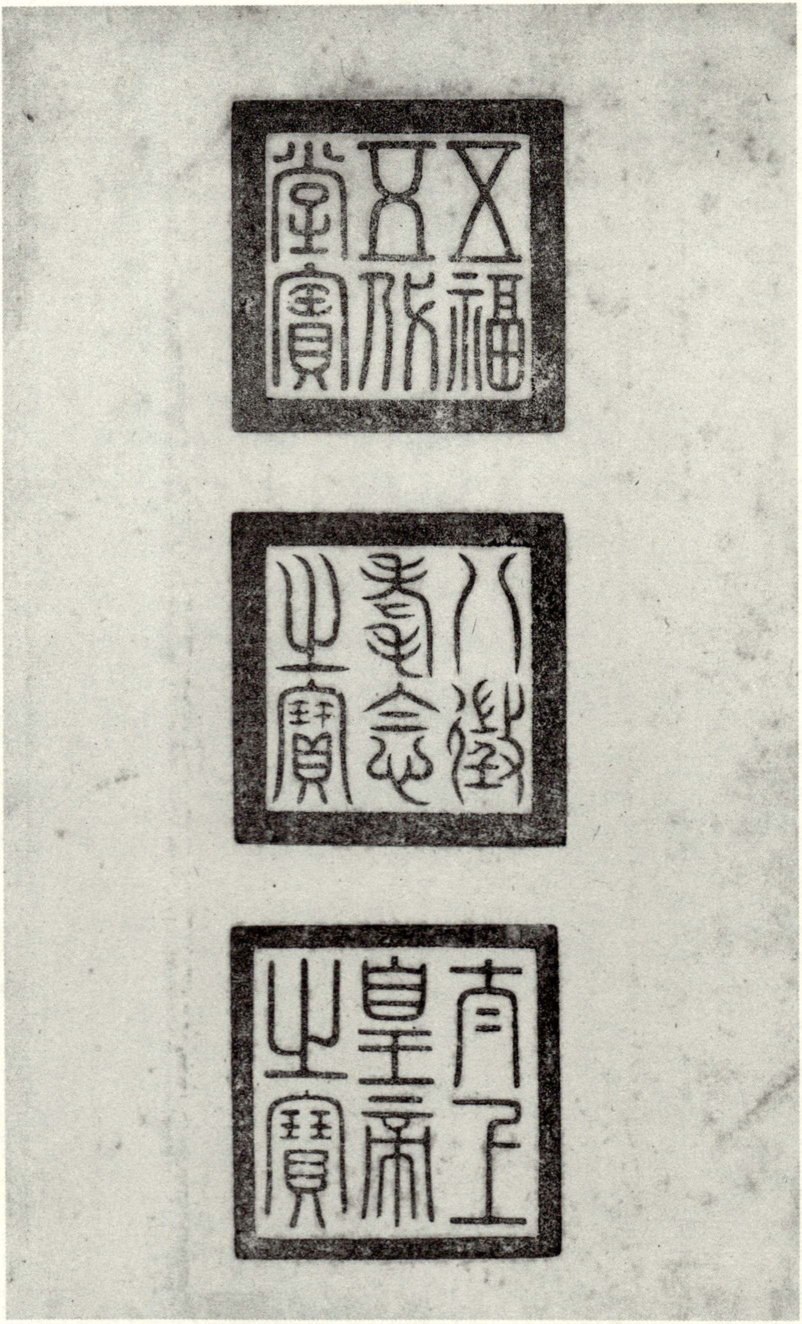
五福五代堂寶
八徵耄念之寶
太上皇帝之寶

淮海集卷第二十二 進論

秦觀少游

王儉論

臣聞君子之論人觀其終身之大節大節喪矣雖有一時之美一日之長足以夸汚世而矯流俗君子無取焉史稱王儉嘗謂江左風流宰相惟有謝安蓋自況也以臣觀之儉實安之罪人也豈可同日而語哉何則自晉以閥閱用人王謝二氏最爲望族江左以來公卿將相出其門者十七八子爲主壻女爲王妃布臺省而列州郡者不可勝數亦猶齊之諸田楚之昭屈景氏皆與國

同其休戚者也安之仕晉始爲桓溫司馬孝武之世政由溫出搢紳顧望不知所爲而安與王坦之盡忠王室蔑有二心至於屢改袁宏之文以寢九錫之命可謂以身許國社稷之臣者矣儉之仕宋襲封選尚其爲親貴固非安之比也蕭公雖有異志而謝朏褚彥回之屬初無從意齊室之建儉實發之至引梁王魯國之事使臣珥貂所居稱殿何異取大勢以文姦言者安之於晉其大節如彼儉之於宋其大節如此臣故曰儉實安之罪人也至於該洽經史明習故事工詞令妙威儀動爲名流之所稱所謂一時之美一日之長奪汚世而矯流俗

者也君子何取焉安少有重名累年辟召不至其後雖受朝寄而東山之志始末不渝形於言色則安之功名出於無意者也儉少時志在宰執見於所賦之詩及生子字曰元成取仍世作相之義則儉之富貴取於有心者也夫無意之與有心相去遠矣豈可同日而語哉宋初受命陶潛自以祖侃晉世宰輔恥復屈身投劾而歸躬耕於潯陽之野其所著書自義熙以前題晉年號永初以後但稱甲子而已以此論之則儉之為人蓋可見也

韓愈論

臣聞先王之時一道德同風俗士大夫無意於為文故

六藝之文事詞相稱始終本末如出一人之手後世道術爲天下裂士大夫始有意於爲文故自周衰以來作者班班相望而起奮其私知各自名家然揔而論之未有如韓愈者也何則夫所謂文者有論理之文有論事之文有叙事之文有託詞之文有成體之文探道德之理述性命之情發天人之奥明死生之變此論理之文如列禦寇莊周之所作是也别白黑陰陽要其歸宿决其嫌疑此論事之文如蘇秦張儀之所作是也考同異次舊聞不虚美不隱惡人以爲實録此叙事之文如司馬遷班固之作是也原本山川極命草木比物屬事駭耳目變心意

此託詞之文如屈原宋玉之作是也鈎列莊之微挾蘇張之辯摭班馬之實獵屈宋之英本之以詩書折之以孔氏此成體之文韓愈之所作是也蓋前之作者多矣而莫有備於愈後之作者亦多矣而無以加於愈故曰摠而論之未有如韓愈者也然則列莊蘇張班馬屈宋之流其學術才氣皆出於愈之文猶杜子美之於詩實積衆家之長適當其時而已昔蘇武李陵之詩長於高妙曹植劉公幹之詩長於豪逸陶潛阮籍之詩長於冲澹謝靈運鮑昭之詩長於峻潔徐陵庾信之詩長於藻麗於是杜子美者窮高妙之格極豪逸之氣包冲澹之

趣兼峻潔之姿備藻麗之態而諸家之作所不及焉然不集諸家之長杜氏亦不能獨至於斯也豈非適當其時故耶孟子曰伯夷聖之清者也伊尹聖之任者也柳下惠聖之和者也孔子聖之時者也孔子之謂集大成嗚呼杜氏韓氏亦集詩文之大成者歟

李泌論

臣聞有善聽無良謀有善謀無利勢夫天下之勢善謀之則無不利天下之謀善聽之則無不良臣嘗以爲唐室方鎮之患至於百有餘年而不能解者其弊蓋始於天寶之際肅宗不用李泌之謀先取范陽而已何則夫范

陽者祿山之巢穴也鳥焚其巢雖有勁翮無所歸獸失其穴雖有絶足無所恃其勢也然祿山帥范陽專三道勁兵不從者十有四年矣其人視之猶子之於父也一旦舉兵犯順天下之人以爲友虜切齒攘袂惟恐其不滅而范陽之人獨以爲主引領企踵惟恐其不與此所謂家臣不知有國自古小人之常情故郭子儀李光弼自朔方起兵皆欲先圖范陽而泌爲肅宗言之最悉此蓋天下之利勢乘之不可失者也使肅宗能聽其謀先詔李郭諸將犄角而取范陽賊失巢穴則其衆自潰兩京可以傳檄而定兵亦遂息矣惟其不用泌謀是以憂緒

思明相繼復起至肅德逆黨久稽天誅則偷爲一切之計苟分河北地以付之此方鎮之患所從起也昔之取天下者皆以首事之地爲根本故雖困敗而能復振高祖之保關中光武之據河內魏武之宅兗州是也夫范陽者亦祿山之關中河內兗州也方其陷兩京所得禁府珍寶輒以橐駝載歸其俗至謂祿山思明爲二聖後十七年張洪靖欲懲其事發墓毀棺而衆猶不悅以至於亂由是言之天寶之際若非唐之威德在人忠臣義士乃心王室則天下之事可勝言哉柳玭稱兩京之復賴謀居多其功大於魯連范蠡若以范陽言之玭之謀

不見聽者多矣其言王者之師當務萬全圖久安依後害又得兩京則賊再亂已而果然嗚呼使泌之謀盡見聽也豈有方鎮之患哉

白敏中論

臣聞白敏中用李德裕薦入翰林為學士及德裕貶敏中為相抵之甚力或曰人臣事君公義而已何以私恩為乎敏中之事未足深咎也臣竊以為不然人臣能盡私恩然後能盡公義敏中之罪不容誅矣孔子曰事親孝故忠可移於君事兄悌故順可移於長推此言之則背師賣友之人必不能以身許國何則於所厚者薄則所

施無不薄也昔呂布爲丁原主簿爲董卓而殺原爲卓之子又爲王允而殺卓及兵敗被執魏祖欲生之劉先主曰明公不見布之事丁建陽董太師乎於是殺布漢封陳平辭曰非魏無知臣安得進上曰若子可謂不背本矣乃復賞魏無知其後誅呂氏而安劉氏者平與周勃也夫以布之不忠於丁董也其肯忠於曹氏乎以陳平之不負魏無知也其肯負於劉氏乎此魏所以誅布漢所以屬平者也然則敏中之事蓋可見矣雖然敏中所以負德裕也亦有繇焉傳曰盜憎主人主人何負於盜而盜憎之乎蓋自度其事必爲主人所惡故也白氏

素與楊虞卿姻家居易又與李宗閔牛僧孺厚若敏中本無英氣雖緣德裕以進而不能無意於僧孺宗閔虞卿之徒自度其事必爲德裕惡也故因其勢盡力以擠之耳夫德裕忠臣也以非罪被斥天下皆知其寃使敏中素與仇猶當爲社稷而救之况因之以進也然則敏中豈惟不忠於德裕亦不忠於唐也臣故曰人臣能盡私恩然後能盡公義敏中之罪不容誅矣然則公義私恩適不兩全則如之何以道權之而已義重而恩輕則不以私害公若河曲之役趙宣子使人以其乘車干行韓厥執而戮之是也恩重而義輕則不以公廢私若庾

公之斯追子濯孺子抽矢叩輪去其鏃發乘矢而後反是也夫公義私恩適不兩全猶當以道權其輕重柰何無故而廢之哉雖然逢蒙殺羿孟子以爲是亦羿有罪焉以此言之德裕之薦敏中亦不得爲無罪也

李訓論

臣聞天下無易事非其人則難於登天天下無難事得其人則易於反掌難無定勢易無常形惟其人也昔漢有諸侯強大之患連城數十地方千里擅爵人赦死罪戴黃屋刺客公行景帝用鼂錯之謀始議削之法令未及行而七國合從而起矣何其難耶逮武帝用主父偃

之謀令諸侯得推恩分其子弟詔下之日人人各得所願法令不更疆境不變而尾大之患亡矣又何其易耶以此言之則知天下之事惟其人也臣讀唐史至甘露之事未嘗不爲文宗而歎息何則欲除累世之姦而倚一區區之李訓豈不踈哉宦官之禍深矣自德宗懲北軍之變以左右神策天威等軍分委宦官主之由是太阿倒持不復可取憲宗之賊歷三世而不能討天下憤焉是時故老名臣如裴度李德裕之徒皆在也向使文宗有知人之明委任二臣俾之圖畫則刀鋸之殘豈難制哉何則以訓之輕躁寡謀尚能殺王守澄則知度與

德裕可以制仇士良之屬無疑矣惟其不用三臣而委之訓與鄭注是以事敗謀泄害及忠良蹀血觀闕之前不勝歛恨而已非事之難不知人之禍也或曰注之帥鳳翔也欲因宦者送守澄之喪以鎮兵誅之訓忌其功乃先五日舉事使注不爲訓所忌也庶其有濟乎臣曰不然惟其訓之事敗則唐之禍在士良使注之功成則唐之禍在注矣何則袁紹董卓崔休朱温之事蓋嘗成矣其禍何如哉以此觀之事敗亦受禍成亦受禍禍在用小人而已矣德裕嘗曰舉大事非北軍無以成功此所謂天下之常勢也又曰焚林而畋明年無獸竭澤而

漁明年無魚既經李訓之猖獗則天下之常勢亦不用臣以爲德裕能不爲於會昌之時也則知其能爲太和之時必矣

王朴論

臣聞適用而不窮者天下之真材也材而不適用用而有所窮雖有高世之名難能之行實庸人耳何有補於世耶臣讀五代史見王朴爲周世宗决平邉之策然後知朴者天下之真材也夫用兵之要在乎識序之先後而識先後之要在於知敵之難易天下之敵非大而堅則小而脆也其難易孰不知之所以不知者敵大而脆

則疑於難敵小而堅則疑於易也昔漢兵圍宛丘光武以別將徇昆陽王邑欲攻之嚴尤以爲昆陽城小而堅宜進擊宛宛敗昆陽自服邑不聽盡鋭攻之兵以大敗邑之所以不聽尤者疑於難而已朴嘗爲世宗畫平邊之策其言曰攻取之道從易者始當今吳易圖得吳則桂廣皆爲内臣閩蜀可飛書而召之如不至則四面並進席卷而平之必矣惟并必死之寇可爲後圖蓋李氏雖據江南之地二十一州爲桂廣閩蜀之脊然南帶江東距海可撓者二千餘里其人易動摇輕擾亂不能持久號爲大國實脆敵也劉氏雖據河東十州之面與中

國爲境然左有常山之險右有大河之固北有契丹之援其人剽悍彊忍精急高氣樂鬭而輕死號爲小國實堅敵也是時中國欲取之也譬如壯士操利兵於深山之中左觸虎而右遇熊不可並刺則亦先虎而後熊矣何則虎躁悍易乘熊便捷難制舉虎困則熊必畏威而逃困於熊虎將乘弊而至形勢然也故朴以大而脆者爲易小而堅者爲難易者宜先難者宜後則所以先吳而後幷也及皇朝受命四方僭僞次第削平皆如其策非所謂天下之真材而孰能與於此朴雖出於五代擾攘傾側之中然其器識學術雖治世士大夫與之比者

寡方世宗之時外事征伐内修法度而朴至於陰陽律曆之學無所不通所定欽天曆當世莫能異而其所作樂至今用之而不可改其五策之意彼民與此民之心同是與天意同契天人意同則無不成之功以此推之朴之所知者蓋未可量也使遭休明之時遇不世出之主則其所就者將不止於此哉

淮海集卷第二十二

淮海集卷第二十三　論

秦觀　少游

擬郡學試近世社稷之臣論

古之所謂社稷之臣者至矣忠足以竭才性之分敏足以應事物之變苟利社稷則遂事矯制雖君有所不從苟害社稷則伏節死誼雖身有所不顧夫人莫不尊於君莫不親於身君與身也猶有時而忘之知有社稷之事而已況其它乎此古之所謂社稷之臣者也楊子曰近世社稷之臣然之以禮樂可謂社稷之臣矣夫楊子之所以有取於四子者豈以運籌帷幄之中制勝於無

形勢料敵制變筭無遺策攻城野戰前無堅敵與出入禁闥二十餘年小心謹慎未嘗有過歟果在乎是則戰國之末士一介之庸人皆可以爲社稷之臣矣豈楊子之意哉方高帝之時天下初定諸將論功日夜不決子房辭齊三萬戶願封於留又勸先封雍齒諸將乃服及欲廢太子子房乃行少傅事畧然處於叔孫通之下招致四老人者以羽翼之太子以安此其所以有取於子房者也高后時諸吕擅權欲危劉氏平勃用陸賈之謀深自相結卒能誅諸吕迎文帝於代而立之此其所以有取於陳平絳侯勃者也後元元平之際漢室多故子孟擁昭立宣政繇己出前

[illegible]二十年海內歸服此其有取於霍將軍之功也然光不學無術暗於大體死纔三年宗族誅夷勃免相就國不遠嫌疑陷於吏議幾顛覆平多陰禍至孫而廢噲雖親貴終以不侯子孫雖無三子之過然不能爲漢制禮作樂追迹三代之隆以聖人之道觀之皆未得爲全人也故曰茲繇之以禮樂雖然四人者或氏而字之或氏而名之或爵而名之或氏而官之何也此蓋楊子之深意春秋之大法也春秋之法雖貴而不嫌同號美惡不嫌同辭然而州不若國國不若氏氏不若人人不若名名不若字字不若爵爵不若子因此等以寄褒貶爲氏者別其所自出也字以言其

德名以言其體爵以言其功官以言其業張子房以智蓋言其德也故氏而字之陳平以無悞蓋言其體也故氏而名之絳侯勃以果蓋言其功故爵而名之霍將軍以勇蓋言其業故氏而官之四人者子房最優故獨字之絳侯勃爲下故獨不氏焉嗚呼不如是何足以爲法言

聖人繼天測靈論

古之語道德者未始不以聖人而論聖人者亦未始不以道德蓋語道德則無以見聖人而微聖人則道德或幾乎息矣何者其體相俱而其用無以異也夫物生謂之化物極謂之變變化而不可知謂之神神也者其

則藏於無爲其散則寓於有得昔之命道者因其無爲也故彊名之以天所謂莫之爲而常自然者是已自其有得也故彊名之以靈所謂地得一以靈是已天者道也而於神爲無體之體靈者德也而於神爲無用之用體則可以繼用則可以測由此兩者而不能知百姓是也知此兩者而不能行智者是也行此兩者而不能盡仁者是也由而能知知而能行行而能盡靜可以繼動可以測此聖人所以至也蓋聖人者其聰無所不知其明無所不察積聰明而爲淵則極天下之深盡聰明而爲懿則窮天下之美夫人之所以喪已於物失性於俗而

一切事變之來不能以明辨而應對之者以其質有不足而修所未至尒聖人既已具聰明之質而己加之以淵懿之修則尚惡往而不至耶是所合而爲體則於上與造物者遊而無以爲散而爲用則足以遂知來物之不窮而各有得夫合於無爲則固以天也散於有得則固以靈也以吾之天而繼天之天以吾之靈而測物之靈是猶操五寸之矩求天下之方其不合亦以亡矣易曰無思也無爲也寂然不動感而遂通天下之故夫無思無爲寂然不動者所謂繼天也感而遂通天下之故所謂測靈也蓋靈與天其始也出於神其終也入於神而

聖人與之俱焉故楊子曰聖人聰明淵懿繼天測靈夫聰明淵懿者乃所以繼天測靈也及乎天已至於可繼靈已至於可測雖聰明淵懿亦莫得而言矣何則極道德之精則粗不足以盡之也彼百姓與仁智則不然其質與聖人未嘗不同而其修與聖人未嘗不異是以雖有存乎人之天而不能開之以物於有累雖有貴於物之靈而不能盡之以器於有窮夫以有累有窮之具而欲繼無爲之天測無不得之靈其難也可明矣嗚呼於是知聖人之所以聖人也

變化論

萬物不能常有有極則入於無亦不能常無無極則出於有變者自有入無者也化者自無出有者也方其入也則質散而返形形散而返氣氣散而返於芒芴之間闢陰以爲陽者有矣闔陽以爲陰者有矣其巧妙其功深所難窮難終此物之極者所以由之也方其出也則芒芴之間合而成氣氣合而成形形合而成質發剛以爲柔者有矣易柔以成剛者有矣其巧顯其功淺故隨起隨滅此物之生者所以由之也是故物生謂之化物極謂之變變者天道也君道也聖人之事而化之所以始也化者地道也臣道也賢人之事而變之所以終也

是二者猶生之有死晝之有夜動之有靜往之有來常相待爲用而未有能獨成者也二者雖不能獨成而亦不能兩立何則一氣不頓進變進則化退矣一形不頓虧化進則變退矣一進一退迭相出入而神用無窮焉故曰變化者進退之象也又曰知變化之道者其知神之所爲乎昔之論變化者有先變而言者有先化而言者有兼變化而言者易曰形而上者謂之道形而下者謂之器化而裁之謂之變夫道者變之統也器者化之宇也有形者不能相有是以雖器也而制之者亦存乎道雖化也而裁之者亦存乎變故曰化而裁之謂之變

此所謂先化而言者也中庸曰其次致曲曲能有誠誠則形形則著著則明明則動動則變變則化蓋自致曲而至於變化者由人以盡天道自變而至化者由天以盡人道盡天道所以率性盡人道所以立教故曰變則化此所謂先變而言者也荀卿曰誠心守仁則形形則神神則能化矣誠心行義則理理則明明則能變矣變化代興謂之天德夫變者所以原始化者所以要終獨化則不能以生獨變則不能以形生生形形而道之用盡矣故曰變化謂之天德此所謂兼變化而言者也蓋先變者以言乎自無而出有先化者以言乎自有以入

無而兼變化者以言乎出有入無相待爲用而已矣然則主變者天也司化者地也而荀氏皆以爲天德何也曰天道成終而成始凡言變者亦可以兼化地道無成而待有終凡言化者則不可以兼變易於乾曰乾道變化而於坤則曰萬物化生蓋乾者用陽氣以統天地天既可以兼化則乾固不獨變矣地不可以兼變則坤固止於化矣故曰闢戶謂之乾闔戶謂之坤一闔一闢謂之變又曰在天成象在地成形變化見矣由是觀之變化者神之用也神無方無方則無乎不在故在天則乾道是已在地則坤道是已在人則聖人是已故曰天地

變化聖人効之此之謂矣

君子終日乾乾論

天任命人任力君子之道原於天而相之以人安於命而輔之以力故凡乘勢以應變因時以立功雖一聽於自然而進德修業未始不以自彊不息爲主何則力有所不盡則未可以言命而人有所不至則未可以言天故也乾九三所謂君子終日乾乾夕惕若厲无咎者蓋亦以此矣夫天三以不中之位據重剛之險前有五之可至後有二之可終非所至而至則失義非所終而終則失幾失義則驕失幾則憂於時也可謂危矣可謂難其

歟矣此其所以終日乾乾而夕猶惕若也日者有爲之時夕者無爲之時也於有爲之時乾乾以致其力於無爲之時則惕若以致其心夫亂生於所忽治生於所憂安安者危亡亡者存固天之理也外旣有以致其力而内又有以盡其心然則德其有所不進業其有所不修而過其有所不補者乎故曰君子終日乾乾夕惕若厲無咎而孔子亦曰乾乾因其時而惕雖危無咎也易曰無咎者善補過也蓋當勇於進而安於苟簡而不能果於自彊能以無咎者寡矣嗚呼非深知天人力命之說者何足以與於此

以德分人謂之聖論

古之聖人其養本於成己而終於成物得其始不知其終則蔽於爲我見其末而遺其本則蔽於爲人爲我之蔽溺於楊而爲人之蔽流於墨二者所事不同要皆不護不偏一曲之所爲而非道德之正也聖人則不然其入不藏其出不陽入而不藏故德先乎身而有以公於物出而不陽故道濟天下而有以私於己夫公於物仁也私於己智也公公私私仁智兩得聖人之道盡矣傳曰以德分人謂之聖其此之謂乎夫天下之人因其性而觀之則未嘗不同因其習而觀之則未嘗不異使天下

皆知性之無不同也則其俛仰之際語默顰笑之間固
足以官陰陽而府萬物矣又奚聖人之俟哉夫惟不知
故尊其習者有至於上智而卑其習者或至於下愚夫
以本同之性而異於上下相遠之習此天下所以有俟
於聖人而聖人者所以不可一日無於天下也故古之
人當其德未成則修之於己既成則分之於人其大也
以其所知覺所未知以其所覺覺所未覺其小也以其
所中養所不中以其所才養所不才既以與人己愈有
既以爲人己愈多仁者得仁智者得智得其精者足以
治身得其緒餘足以治國家天下豈固有求於外以爲

人之所以望吾而吾之所以與人者適當然而已矣且上覆下大容亦高者抑之下者舉之有餘損之不足與之理之當然也彼聖人以德分人也豈固有意於是哉蓋以爲人之所望吾吾之所以與人者亦理之適當然而已矣

淮海集卷第二十三

淮海集卷第二十四　傳

秦觀　少游

浩氣傳

氣之爲物至矣其在陽也成象而爲天其在陰也成形而爲地陽沴於上則日月星辰之光悖陰沴於下則草木山川之精變氣也者天之所以旋地之所以運也況於人乎夫氣之主在志志之主在心心者神之合也志者精之合也氣者魄之合也神虧則精不復精弊而魄不寧君子虛心以養志弱志以養氣故能外探事物之奥內安性命之情浩然無際與道自會豈特適體乎天

地同精於陰陽而已哉嗚呼氣之爲物亦已至矣此公孫丑所以問之悉而孟子所以告之詳也凡進以禮退以義動而智靜而仁者皆性也窮通之有數廢興之不常者皆命也君子審去就之分循得喪之理以盡其性則寵辱於己猶蚊虻之一過死生於己猶夜旦之一易皆命之偶然者也烏足槩其心哉故曰夫子加齊之卿相得行道焉雖由此霸王不異矣如此則動心否乎對曰否我四十不動心傳曰色盛者驕力盛者奮未可以語道也二十曰弱弱則未足以窮理三十曰壯壯則未足以盡性所以窮理盡性四十其時也四十而不能斯亦

不是畏也已故於四十曰不動心孟子所謂不動心者
子所謂不惑者也不以內蔽外故曰不惑不以物役己
故曰不動心不惑者未必知命也故孔子五十而後知
命不動心未必知義也故告子猶以義爲外焉然則孟
子遂無喜怒哀樂之情乎曰非也吾之所謂不動心者
即有而無即實而虛其於外也應而不遷其於中也受
而無止雖終日言猶不言終日爲猶不爲也安可以喜
怒之形哀樂之發而累其所謂不動者耶君子固有與
人同亦有以與人異所同者外所異者內也自其同者視
之則孟子之勇有似於孟賁不動心者有似於告子故曰若是

則夫子過孟賁遠矣對曰是不難告子先我不動心夫矢石
相投鋒刃相搏壯士遇之雄入而不顧彼得全於勇猶
若是況得全於道者乎故刺其膚而不撓注於目而不
逃其恩己也一毫之挫若市朝之撻其視人也萬乘之
尊若褐夫之賤無嚴諸侯惡聲至必反之此北宮黝之
養勇也視彊如弱進不量敵之大小會不慮勝之中否
曰舍豈能為必勝哉能無懼而已矣此孟施舍之養勇
也昔曾子事親主於養志子夏之門人先於洒掃應對
而已舍之所養者本也故似曾子之約黝之所養者末
也故似子夏之詳由二子觀之則本固宜可以勝末而

固宜可以勝詳由君子觀之則二子之養皆氣而已矣
足以知義也故曰夫二子之養勇未知其孰賢然而孟
施舍守約也夫知勇而已者有時而窮知勇知怯者無
時而屈自反而不縮雖褐寬博吾不惴焉所謂知怯者
也自反而縮雖千萬人吾往矣所謂知勇者也夫曾子之
守約所以異於孟施舍之守氣者豈有他哉勇而能怯
與義偕行而已矣故曰孟施舍之守氣又不如曾子之
守約也然則不言[illegible]矣何也曰黝養勇之詳固不若舍
所養之約舍似曾子而不及則黝之不若子夏從可知
矣蓋黝之與舍[illegible]不動心而與夫告子之養者同矣

曾子子夏可謂知義而與夫孟子之所養者亦有以同之也故夫丑問不動心之道而告以四子之養勇則孟子所以異於告子者固已存乎其間矣言心之聲也心氣之主也不得於本固可以勿求諸末不得於文則不可以勿求諸實故曰不得於心勿求於氣可不得於言勿求於心不可而有以知告子所求者外也人以心爲君以志爲帥以氣爲師以體爲國君欲虛而靜帥欲知而專師欲和而勇國欲實而彊四者自正治之美也四者失道而亂莫大焉故曰志氣之帥也氣體之充也以言志立於心而足以率氣氣役於志而足以實體志有

彊有弱故以帥言之氣一滿一虛故以充言之夫帥之
所適師之所從也志之所之氣之所止也故曰志至焉
氣次焉帥不專則鋭師不能以取勝師不和則良帥不
能以有功志之與氣亦猶是也故曰持其志無暴其氣
夫有尤物足以移人一物之玩且或喪志況情僞之感
利害之攻乎孟子曰此天所與我者先立乎其大者則
其小者不能奪也持其志之謂也朝氣鋭晝氣惰暮氣
歸朝暮之變且或動其氣況自少而壯自壯而老乎孔
子曰君子有三戒無暴其氣之謂也雖然此猶有待也
若夫縱心而動順性而游處衆枉不失其直與天下並

流而不流其域若然者無持志之念有持志之功有暴氣之逆無暴氣之患彼且烏乎待哉既曰志至焉氣次焉又曰持其志無暴其氣何也蓋可以善惡邪正義而遷者志也而亦足以害氣可以喜怒哀樂驟而干者氣也而亦足以害志故曰氣壹則動志志壹則動氣凡物壅之則壹而相與鬱散之則疏而相與通蹶者動之逆也趨者動之順也逆順不同皆非志使之然也氣而已矣故曰今夫蹶者趨者是氣也而反動其心氣以心爲本反者所以復本也夫知言然後可以不惑養氣然後可以不動心詖淫邪遁之辭莫不畢見所謂知言也至

天至剛以直養而無害則塞于天地之間所謂一養氣也
外不惑於人內不動於已雖孟子之長又何以加于此故曰
敢問夫子惡乎長對曰我知言我善養吾浩然之氣夫天
下之理固有可以言論者固有可以意致者可以言論則
言之也易可以意致則言之也難故曰何謂浩然之氣曰難言
也言之難難猶爲可言者爾彼言之所不逮意之所不一着
又焉可以言言耶大者氣之體也剛者氣之用也氣之體不
可圍故曰至大氣之用不可屈故曰至剛夫晝動則氣擾夜
息則氣安此人情之常愚智之所同也君子外不勞精於事
內無思慮之患抵時投隙以自得爲功故雖晝動曾不害其

夜息衆人反是雖一夜之靜且或不能息也況且晝之所爲此非天之所與者殊也不能以直養氣使之無害而已矣夫能以直養氣率理而往循命而趨不爲貧賤富貴之所移威武之所屈則俛仰之近六合之遠固無適而不得矣豈不全其所謂浩然者耶老子曰天地之間其猶橐籥乎虛而不屈動而愈出氣之養也亦猶是矣故曰以直養而無害則塞于天地之間然則亦有出于天地者乎曰方其配義則塞于天地之間而已矣及其配道則固有出于天地者也虛形萬物所道謂之道因緣無著天下之理得所謂之德理生昆群兼愛無私謂之仁列敍有宜謂之義德非

道不神仁非義不立自義而入於天則極於道自道而
出於人則極於義氣之養也直而推之則無不宜此其
所以配義也擴而充之則無不在此其所以配道也集
者自然而至也襲者有因而至也夫所謂配者豈固有
因而求合於彼乎直而推之無不宜擴而充之無不在則自
然與之合矣故曰配義與道又曰是集義所生非義襲
而取之也以其自然故於集曰生以其有因故於襲曰取心
有餘曰慊腹不足曰餒慊則有裕於中而餒則有求於外
老子曰聖人之治虛其心實其腹蓋虛其心者所以欲其
慊實其腹者所以惡其餒故曰無是餒也又曰行有不慊

於心則餒矣子孟子之所以數闢告子何也曰君子惡似而非者使天下之人善如堯惡如桀微君子其誰不知天下之所以不知者疑似之間也邪與正同門情與僞同鄰至精莫之能分是以君子懼焉彼告子之不動心誠有似於孟子然而以生爲性以義爲外使天下相率而從之則將求性於形而求義於物矣此其所以闢之也故曰告子未嘗知義以其外之也豈唯於告子之若是乎其所以距揚墨者亦如此而已矣夫所謂正心者豈有無爲而自正者有有意而正之者聖人之心如衆竅然於風則小和飄風則大和厲風濟則衆竅爲虛其應物也[illegible]

是而已所謂無爲而自正者也彼衆人則不然有所畏
有所受有所將有所迎一事之至必欲正其心以應之
斷斷然若操五寸之矩一尺之規以求合夫天下之形
器者焉吾見夫心勞於中智盡於外而形器之不能合
也此所謂有意而正之者也故曰必有事焉而勿正心
夫知天而不知人者有無以與俗交知人而不知天者無
以與道遊夫既有意而正其心矣則於事也豈免以命
廢力而以人勝天者乎故曰勿忘勿助長以命廢力是
忘之也以人勝天是助之也莊子曰善養生者若牧羊
然視其後者而鞭之又曰爲天下者亦奚以異於牧馬

者哉亦去其害焉署者而已然則君子之修身治天下鞭其後去其害可也必欲弊精神而求益勞智慮而遠成則命之分有所不安而害且至矣故曰以為無益而舍之者不耘苗者也助之長者揠苗者也非徒無益而又害之嗚呼人之於性也豈欲揠而使長哉亦去其害性者而已不平謂之詖有過謂之淫畔於正謂之邪逃其本謂之遁蔽於一隅者其言不平故詖辭知其所蔽陷於一曲者其言着有過故淫辭知其所陷離道者其言畔正故邪辭知其所離術窮者其言逃本故遁辭知其所窮此四者必固殊然以一邪說之家則足以具之矣

楊墨之類是天爲我者智也兼愛者仁也雖孟子之
道亦未始離此而二氏之所以失者知其一不知其
二有見於此無見於彼而已矣若此者謂之蔽其弊也
爲己者至於不拔一毛兼愛者至於摩頂放踵往而不
知反焉若此者謂之陷其甚也則爲楊者反以仁爲失
已爲墨者反以智爲失物始於毫末之差終以千里之
繆亦其理之然也若此者謂之離又其甚也則爲己者
至於無君兼愛者至於無父無父無君是禽獸也若此
者謂之窮其於言也詖而後淫淫而後邪邪而後遁其
於心也蔽而後陷陷而後離離而後窮亦其序也以心

對政則心爲內政爲外以政對事則政爲大事爲小生
於內必形於外故曰生於其心害於其政發於大必及
於小故曰發於其政害於其事孔子曰聖人之作易也
將以順性命之理然則君子之所以有言者豈固拂其
所有而彊其所無哉亦述性命之理而已矣唯如此是
以前乎吾者可以稽之而不悖後乎吾者可以俟之而
不惑何者命無異性性無異理故也故曰聖人復起必
從吾言矣然則孟子曰作於其心害於其事作於其事害
於其政聖人復起不易吾言矣何也蓋前則因知言而
發原邪說之所起也後則以楊墨而言闢邪說之既成

也原邪說之所起者以理言之也故曰生曰發而先政後事闢邪說之既成者以事言之也故曰作而先事後政理藏於無形則疑於可違故曰必從事見於有迹則疑於可變故曰不易其言雖殊考之各有所當也雖然彼邪說者其所謂道亦吾之道也其所謂德亦吾之德也道德與吾同而所以與吾異者倚於一偏蔽於一曲如僚之與丸秋之於奕各師其習而不能相通是以君子疾之焉耳揚子曰適堯舜文王者爲正道非堯舜文王者爲他道正與他雖不同然而莫非道也而後世之學者徒見君子之疾之也遂以爲彼之所謂道德非吾所

謂道德者焉則亦已過矣然則孟子論不動心之道而止及於知言養氣何也曰能知言則不惑於外能養氣則不動於内外不爲邪説之所干内不爲妄情之所溺則吾之心也復何爲哉以此事上以此臨下退居而閒游進爲而撫世固無施而不可此孟子之深意也蓋體合於心心合於氣氣合於無則介然之有唯然之音遠在八荒之外近在眉睫之間來干我者我必知之況詖淫邪遁之辭乎潜行不窒蹈火不熱行乎萬物之上而不慄是純氣之守也況卿相之位霸王之權乎雖然是道也豈唯聖人有之天下莫不有也是其道與之命

天與之性晝而動夜而息者曷嘗不與聖人同乎惟其外不能知言内不能養氣是以予之則驕奪之則悲惛於操捨之際汨於寵辱利害之交氣與魄俱擾志與精俱弊而心與神俱亡若然者雖一語嘿一頻笑設之或不當也況治身以及家治國以及天下乎嗚呼聞孟子之風可以興起矣

淮海集卷第二十四

秦觀 少游

陳偕傳

偕姓陳氏淮南廣陵人家故饒財而偕與其弟衡皆學畫其後技日以進家日以微遂以爲業士大夫既喜其畫且愛其爲人往往稱之然非偕之好也其言曰余從事於茲有年矣凡古今之畫不見則已苟有見焉雖敗縑裂素之餘未嘗不學一不可於意輒復易之舐筆濡墨欣然忘勞蓋是時余方以畫爲事固其勢不得不然乃今思之亦良苦矣且物之有形如浮埃聚沫來無所

從去無所詣一興一價於無窮之中而我方汨汨然隨
而畫之可不惑歟彼好事者又從而玩之至藏於巾笥
目不欲以數閱可不謂大惑者歟嘻今老矣顧家貧無
以給衣食之奉聊復俛仰於其間至於得失精粗不復
經意也又曰有學於余者衆矣余將教之必使縱心之
所動肆筆之所成以觀其天蓋工而不雅者有矣疎而
不俗者有矣詳略得宜意氣容與卓乎遂若無與及者
亦或有焉余從而告之曰其後當然其後當然已而果
然夫畫固技之微者也其猶若是又況有貴於書者哉
其子直躬亦從其學而所言尤異嘗曰昔宋元君將畫

圖有一史解衣槃礴贏君曰是真畫者也夫解衣槃礴固倜儻之所得侍閒暇之所好也元君乃以爲真畫其意果安在乎有得何於此然後可與言畫而或説以謂神定意閑固以異於他史其亦失元君之意矣余聞而異之又從而思之豈所謂自得於己者耶抑亦得於人者耶將内雖不充其言而頗亦有志於是耶人固未易知然比夫衒技以夸人買能以售汙俗者相去亦遠矣古之君子聞一言中於理必書之故漁人之所賦孺子之所歌皆得載於前史矧其有合於道德之要者乎於是爲傳其言以遺同好亦時觀之以自擇焉

眇倡傳

吳倡有眇一目者貧不能自贍乃計謀與母西游京師或止之曰倡而眇何往而不窮且京師天下之色府也美眄巧笑雪肌而漆髮曳珠玉服阿錫妙彈吹籍於有司者以千萬計使若具兩目猶恐往而不售況眇一焉其擠於溝中必矣倡曰固所聞也然諺有之心相憐馬首圓以京師之大是豈知無我儷者遂行抵梁舍於濱河逆旅居一月有少年從數騎出河上見而悅之爲解裝留飲燕終日而去明日復來因大變取置別第中謝絕姻黨身執爨以奉之倡飯少年亦飯倡疾不食少年亦不

食嘻啼伺候曲得其意唯恐或不當也有書生嘲之曰
間者缺然不見音忽有奇遇乃從相矢者處乎少年忽
曰自余得若人還視世之女子無不餘一目者夫佳目
得一足矣又奚以多爲　贊曰前史稱劉建康嗜瘡痂
其門下二百人常遍鞭之取痂以給膳夫意之所蔽以
惡爲美者多矣何特眇倡之事哉傳曰播糠眯目則
天地四方易位余嘗三復其言而悲之

魏景傳

魏景字同叟淮南高郵之隱君子也身長六尺骨如削
石瞳子碧色有光嘗賣繒於市遇華山元翁從授鍊丹

鑄劍長生之術元翁名碧天其師曰劉海蟾海蟾之師曰呂洞賓洞賓之師曰鍾離權自權至景凡五世矣景問元翁曰余欲兼忘其方奈何翁曰執汝身守汝一謹而勿失景曰執害通守害變則如之何翁曰不然子以爲搆中天之臺者土木未考則能無經乎適千里之國者車馬未館則能無行乎故將欲通之必固執之將欲變之必固守之此其理也於是景以爲然乃述碧天之意著書萬餘言論神仙事號太冲子云太冲子曰道者盜也釋者識也盜天地陰陽之機謂之道識萬物之理謂之釋甚矣人心之神也雖造化亦無加焉今夫天地

之生物煦之以陽肅之以陰然後乃成人心則不然
寂而物已生矣故天生萬物地生萬物人心生萬物是
故人心之形象天地陰中生陽陽中生陰非陽不能養
陽非陰不能養陰故修陽法者去陰以純其陽修陰法
者去陽以純其陰陽用其精陰假諸物此陰陽之法也
水之性潤下火之性炎上衆人離上而坎下故不交真
人坎上而离下故交无真无也氣穀氣也真人真无純
衆人穀氣雜神仙之道有中立無無中立有死而不亡
者至矣一身而形二者次矣不死不亡一身而形不二
者又其次也其大略如此同叟頴脱彊記得於自然凡

陰陽醫藥鍛鍊之技無所不精而能諱其術所以世莫知焉頗解屬文亦工於詩其贈元翁篇云幽斷青松骨鍊盡江月心佳句多此類也嗚呼自大道隱學者各師異習鮮得其本真於是趨滅而不知生者爲佛氏之緣覺趨生而不知滅者爲道家之神仙二者不同其蔽一也然比夫生而行死而伏冥然日用而不知者固有間矣如同叟者雖不足以窺老莊之藩翰亦葛稚川之流乎余素與之友善別之且六年矣既思其人而不可見又惜其事泯泯不少槩見於世如古之所謂隱逸者也乃撰次行義并擇其言之雅者書而記之聊以致余之意云

汝水漲溢説

汝南風物甚美但入夏以來水潦爲患異時道路化爲陂浸汝水漲溢城堞危險濕氣熏蒸殆與吴越間不異郡人歲歲如此漢書稱汝南有鴻隙陂翟方進爲相始奏罷之郡人怨甚切意鴻隙陂者非特爲灌溉之利菱芡蒲魚之饒實一郡瀦水處也大陂既廢水無歸宿則自然散漫爲害又水經稱汝水至汝南郡西北枝左别出一枝又屈而東轉南會濦形如垂瓠故號懸瓠城今汝水故道已亡惟存别枝水潦暴降則有泛溢之患亦其勢然也在漢時爲豫州刺史治之諸邑皆春秋時沈江道柏之國事迹甚多

欲爲作記無文字檢耳

心說

心本無説説之非心也雖本無説而不得不有説黙而神之與道全之説而明之與道散之其全爲體即體而有用其散爲用即用而有體體用並游於不窮而俱止於無所極者其唯心而已矣而世之君子迷己於物況真於僞而莫之見焉此心説之所以作也目無外視耳無外聽遺物忘形在我而已此其心歟曰非也心不在我然則目無内視耳無内聽馳神游精在物而已此其心歟曰非也心不在物然則物之有色我因視焉物之

有聲我因聽焉來則御之去則將之彼是兩忘在物我之間而巳矣此其心歟曰非也心不在物我之間然則心無所在乎曰惡得而無在也雖不在我未始離我雖不在物未始離物雖不在物我之間而亦未始離乎物我之間者此心之真在也譬如虛空焉虛空者即之不親遠之不踈萬物方有則與之有萬物方無則與之無俛仰消息唯萬物之與俱夫虛空之於心猶一星之於天而一塵之於地也及其至猶若是又況於心乎哉是故即心無物謂之性即心有物謂之情心有所感謂之意心有所之謂之志意有所歸謂之思志有所致謂之慮故合精

以止謂之魄配神以行謂之魂與神爲一謂之精不離於精謂之神此十者入則一出則不一出入無常要皆以心爲主尔不得乎主未有得乎臣者也是以古之達乎此則動爲一氣靜爲二儀動靜有萬物鼓舞有死生若然者陰可以開陽可以闔天地可以倒置日月可以逆行上焉造物者不得臣下焉外形體忘始終者不得友而況富貴之儻來死生之小變乎其不能累也亦明矣彼世之君子則不然知其曲不知其通安於近而遺於遠有見於外者則求心於物有見於内者則求心於哉又其甚則蔽形而忘其神以謂心者特在乎方寸實

腔之間外此則物而已矣嗚呼其亦不智也哉有人於此棄邑而取宮棄堂而取室世必以爲不智人矣是何也所有者小而所遺者大也心之形非特宮與室之微心之神非特堂與邑之廣而所取者如此所棄者如彼豈不惑哉一人惑之一國笑之一國惑之天下笑之天下盡惑孰笑之哉悲夫是皆不見心之真在之過也由此觀之太上見心而無所取捨其次無心其次虛心其次有心有心者累物衆人之事也虛心者遺實賢人之事也無心者忘有聖人之事也見心之真在而無所取捨者死生不得與之變神人之事也嗚呼安得神人而

與之說心哉

二侯說

閩有侯白善陰中人以數鄉里甚憎而畏之莫敢與較一日遇女子侯黑於路據井傍佯若有所失白怪而問焉黑曰不幸墮珥於井其直百金有能取之當分半以謝夫子獨無意乎白良久計曰彼女子亡珥得珥固可紿而勿與因許之脫衣井旁縋而下黑度白已至水則盡取其衣亟去莫知所塗故今閩人呼相賣曰我已侯白伊更侯黑余謂二侯皆俚巷滑稽之民適相遭而角技勢固不得不然於其所親戚游舊未必尔也而今

世薦紳之士間居負道德務仁義著漢唐而不誠[illegible]
無徇於世者一旦爵位顯於朝名聲彰于時稍泊利[illegible]
則釋易而趨險叛友而誣親擠人而售己更相伺候若
奕棊然唯恐計謀之不工僥倖一切之勝而曾白黑之
不若者武相仍枝相屬也則二侯之事亦何所怪哉

十二經相合義説

易曰同聲相應同氣相求水流濕火就燥雲從龍風從虎
嘗以謂知易之説則十二經相合或以相生或以相剋者固
理之自然而無所可疑之矣何以知其然耶經曰南方生熱熱
生火北方生寒寒生水西方生燥燥生金中央生濕濕生土

是則水者寒之形濕者土之氣夫水之於土妻道也故水流濕火者熱之形燥者金之氣火之於金夫道也故火就燥或以陰求陽或以陽求陰也管輅曰龍者陽精而居於淵故能興雲虎者陰精而居於山故能運風是則龍陽中之陰也惟陽中之陰爲能召陰中之陽故雲從龍虎陰中之陽也惟陰中之陽爲能致陽中之陰故風從虎夫陰陽之道固有因同類而相感者亦有以異類而相感者同聲相應同氣相求所謂同類而相感者也同異雖殊於其相感一也十二之經相合亦何異於是哉經曰少陽之上火氣治[illegible]中見厥陰又曰厥陰之上風氣治之中見少陽[illegible]

風木也位東方少陽相火也位南方火與木相生故厥陰與少陽合而肝膽三焦命門所以相爲表裏也經曰陽明之上燥氣治之中見太陰又曰太陰之上濕氣治之中見陽明太陰濕土也位中央陽明燥金也位西方土與金相生故陽明與太陰合而脾與胃肺與大腸所以相爲表裏也經曰太陽之上寒氣治之中見少陰又曰少陰之上熱氣治之中見太陽少陰君火也位南方太陽寒水也位北方水與火相配故太陽與少陰合而心與小腸腎與膀胱所以相爲表裏也蓋木位東方則陽之中也金位西方則陰之中也土位中央則陰陽之中

也水位北方則陰之正也火位南方則陽之正也凡陰陽中則和和則相生故金木火土以相生而合陰陽正則相配故水火以相配而合相生而合者所謂同類而相感也相配而合者所謂異類而相感也故經曰水火者陰陽之徵兆金木者生成之始終蓋水火者日之與月坎之與离而男之與女也萬物之所以有也金木者因其有而生成始終之而已矣於徵兆則以相配言之於生成則以相生言之亦其理也又水火譬之則夫婦也金木火土譬之則父子也夫婦以異而相合父子以同而相合有夫婦然後有父子有水火然後有金木可

者具然後有土同類雖殊其合一也嗚呼陰陽之爲道博而要小而大數之可十者推之可百數之可千者推之可萬萬之大不可勝也然其要一也故遠之於天地近之於父子之間又其悉也至於言笑飲食莫不具而有焉苟直而推之曲而求之則何所而不得也雖然今之所謂學醫者惡足以語此哉

淮海集卷第二十五

淮海集卷第二十六 表

秦觀 少游

代賀坤成節表

竊以聖誕當期嚴秋在序協氣蟠乎穹壤頌聲溢於華戎中賀伏惟太皇太后陛下德並神明功參覆載斷鼇立極追配於媧皇用楫濟川責成於傅說忠謀入而姦黨破弊事革而嘉應來巍乎在唐虞之間卓然出馬鄧之右嘉辰既屬率土交歡臣猥緣肺腑之親叨分符竹之寄前瞻觀闕阻奉萬年之觴遠託封章庶比千秋之鑑

代賀興龍節表

大呂飛灰爰屬星迴之序靈樞繞電寔當聖誕之朞凡屬生成所同抃蹈中賀恭惟皇帝陛下裁成天地參並神明以言乎道則持盈而守成以言乎時則重熙而累洽昭哉嗣服纘六聖之洪休大矣孝熙備三宮之至養清風發而群陰伏元首明而庶事康令節載逢鴻儀斯舉加籩折俎初嘗露酎之醇擊石彈絲始奏鈞天之妙可謂一時之嘉會故得四海之歡心臣猥以葭莩忝於藩翰十章獻鑒空懷唐相之誠萬壽稱觴莫預漢庭之列

代賀太皇太后受冊表

臣某言伏審今月某日太皇太后於某殿受冊者纘[illegible]

鴻休亘華夷而共慶昭明鉅禮極天壤以均歡臣某誠
歡誠喜頓首頓首恭以太皇太后陛下鍾睿知之姿御
休明之運以至仁而子養萬國以盛德而母儀三朝造
舟爲梁始作文王之合斷鼇立極終成媧氏之功忠邪
辨而和氣通威惠行而頌聲作旣增光於聖統宜受禮
於神孫典章載崇寰海交抃臣猥被藩宣之寄叨居肺
腑之親不獲隨例稱慶闕庭無任踴躍歡欣之至謹具
表陳賀以聞

代賀皇太后受冊表

臣某言伏審今月某日皇太后於某殿受冊者稽酌天

人備嚴典禮孝治既先於宮闈歡心自得於寰區中賀恭以皇太后妙道生知英能天縱自長門而登長樂法度無違以太任而事太姜晨昏不懈至於弼成先帝之治保佑聖子之功幽通神明顯被動植施之大者報必厚實之富者名必隆位號既昭華夷增忭臣謬通屬籍叨假郡章不獲隨例稱慶闕庭無任踴躍歡欣之至

代賀皇太后生辰表

考曆占星氣應元基之候稱觴獻壽禮行長樂之宮凡在照臨所同欣抃中賀恭以皇太后德符坤載位正母儀淵沖自乎生知慈惠本乎天縱弼成文考既隆逮下之

風共養太姜益著思齊之美內宣陰化日嗣徽音矧當
孝治之朝尤崇慶誕之節鼓鍾具舉環珮畢臻歡聲動
於宮闈佳氣蟠於觀闕其繆通屬籍叨守近藩雖惟宗
族之同榮實與吏民而共慶

代賀明堂禮畢表

有司備物親嚴三歲之祠率土均恩實賴一人之慶照
臨所逮欣抃攸同中賀伏惟皇帝陛下道貫神明功兼覆
載昭哉嗣服纘六聖之洪休大矣孝熙備三宮之至養
擢英髦而共政革苛弊以濟時庶事用康嘉祥斯應物
無疵癘民不怨咨天地得以清寧草木遂其零茂九功

之德既皆可歌四海之臣亦各來祭乃遵彝典丕盡孝
思時以季秋之良日用上辛之吉始告虔於原廟遂嚴
配於合宫精意感通景貺昭若大賚而兆人富肆眚而
衆心新實萬世無疆之休蓋千載不逢之會臣乍辭帷
幄方守藩垣徒欣右饗之成莫預駿奔之列瞻望闕庭
云云

代賀皇太妃受册表

臣某言伏審今月某日皇太妃於某殿受册者史官揆
日宗伯陳儀舉令典於宫闈溢歡聲於方夏臣中謝恭以皇
太妃挺生淑質佇應昌期翊俔陰化於椒塗嗣徽音於彤

嘗晨昏共養之禮簡在兩宮動靜謙肅之風形于六寢在先朝則有警戒相成之道於聖主則有劬勞罔極之恩中外所瞻情文宜稱肆被冊書之美爰昭位號之隆臣猥被爪牙叨居藩屏不獲隨例稱慶闕庭無任踴躍歡欣之至

辭史官表

竊以史屬之除聖朝所慎若非承父兄之教詔世守其官則必積師友之淵源材充厥職臣於二者實無一堪聞命若驚撫躬增懼重念臣少而愚賤長更屯奇積累歲時尚慮人情之未與超踰涯分豈爲物議之所容以

蕞爾不勝任之材處灼然非所居之地必招官謗上累

恩私況儒館之中資任高於臣者不少班行之内學術過於臣者甚多與其容菲薄以濫居不若擇英豪而改授伏望聖慈追寢新命檢會臣近申三省除臣一外任差遣

代勸守謝上表

奉法明時方悔推行之誤分符近地俄蒙假貸之私祗荷寵恩載深感激伏念臣資材闇昧問學空踈遭逢昌辰叨竊劇任徒冀事功之立靡思罪釁之成昨以出按刑章兼程鹽課猥虞曠廢亟致勤勞屬吏承風不無過

當小民競利豈免怨尤雖不待於人言即行改正儻追論其事迹殆可誅夷敢祈造物之恩猶竊長人之任矧蘄春之便郡實淮右之名區風氣和平獄訟稀少平時來者尚樂寬閑謫官居之直爲僥倖此蓋伏遇太皇太后陛下推天地之賜同日月之光黜陟不失其所宜輕重各當其所適察臣過舉止於四月之間許臣自新付以一州之寄念捐軀而莫報徒撫己以增慚復路迴車顧迷途其未遠輸肝剖膽庶報効之可圖

代程給事乞致仕表

臣某言臣聞末老遠歸非臣子報君之義既衰猶仕豈

儒生勉己之方惟去就適合其時乃進退不愆於禮輒陳悃愊仰瀆高明臣誠惶誠恐頓首頓首伏念臣家本單微材尤綿薄早緣章句聲律之末拔偶中上科繼以簿書獄訟之微勞誤叓劇任三持使節八領郡麾以至承乏小行人之官備位大司農之屬山川陟涉幾徧於五方日月推移殆踰於四紀遂叨蘭省之秩仍忝祕殿之名每撫心而自循繼没齒其焉報昨以蒙恩罷守被旨歸班身雖寄於海隅夢已升於帝所非不知懷金結綬侍清光而足榮佩玉鳴騶聯法從之爲幸但以風霜漸迫蒲柳遽衰爰及上印之期當披乞骸之懇日莫途

遠顏已分之非安漏盡鍾鳴亦人言之可畏伏惟皇帝
陛下恢覆載之量廓照臨之明憐其實知止而請身察
其非偷安而避事俾還管政獲反里閭況臣北陌東阡
雅多遊舊左食右粥良給歲時足以誦歌真主之稀逢
盛述聖朝之難遇馬齒高齡老徒結戀於軒墀木已朽枯
或能蒸於芝菌臣不任祈天俟命激切屏營之至

代王承事乞回授一官表

臣聞緹縈納身贖父文帝因之變法王繒削爵請兄肅
宗爲之推恩夫漢唐之主豈欲撓不刊之典而詭從女
子輔臣之意哉蓋以子弟之願獲伸則孝悌之風寖廣

天下忠順之俗於是乎始成故不以所輕廢所重也恭惟陛下神聖功德參並天地固非漢唐之主所能擬倫臣雖愚陋不敢自比於王縉然生遇休明名列仕版不猶愈於緹縈之女子乎輒冒死亡斧鉞之誅瀝血陳誠上干天聽惟陛下賜察哀憐不勝大願切念臣父昨於元豐四年得罪蒙朝廷放歸田里逮今已及四年矣初出於特旨有司既無敘法可舉而中外臣寮又以臣伯父待罪宰相懷避嫌疑莫敢言者臣伏覩陛下近以功成治定因時制作建列聖之廟而中以大霈正百官之制而授以新書其遠至於亡沒之裔尚被甄收其微至

於胥史皂隸之能猶得自效和氣既洽頌聲並作符貺
屢至年穀胥熟此所謂千載一時不可逢之嘉會而臣
父獨以嬰罪釁流寓江海天高日遠自新無路臣誠私心
痛之臣昨自元豐元年蒙恩授大理評事繼奉新制改
承事郎逮及七年未曾磨勘臣願以合轉宣義郎一官
回授臣父乞賜敘用伏望陛下推覆載之恩生骨肉之
惠惻然憐之特垂俞允況陛下自臨御以來坐法之人
未嘗終棄爲親之請多所願從竊以近事言之王安國
自著作佐郎放歸田里比踰朞年起承大理鄧忠臣以
宣德一官爲母求封奏書既上得邑壽昌以臣父方之

安國則四年之發久於朞年以臣比之忠臣則爲父之請重於爲母若獲遂繼緹縈上書之事近依安國忠臣之例使臣父復得齒於士大夫之列則臣雖身先犬馬塡委溝壑無所復恨臣無任瞻天望聖激切屏營之至

淮海集卷第二十六

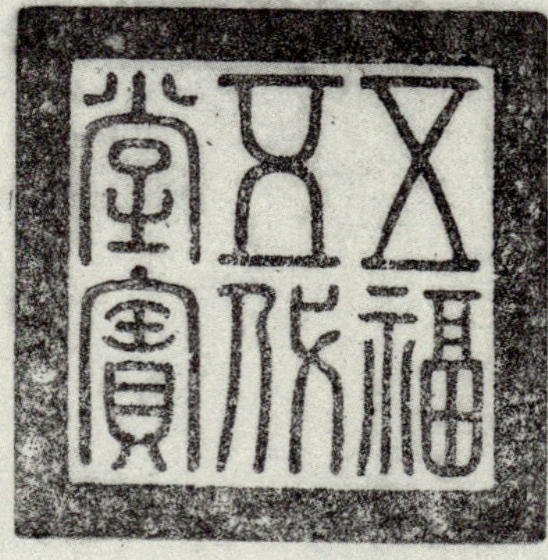
五福五代堂寶

八徵耄念之寶

太上皇帝之寶

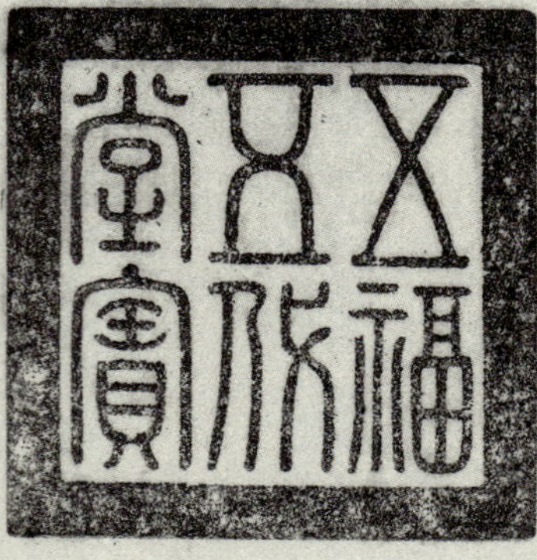
五福五代堂寶

八徵耄念之寶

太上皇帝之寶

淮海集卷第二十七 表

秦觀 少游

代謝勅書獎諭表

臣某言今月日進奏院遞到勅書一道伏蒙聖恩以臣去年特賜獎諭者捕剪兇徒蓋守臣之常職降頒溫詔實聖世之異恩祗服寵靈重增[illegible]懼中謝伏念臣禀材駑薄受性顓愚因緣肺腑之親昧[illegible][illegible]當之寄浩穰十邑每懷曠敗之虞黽勉再朞敢起[illegible][illegible]之望一昨凶年之食狂盜干誅初聚竊於村墟繼[illegible][illegible]張於道路殺傷吏卒擾奪印章居民以此震驚列郡為之騷動至煩廟論專

命使車轍悍將於山東募驍勇於隴右尚且遊魂疆埸

假息朝昏邑志欲掃除勻思大略忽知囊橐之變近在

掌股之間竊以爲稽討蕩則雀萃而蜂屯待會合則張

皇而鳥散遂令幕吏潛引將兵從間道以兼行指孤巢

而突擊渠魁掐關既就殲夫餘黨散亡尋皆殄滅臣謬

不能如子賤任德使民不忍欺又不能如龔遂却兵[illegible]

盜亦皆罷仰憑睿化方虔黜責之嚴豈謂宸音遽有褒

嘉之寵此蓋伏遇皇帝陛下至仁天覆盛德海涵欲旌

職之咸修雖微勞其必錄致鉛刀之割亦膺袞字

[illegible]臣敢不勉罄[illegible]之[illegible]竭犬馬之力誓糜捐於報[illegible]

補報於恩私臣無任

代謝加勳封表

宗祀以配上帝盛禮載陳大封而錫善人彝章具舉寵靈誤逮媿懼交深(中謝)伏念臣學術本迂器能素拙徒屬休明之運獲參英俊之遊發金匱石室之藏討論何補承神州赤縣之乏瘝曠偶逃晚自喉舌之司堅更管轄之任辱甄收之已過知報稱之尤難比出近藩猶通祕籍會考我將之(公)頌稽公玉之圖路寢爰開總章斯寓消季秋而精享肅群后以駿奔熙事備成既盡情文之典湛恩汪濊遂周中外之臣曾是孤蹤亦膺殊祉崇勳

遽進眞食驟增奉綸綍以凌兢仰雲天而隕越此蓋伏遇皇帝陛下天仁丕冒海德包涵尚記春愚嘗陪於國論更憐衰晚方守於郡章俾異數之併加示純禧之均畀甘泉緬邈難望屬車之塵清都邃嚴徒夢鈞天之奏

代賀元會表

十三月爲正前旣稽於夏道二千石上壽仍參用於漢儀盛旦載逢彝章具舉中賀伏惟皇帝陛下財成天地參並神明命羲和之二日謹春秋之五始調和元氣撫御中區肆覲春王之朝肇修元會之禮鷄人呼旦庭燎有光外則虎賁羽林嚴宿衛之列內則謁者御史肅班行

之客漏未盡而車輅陳蹕既鳴而鼓鐘作應龍高舉雲氣畢從北極上臨星宿咸拱受四海之圖籍拜萬國之衣冠歲月日時於焉先正聲明文物粲爾可觀遹康王鄷宮之朝掩高帝長樂之事謳頌聲而並作鬱協氣以橫流臣比遠天光遽更年籥職拘藩國莫瞻龍衮之升心折衰居但想獸樽之列瞻望闕庭 云云

代工部文侍郎謝表

入司太僕已慚稱效之虛進貳冬官尤愧選掄之誤顧叨塵之已甚念辭避之弗容承命惟驚撫躬以懼 中謝 伏念臣身承家訓世受國恩荷先朝特達之知蒙二聖生

成之賜左選都司之要既獲備員内閣祕殿之嚴更容通籍以至外專兩郡内閲三卿徒爲歲月之淹莫見事功之舉方虞罷黜退伏於田廬敢意推遷遽陪於法從持微任過恩重報難此蓋伏遇盛德海涵至仁天覆以臣父某歷四朝而被遇登三事以退居知父子至情欲慰桑榆之景念君臣難遇遂收胄胤之才豈惟一族之榮時乃百執事之勸臣敢不鞭策駑蹇淬礪鈍頑以捐軀報國之誠爲竭力事親之義

代中書舍人謝表　孫君孚

臣某言伏奉制命除臣中書舍人仍改賜章服者蒙恩

承乏方懷曠職之憂拜命爲眞更竊非才之愧寵榮遝逮驚懼交增伏以三省之興實先朝之盛典西禁之任允當代之要津上潤色於訓詞下稽參於政理自非文章妙絶可先諸子之鳴吏術精通能最群工之課則何以當文士之極任備宰相之屬官如臣者地冑素寒資材尤蠢以童子雕蟲之技偶得科名用司空城旦之書嘗更州縣比從柱後擢立螭頭閱歲月之推移乏毫分之稱効惟虞罷斥歸耕寂寞之濱豈謂遭逢入直禁嚴之地光增末路望過初心此蓋伏遇皇帝陛下在宥中區統和元氣上則承周太姒求賢之意下則納召康公

用士之言耆老畢歸俊英咸事鎮鄉滿庫末志一割之
鈆刀驊騄成群不棄十駕之駑馬遂令拔擢爰及鈍頑
臣敢不敬佩德音恪居官守竭心思之遠及効耳目之
聞知經宿進碑敢效矜夸於近世累年無草顧希慎密
於前人臣無任感天荷聖激切屏營之至

代中書舍人謝上表

左螭清近額無咫尺之違右掖峻嚴言有絲綸之出皆
一時之妙選爲四海之聳觀承命震驚撫躬愧懼伏念
臣縉紳末冑淮海孤生弓必爲箕嘗奉父兄之教納不
甚艱莫爲姻黨之容自亦笑其闊迂人或憐其狂直分

昔常謂望絶顯途屬二聖之載營收群英而自助焉
犬老皆歸圖任之中蕞爾小才亦備兼收之數越從戎
幕擢預憲臺猥陳狂瞽之言屢瀆高明之聽間嘗罷去
旋復召還惟是七年之間遂叨兩制之列而況訓詞之
任政教所原除授不當者得以論而封還指麾或愆者
得以白而改正號為要地當慎選掄豈伊鄙人所能堪
克此蓋伏遇太皇太后德配任姒道稽唐虞用擴以濟
大川斷鼇而立四極雖節儉正直在位若羔羊之時而
思念憂勤進賢如卷耳之際致令頑鈍誤辱寵靈臣敢
不慎出王言審求國體非特修異日祖宗之事亦以信

平生師友之誨報德未期悵念歲時之晚揹軀有數敢懷家室之私

代南京謝上表

訓詞失當宜正嚴誅恩貸特優止從外補任忝別都之重職叨袐殿之華秪荷寵褒載深感涕伏念臣猥以一介之賤誤蒙二聖之知本出書生朝無黨援屢爲御史身有怨仇間雖竊於科名實不長於文字因緣寵數冒昧班聯既不能被命固辭以防涯分之過又不能先時引去以避賢俊之升滿器難持孤根易毀及越樽而求治果代斵以致傷然猶冒文儒弄翰之名玷侍從均[illegible]

遡省循備至士悅倖實多此蓋盛德海涵至仁天覆念
吾吏於任使遽未忍於棄捐雖去掖廷猶分官鑰天都
甚邇常瞻佳氣之鬱葱鄉國非遥益見湛恩之汪濊永
期糜潰用報生成

代中書舍人謝上表

乃爲左史注二聖之起居復入西臺命百官之進退顧
叨塵之已甚念辭避之莫容伏對龍書伏深[illegible]懼竊以
周分內史出王命之策書漢列從官參相臣之議論後
世效其遺意制此近班職分四禁之嚴事秉大書之重
必得或遲或速之文兼校馬之長知古如今畢[illegible]高柱之

富然後可以與機微之進退者[illegible]之調[illegible]臣者門
地素寡資才尤慙早吏州縣宰司[illegible]城[illegible]曉玷班
聯任柱下悉文之事初無補報祗取[illegible]身報[illegible]鎖之
中足寄風波之上惟虞罷斥復奔走於東西[illegible]息推遷
備論思於朝夕光增末路望過初心此蓋伏遇 闕文

代謝曆日表

被命守藩方念闕庭之遠蒙恩告朔重驚歲月之新仰
服訓辭倍增愧汗伏惟欽崇天道敬授人時須太史之
占前謹清臺之課候騐諸家之跡遠正歷世之纏差上
考鄭子法取黃鍾之妙齊參一行術推大衍之微斗建

龍躍於焉有序珠連璧合由是可竊豈惟百辟之奉行足使四夷之承用臣猥緣寄委叨奉寵靈宣布詔條預識金穰之歲省觀風俗不疑絳老之年

淮海集卷第二十七

淮海集卷二十八　啓

秦觀　少游

謝及第啓

光靈遝被愧幸特深竊以聖神臨御之初實惟祖宗熙洽之後戈兵收偃經藝著明風俗莫榮於爲儒材能咸恥乎不仕圜冠方屨求自試者幾十萬焉血指汗顏獲見收者纔四百耳旣甚嚴其程度宜盡得於豪英如某者淮海孤生衣冠末系志在流水嘗辱子期之知困於鹽車頗爲伯樂之顧徒以爲養而求仕故雖被黜以忘慚懲於羹者吹虀自知其妄不量鑿而正枘人指爲狂

豈意力田而逢年亦稱長袖而善舞大羹焉用以貴本
而不遺昌歜甚微緣嗜偏而見取方賢書之上獻儀建
議之旁連竊鈇致疑事非在我解驂見贖世鮮其人尚
賴平反卒蒙昭雪折劍既以重鑄死灰因而復燃究其
倚伏之難常益信窮通之有定屬皇明之繼照推睿澤
以横流特免試言徑躋仕版技能莫効初如不戰而屈
人名宦亟成更類無功而受禄退而省察殆有夤緣此
蓋伏遇某官誘進人材主張士類離奇蟠木素爲左右
之先璀璨餘光復自比鄰之借致兹寒陋亦預採收敢
不慎操脩之方明出處之致庶期末路獲報明恩過此

以還未知所措

賀呂相公啓

伏審光膺宸命顯正台司凡在生成舉同抃蹈竊以媧皇補天之際高宗夢帝之初未就泥金正資陶鑄不調琴瑟方賴更張是謂大有爲之時必得非常人之佐恭惟中書僕射相公累朝元老當世大儒力足以扶持顛危風足以興起貪懦青天白日奴隸亦知其明璞玉渾金鑒識莫名其器旣天資之篤實加地胄以高華四世五公勳在王室一門萬石寵冠廷臣宗族謂之小許公夷狄以爲真漢相果從人望爰自天心方司左轄之嚴

遽踐鸞臺之峻獻可替否而思矯激之過解紛挫銳而有調和之能必欲成仁之始終非特潔身之去就縣是端人全集異黨寖微寛大之澤四覃苛刻之風一變名既得功而並立位當與德而俱崇明詔始班吉士交慶太公入國固知天下之父歸伊尹得君益見聖人之任重　某猥緣幸會叨被題評昔陪北海之樽有同夢寐今望平津之館如隔雲天但欣衆正之路開始信太平之責塞願稽故事就封富民之侯請與諸生復上得賢之頌

賀蘇禮部啓

伏審光膺睿命入拜儀曹凡有識知所同欣抃竊以大
儒之出處實爲當世之重輕三仁去而商寖微二老歸
而周始大長孺仕漢諸侯寢謀中立相唐列藩聽命殆
亦天時之有數豈伊人力之能爲伏惟禮部郎中先生
道貫神明智周事物決科射策亟聞董相之風逆指犯
顔屢奪史魚之節周旋臺閣而風采可畏流落江湖而
容貌不枯蓋好仁無以尚之故特立有如此者斯文未
喪果蒙日月之照臨吾道將興更屬風雲之盛會既稱
郡守俄遷省郎雖未厭於人情漸當陪於國論昔神龍
失水幾爲螻蟻之所侵今猛虎在山將見藜藿之不採

某父操篲雋猥侍門墻歎刻鵠之未成念攀鴻而何敢聞之不寐知告於人覗見曰消頗動雪雲之態屢成相賀獨申燕雀之私

賀中書蘇舍人啓

光膺中詔進直西垣伏惟慶慰恭以某官當世大儒斯民先覺論議爲四海之輕重出處繫一時之安危蕭夫子之文章蠻夷亦慕張史君之威望草木猶知始從記注之嚴爰掌絲綸之重藪邪聞命投匕筯以自驚忠承風引壺觴而相慶某猥緣幸會謬接光儀昔者亡堂掌誥論次茲焉伯氏又獲追攀竊聞進拜之崇

愉之至

謝程公闢啓

某啓比緣省覲薄游句踐之都僕役執掃除叨預老聃之役屖品題之已過慚報効之何從伏念某少也妄庸長而屯賤枘方乖鑿人指爲狂鈎直失魚自知其拙碌碌抱簣中之恥悽悽銜跨下之羞不謂修撰給事誤賜畀蒟曲加推轂引置金臺之館俾參珠履之游蕭洒蘭亭嘗繼孫王而奉筆風流蓮社屢陪劉阮以焚香既令馮子而出輿仍爲穆生而設醴至於升將軍之故第迓賓客之舊湖與與天橫情隨水遠牙檣錦纜擁南國之佳

人主肯金罍醉西園之清夜往來乎十洲三島之上俯仰乎千巖萬壑之間曾微瓊玉以報刀祗枉明珠而彈雀從游八月大爲北客之美談酬唱百篇永作東吳之盛事退而省察何以堪勝血指汗顔徒爲今日輸肝剖膽期在異時庶追國士之風少盡門人之禮

謝館職啓

法同博士閲五載而遷官例比編書通三年而改秩寵靈既逺愧懼實深伏念某族系單微器能淺陋少時好賦僅成童子之雕蟲中歲窮經未究古人之糟粕始登名於進士俄充賦於直言濫居方物之前叨被傳車之

召文章末技固非道義之尊箕斗虛名秪取謗傷之速亟從引避幾至顛隮褎未就於衮華惡已成於瘡痏三暮之内王尊乍佞而乍賢七年之中魯田一與而一奪但以偏親垂老生計屢空聊復靦顏以居未能投劾而去日期沙汰分絶進升豈期積日以累勞輒亦逢年而遇合東緼還婦雖蒙假借之私懲羹吹虀尚慮譴訶之及竊覿前史具見鄙宗西蜀中郎孔明呼爲學士東海釣客建封任以校書雖爲將相之品題實匪朝廷之選用夫何寡陋遽有遭逢此蓋伏遇某官道欲濟時仁能錫類始憐貧女稍分秦壁之光終念播臣爲激越江之

水刋茲奇蹇亦與甄收敢不以古人行己之方爲國士執君之義千金弊帚聊依翰墨以自娛一割鉛刀或巽事功之可立過此以往未知所裁

賀崔學士啓

伏審顯膺明命榮領近藩凡在庇庥所同欣抃恭以知府學士妙知德輿精氣道真斥百氏之奇偏傳七師之要妙著于書者乃其糟粕見乎業者亦其緒餘即之如渾金璞玉而難名望之如高山深林而莫測作歌而去陋晁董之不爲應聘而興指臯夔而自許旣參壁水之直俄預道山之遊入則陪國論於五房出則督工徒於

二監世推前車地號要津然而了不器於盈虛澹無心於舒卷願奉二年之最固辭五兵之曹邸音播騰士論聳歎矧汝南之奥壤爲右輔之名區僊聖所棲英豪斯聚競欲識先生之杖屨匪徒瞻太守之旂旍昔誦高辭極大行之表裏行觀美化遍汝水之陰陽尚疑未駕於征軺固已召還於法從某謬聯服役叨預婚姻顧罪悔之方虞幸依歸之遽獲車迻峻阪空嗟兩耳之垂船在中流實有一壺之望

代賀呂司空啓

伏審光膺顯命正位公台伏惟慶慰恭以司空相公學

師古始道造淵微以一代之人英爲四朝之國老允迪厥德克世其家言乎時則韋平豈可分道而行論其事則袁楊安得同日而語年高德劭而臣節益峻功成名遂而帝眷愈隆進拜冬官非止居四民而時地利平章國論實惟有一德以享天心聖王之文章具焉爲天下之能事畢矣某叨分符節辱在陶鎔陪班謁以無緣第承風而竊抃

代賀中書僕射范相公啓

伏審光奉明恩進陞右弼伏惟慶慰恭以中書僕射相公器兼文武學備天人出處繫一時之安危議論爲四

海之輕重臨大節而不奪雖小善其必爲荀氏群龍慈明爲最河東諸鳳伯褒尤奇投閑散而問望愈隆浚憂患而精誠益壯果濟世美簡在上心昔軏鴻樞既致干戈之戢今居端揆何難禮樂之興宜然衆正之路開行矣太平之責寔基吻分符節云云

代賀門下孫侍郎啓

伏審光奉明恩進陞東省伏惟慶慰恭以門下侍郎星躔異禀嶽鎮殊鍾先朝藩邸之舊臣今日廟堂之耆老正直如羔羊之德信厚有麟趾之風解劇樞庭乃心不息均勞輔郡報政斯成民心竚以旋歸國論倚之進斷

粤從琳館入踐鸞臺薄夫撫已以自慙吉士舉酒而相慶矧同升之後乂皆妙選於搢紳三王之法本人情固無過舉六官之長皆民譽玆謂昌期某辱在陶鈞叨分符節第承風而竊抃念稱慶以無緣

代賀中書劉侍郎啓

伏審光奉明恩進陞西省伏惟慶慰恭以中書侍郎智周事変道本誠明語默不愆其時進退必度於礼雪霜既降知松栢之後凋鳥雀或鳴見鷹鸇之必擊君未足隆於二帝我則若撻於市朝民有失所之一夫我則如擠於溝壑大任既降英声益飛豈止邦家之光实為天

坤之紀逮茲進拜尤慰具瞻庸陛難躋益致高堂之峻股肱克壯重增元首之尊其蓋在陶鈞云云

淮海集卷第二十八

秦觀 少游

代賀王左丞啓

竊審光奉明恩進升左轄伏惟慶慰恭以左丞大中夙稟氣早擅英聲學窮游夏之淵源文列班楊之伯仲周旋不撓出處可觀共推天下之中庸自得賢人之簡易其退也如陂萬頃撓不濁而澄不清其進之若火一燃用彌明而宿彌壯大任斯降貴名益昭曉達吏方載胄旋更於二轄潤飾儒術平津即至於三公某辱在陶鈞云云

代賀胡右丞啓

伏審光奉明恩進升右轄伏惟慶慰恭以右丞太中抱英傑之器屬休明之期智無不照而御之以寬學無不窺而守之以約待時藏器未嘗枉尺而直尋肆筆成書惟欲琢雕而復朴風采凜乎其可畏議論坦然而易行俄鑿枘之相投遂囊錐之頴出擢丞御史人無間言進轄文昌朝有故事面折廷爭已聞國士之風内平外成行見大儒之効某叨分符節云云

代賀京西運判啓

伏審光奉睿恩榮分漕計恭惟慶慰恭以運判道師古

始識造淵微身兼數器而用之以時學備諸家而守之以約討論不乏嘗編簡以成圖俯仰無心任擔山之變法屢奉三年之最亟更一道之權舉屬吏以傾心許前旌之入境矧是右輔實惟奥區南則控引於荆楊西則轉輸於秦雍奉嚴陵寢備禦河防於措置以爲難在選掄而尤重登車攬轡初承使者之風結綬懷金行被從官之召

賀京西運使啓

伏審光奉宸恩榮分漕計伏惟慶慰某惟運使知周事變識照幽微挺忠鯁之一心兼縱横之數器英標特出

早膺神聖之知劇任屢更累見事功之立比臨大府來
領外臺回歲月之餘光動使星之異色卽茲日初擢屬部
增欣暫駕輕軺坐使邦財之阜行歸法從進謁玉體之嚴

代賀簽書樞密啓

伏審光膺寵命進貳洪樞伏惟慶慰恭以樞密大中樂
猷究博學術精微敏識照於未然壽節見於已試化國
[illegible]汲黯之忠別嫌明疑力折董安之姦挫退尉
旋[illegible]阻而不衛戟被召以旋歸還于霄而
豈[illegible]之貳進而樞覺之崇聚音揚騰士論欣
[illegible]以[illegible]行見千秋以一言而[illegible]

宰相某叨分符節云云

代賀蔡相公啓

光膺制書榮還内殿伏惟慶慰恭以判府觀文相公道貫精微智周事變以文章擅一時之譽以器業結萬乘之知姚元崇入贊鴻鈞初聞遠略霍子孟逮承顧命益見忠謀勳業顯隆夷夏歡頌惟三郡均勞之久當二聖圖舊之勤既奉綸言復青氈之舊物竚瞻繡衮反黄閣之故居某猥辱異知欽承嘉命屬諉分於符竹阻祗慶於門闌系頌實深敷宣罔旣

代賀司馬相公啓

顯奉明恩進陞上宰老成登用區夏均驩竊以大河之渾特寸膠不能以止積歲之旱待霖雨然後乃蘇故當大有為之時必得非常人之輔伏惟相公望隆一代節著四朝力足以扶持顛危風足以興起貪懦青天白日奴隸亦知其明璞玉渾金鑒識莫名其器果符物論克享天心伊尹得君恥一物之失所姚崇作相陳十事而後為姦邪失匕箸而自驚忠義引壺觴而相慶某夙叨記省方預陶甄欣衆正之路開信太平之責塞顧稽故事戚封富民之侯請與諸生更上得賢之頌

代賀胡右丞知陳州啓

均逸中臺承流右輔地接日纖之重職兼禁嚴之著力
在庭麻所同欣抃恭以某人智周事變道本神明學窮
游夏之淵源文列傅班之伯仲霜雪既至知松栢之後
彫鳥雀或鳴見鷹鸇之必擊既丞御史遂轄文昌語默
惟時獨任天下之事卷舒以道有古大臣之風邸音播
騰士類從丹歎矧是淮陽之郡實惟太昊之墟風氣和平
獄訟稀少屈英游而卧治徯惠政之立成騰實飛聲已
應半千之用贊元經體竚歸尺五之天某夙以單徵嘗
蒙題品念使旌之在望嗟吏役之攸拘

賀錢學士啓

被渥帝宸升華儒館伏惟慶慰恭以學士天資英發地
胄高嚴翩然鵠止於碧梧卓爾珠遺於滄海中之以聞
見之洽重之以探討之精咸五登三出屬休明之運騁
四麗六尤多絕妙之詞敏疾擅枚臯之風雅健得子長
之體倚馬可待下筆不休所以特受眷於先朝屢見稱
於元老矧冊府校讎之號洎刑曹勾稽之司惟實與名
既清且要熊掌兼魚飧之美自古爲難羔裘加豹飾之
華於今罕覯彼文學之貴見乎諸吏之中雖出異恩
實緣公議芸臺書省諒難歲月之淹鼇禁掖垣行復風

代賀提刑啓

光奉宸恩就持憲節伏惟慶慰恭以提刑器識深宏猷敏邵進退必度於義夷險不易其誠程華轂之工使亟聞善狀督江湖之冶鑄益著能聲既累效於事功肆就分於使指矧茲右輔實號要區士林承命以欣愉氓部望風而悚跂傳車夙駕暫煩僕御之勞法從進聯諒非歲月之久

代回胡右丞年節啓

天端肇正人統全生實萬類引達之期乃四序調和之始恭以某官受時間氣爲國寶臣天資英發而持之以

謙挹胄高華而守之以約復茲獻歲茂擁休祥治譽譪
聞已備賜環之寵恩靈下逮行膺錫馬之蕃頌願之私
數登宣罔既

代回吕吏部啓

密室飛灰見陽生於本律清臺課候知日起於初躔恭
惟某官望重本朝材高當世一時千載韋平之遇已[illegible]
四世五公袁楊之興未艾既承召節仍屬嘉辰官職[illegible]
之駢臻顧頌言而何既

代謝中書舍人啓

[illegible]綺承乏之方懃越俎以代庖數月爲真更擢[illegible]刃[illegible]

錄才微任過恩重報艱切以三省之興實先朝之盛典四禁之任尤當代之要津上則潤色於典謨訓誥誓命之文下則稽參於吏戶禮兵刑工之事自非詞章妙絕吏術精通何以特被選揚預從班於仗內遂叨任使專外制於筆端如某者少也鈍頑長而忠賤請鄰祭竈聊爲寄食之資賣劒買牛行作歸耕之計豈意千齡之會誤蒙二聖之知猥從冗員屬居言責雖奮身不顧頗摧當路之豪彊而燭理未明莫正本朝之缺失日來罷還聊避謗譏忽叨左史之除俄冒西垣之選曾非踴躍冶金偶就於莫耶惟是青黃灊木遂成於犧象此蓋伏遇

某官道師古始識造幾微成就人才爲今天下之計主張善類有古名臣之風肆令衰病之餘獲預禁嚴之列某敢不溫尋舊學激勵晚途作漢文章何敢望相如之輩正唐鹽法庶幾爲處厚之徒過此以還未知所措

代賀運使啓

伏審光奉制函榮分漕計伏惟慶慰恭以運使郎中器識宏敏道術精微資之以問學之優修之以聞見之博持綱憲府風聲豈畏於悍彊賛治天官水鑑無私於微時惟茲右輔寔號奧區祿廩兵食之資異時或屬[illegible][illegible][illegible]防之費徙路所無肆輟名郎出爲儥佐符撥[illegible][illegible][illegible]

一道威名已肅於列城外幹邦財頗欝搢紳之論進諳
王體諒非歲月之淹

代賀提刑落權發遣字啓

榮膺睿旨寵進華資伏惟慶慰恭以提刑風猷妙發襟韻踈明智無不燭而待之以寬謀無不周而斷之以必傑出名臣之後譪居廣使之前持節陝關倉廩於焉充實按刑淮海囹圄為之虛空屬右輔之浩繁屈高材而剌舉既被賜環之寵仍蒙增秩之榮詔音播騰士論欣快嵩山汝水既幺滯於星軺金馬玉堂佇歸聯於法從

謝胡晉侯啓

伏審光奉明恩寵登上第伏惟慶慰恭以新恩先輩器猷閎博問學淵深挺生旌表之門優入英雄之彀臂折惟九終號良醫璞獻者三竟爲美瑞雖遭迴之可歎達遭際以尤榮而觀者昔陪絳帳之生近備棘闈之屬兒寬早歲嘗爲褚大之徒夢得晚年豢作奇章之客矧惟季弟又獲同年交情旣重於他人喜氣亦殊於平日追惟二紀有同夢寐之遊復會一時如閱簡編之事未偹郤牘遽辱華緘感佩之私敷陳罔旣

代參寥與鍾公實啓

伏承較藝數奇獻書遇合起家戎幕受職僊營榮動

時寵踰三舍伏惟歡慶竊以文高徐樂才贍馬周性還
內歉事機旁照扣角負鼎無羨昔人轉海回天復聞今
目其夙親談讌猥與從游覩此盛隆竊深欣忭

淮海集卷第二十九

淮海集卷第三十　簡

秦觀　少游

荅傅彬老簡

彬老足下昨奉手教所以慰誨甚勤幷蒙録示寄蘇登州書幷題眉山集後尊賢善道發於誠心詞旨清婉近世所希見也發函展讀殆不能釋手欽想高風益增企系屢迫賤事修報後時悚愧何已然僕昧陋不能具曉盛意中間有未然處輒爲左右具言之惟閣下恕其僭易幸甚幸甚閣下謂蜀之錦綺絶妙天下蘇氏蜀人其於組麗也獨得之於天故其文章如錦綺焉其說信美

矣然非所以稱蘇氏也蘇氏之道最深於性命自得之際其次則器足以任重識足以致遠至於議論文章乃其與世周旋至粗者也閤下論蘇氏而其說止於文章意欲尊蘇氏適卑之耳閤下又謂三蘇之中所願學者登州爲最優于此尤非也老蘇先生僕不及識其人今中書補闕二公則僕嘗身事之矣中書之道如日月星辰經緯天地有生之類皆知仰其高明補闕則不然其道如元氣行於混淪之中萬物由之而不知也故中書嘗自謂吾不及子由僕竊以爲知言閤下試贏數日之糧謁二公於京師不然取其所著之書熟讀而精思之

以想見其人然後知吾言之不謬也文翁哀詞杼思久矣重蒙示諭尤增感愴時氣尚熱未及晤見千萬順時自愛因風無惜以書見及幸甚

與蘇公先生簡

某頓首再拜知府學士先生比參寥至奉十二月十二日所賜教慰誨勤至殆如服役把玩彌日如晤玉音釋然不知窮困憔悴之去也即日伏惟尊候動止萬福某鄙陋不能脂韋婉變乖世俗之所好比迫於衣食彊勉萬一之遇而寸長尺短各有所施鑿圓枘方卒以不合親戚游舊無不憫其愚而笑之此亦理之必然無足嘆者但以再世偏親皆垂白而田園之入殆

不足奉裘褐供饘粥犬馬之情不能無悒悒爾然亦命也又將奚尤惟先生不棄而時賜之以書使有以自慰幸甚幸甚窮冬未由侍坐伏乞爲國自重下慰輿情不宣某頓首再拜

同前

頃嘗不問鄙陋令賦黃樓自度不足以發揚壯觀之萬一且迫於科舉以故承命經營彌久不獻比緣杜門多暇念嘉命不可以虛辱輒冒不韙撰成繕寫呈上詞意蕪迫無足觀覽比之途歌野語解顏一笑可也又多不詳被水時事恐有謬誤并太鄙惡處皆望就垂改竄庶幾觀者不至詆訶以重門下之辱素紙一軸敢冀醉後

揮掃近文并芙蓉城詩時得把玩以慰馳情幸甚幸甚

同前

某頓首昨所遣人還奉所賜詩書伏蒙獎與過當固非不肖之跡所能當也愧畏比辰伏惟尊候萬福某比侍親如故敝廬數間足以庇風雨薄田百畝雖不能盡充饘粥絲麻若無横事亦可給十七家貧素無書而親戚時肯見借亦足諷誦深居簡出幾不與世人相通老母家人見其如此又得先生所賜詩書稱借過當副之藥物亦可以湔所敗辱爲不朽矣參寥時一見過他客既以奔軍見棄又不與之往還因此遂絶頗得專意讀書

學作文字性雖甚愚贛亦時有所發明差勝前時汨汨中也懋誠集引尋已付鄧君刻石畢寄上次黄樓賦比以重違尊命率然爲之不意過有愛〻將刻之石又得南都著作所賦但深媿畏也文與可學士尚未至如過此當同參寥往見矣春初未侍坐間伏乞保衛尊重下慰惓惓不宣某再拜

同前

某頓首再拜去冬伏奉所賜教旋又李獻甫過此甚得興居之詳欣慰何可勝言尋欲上状而區區之情欲布於左右者一日復一日人事無間斷而自春已來尤簿

擾擾家叔自會稽得替便道取疾入京改官今某待次父還高郵又安措亡嬸靈柩在揚州且買地趂今冬舉葬入夏又爲諸弟輩學時文應舉而家叔至今雖已改官尚滯京師未還老幼夏間多疾病更遇歲饑聚族四十口食不足終日忽忽無聊賴本欲作書詳道至今不果甚可笑也想公當悉此意矣即日初寒伏惟尊候萬福前刖得所賜書承用道家方士之言自冬至後屏去人事室居四十九日乃出又李漕傳到成都大慈寶藏記文誦書讀記想見公超然逸舉於形骸埃壒之外雖欲從之不可得也辱誨諭且令勉彊科舉如某者實無所

有豈敢求異於時但長年頗慙爲兒女子所嗤笑耳得
公書重以親老之命頗自摧折不復如向來簡慢盡取
今人所謂時文者讀之意謂亦不甚難又試就其體作
數首輒有見推可者因以應書遂亦蒙見録今復加工
如求應舉時矣但恐南省所取又不同儻只如此恐十
有一二可得也前寄呈亂道繼亦作得十數篇未敢附
上子駿以公言顧遇甚厚嘗令作揚州集序并辯才法師
見囑作龍井記言師呢作雪齋記二記皆黄魯直爲書
已刻成尚未寄到今且録草去因便却乞并此書與刻
高安先生處幸甚幸甚子駿以保任不當罷去甚幸甚幸

固辭不來此亦是無聊一事也華老云有兩書託公寄去不知曾有書去否渠云非求荅但欲知達否尒昨過此不多日然相聚甚歡未嘗無一日不數十次及公昆仲也雖不求揚州爲公作黃樓主人亦是吾黨中一段佳事某來歲東歸時庶幾到徐見之也黃魯直去年過此出所爲文尤非昔時所見其爲人亦稱是眞所謂豪傑間出之士也但恨去速不得與之從容參寥在阿育王山璉老處極得所此亦有書來昨云已斷吟詩閒說後來已復破戒矣某數日間便西行未緣侍坐伏乞與時自重下慰瞻依不宣某再拜

與邵彥瞻簡

某頓首啓日月不相貸借奉違未幾巳復清明緬惟還自諸邑尊履勝常欽企欽企春色遂爾藹然草木魚鳥各有佳意廣陵多登臨之美臨風把盞所得故應不啻古語有之良辰美景賞心樂事四者難并今又以風流從事從文章太守游淮海佳郡豈不爲七難并得乎甚盛甚盛邑中少所還往杜門忽忽無以自娱但支枕獨卧追惟舊游而巳欲南去屬私故未能伺舟但增引悒不宣某頓首

國家以集瑞圖序文見屬此固盛時之事前世詞臣[illegible]

客所頌歎者不特爲南方之美君家之祥也不腆之文
何以稱此然重逆盛意又竊喜託名圖上以爲榮故不
敢固辭輒撰次并揚州集序寄呈中間尤惡處不惜指
示就與改竄尤幸或要手寫可先具素令畫史圖一本
異時淥水堂中爲設清酒一樽芍藥數枝可乘醉一揮
也揚州集序雖鄙陋然頗能道廢興遷徙之詳如無他
文似不若寘之於前使觀者開卷便知作集之意也望
與史君議之仍得其集一觀幸甚幸甚

與孫莘老學士簡

某頓首司諫學士丈丈屢奉所賜教誨慰愍勤雖父兄

之於子弟無以過此仰荷盛意不復勝言幸甚幸甚比
日伏惟鎮撫餘暇尊候萬福某自入夏得中暑疾去之
不時至秋遂大作伏枕餘月今雖少間而疲頓非常氣
息僅屬人事殆廢起居之問曠然不進於下塵職此之
故前書聞婕婆縣君服藥甚久徐氏弟兄及妻子皆憂
撓不知所爲近聞得僧法寶者調治已平可勝忻慰南
方險遠風氣固非人所安然丈丈行已二年比出之期
甚近更善調護數月即達中州矣越州祖父得書甚安
頃蒙教以先至會稽迎侍祖父還家家叔徑入都甚荷
留意已封所賜教取稟於越州矣蘇黃州雖不得書[illegible]

晤蘇子由著作過此及南來士大夫具云在黄甚能[illegible]
處了不以遷謫介意曰但杜門蔬食誦經讀書而已昔
之論者常患其才高太銳今日之事尤足以成其盛德
也前日辱齒及亂道誨喻尤詳某雖不肖請終身誦之
矣自越歸後頗無事幸不廢所學但久去門下聞見日
益昏塞雖復區區卒無所得耳詩文數篇謾錄呈左右
因風更乞指喻教育之賜幸甚幸甚

與黄魯直簡

某頓首奉違甚遠殊不盡所欲言者每覽焦尾弊帚兩
編輙悵然終日殆忘食事昔人千里命駕良有以也歲

莫苦寒不審行李已達何地奉惟榮養吉慶昨揚州所寄書中得次韻華老斗野亭詩殊妙絕來者雖有作不能過也及辱手寫龍井雪齋兩記字畫尤清美殆非鄙文所當已寄錢塘僧募勒入石矣幸甚幸甚比又得真州所寄書及手寫樂府十月十三日泊江口篇諷味久之竊已得公江上之趣矣李端叔後公十數日遂過此南如晉陵爲留兩日斗野詩八音二十八舍歌并公所寄詩皆和了今録其副寄上所要子由金山詩并某所屬和者今奉寄八音歌次韻斗野亭黃子理憶梅花[illegible]凡四首亦隨以呈聊發一笑耳皖口見公擇李六[illegible]

相從幾多時恨不同此集廿餘歲就畢杜門怱怱殊無佳意何時展晤以盡所懷未間願與時自愛千萬千萬不宣某再拜

與蘇子由著作簡

某頓首再拜著作先生頃過南都幸一拜清重扁舟東下迫於同行不獲欵聽緒言以猒所願但增於邑耳比日苦寒伏惟尊候動止萬福某受性庸昧與世異馳昨迫於衣食彊出應書儻倖萬一之遇既而擯棄乃理之當然無足道者顧親已老田園之入殆不足以給朝夕之養犬馬之情不能無壅鬱耳此外亦復何恨惟先生

不棄時教之以書使無聊之中有以自慰幸甚幸甚未緣侍坐伏乞爲國自顧以副輿顒不宣

某再拜不肖之迹雖復爲世所棄而杜門謝客頗得專意讀書衡茅之下有以自適古語有之蘭生幽宫不爲莫服而不芳某雖不敏竊事斯語但鄉閭士子類皆從事新書每有所疑無從考訂而先生長者皆在千里之外以此良悒悒耳比因冬後輒爲古詩一首寄獻下執事繕寫以呈雖詞意鄙迫不足以道盛德之萬一然區區之慕望庶幾於此少見之伏惟少賜覽閱幸甚幸甚

與李德叟簡

某頓首昨得遞中所寄書具慰馳仰尋欲作報會得[illegible]寒疾甚重不食十八日伏枕又踰月乃平遂因循至此黄魯直去必能道所以[illegible]歲莫苦寒伏惟奉養吉慶某去年除日還自會稽鄉里交朋皆出仕官所與游者無一二人杜門獨居日益寡陋秋間本欲一至黄州因過舒奉見不意遭此疾病遂不能遠去親側頗負平時區區之意夫復何言別後所論著想甚多殊不寄一二何也然觀所枉書詞翰妙絶足以知他皆進此矣仰服

仰服魯直過此為留兩日雖怱遽不盡所懷然有益於人多矣其擊節焦尾兩編文章高古邈然有二漢之風

今時交游中以文墨自業者未見其比所謂珠玉在傍覺人形穢信此言也未緣展奉願與時自重慰此馳情十一月十五日不宣

與蘇黄州簡

某再拜自聞被旨入都遠近驚傳莫知所謂遂扁舟渡江比至吴興見陳書記錢主簿具知本末之詳以先生之道仰不愧天俯不怍人内不愧心某雖至愚亦知無足憂者但慮道途頓撼起居飲食之失常是以西嚮悵惘有見女子之懷殆不能自克也比聞行李已達蔡燕居僧坊承飲饌食有以自適然後私所念慮一切釋

士且知平時有望於先生者爲不謬矣彼區區所謂外物者又何足爲左右道哉本欲便至齋安屬久離侍下未可遠適閒道或在秋杪也惟親近藥餌方書以節宣和氣臨紙於邑不盡所懷

與李樂天簡

某頓首昨在會稽游雖不數然誦盛文講高誼熟矣及還淮南又得所寄書詞古而義高超然有從我於寥廓之意豈所謂有心相知者邪幸甚幸甚僕散漫可笑人也去年如越省親會主人見留辭不獲去又貪此方山水勝絶故淹留至歲莫耳非僕本意也自還家來比會

稽時人事差少杜門却掃日以文史自娛時復扁舟循邗溝而南以適廣陵泛九曲池訪隋氏陳迹入大明寺飲蜀井上平山堂折歐陽文忠所種柳而誦其所賦詩爲之喟然以歎遂登摘星寺寺迷樓故址也其地最高金陵海門諸山歷歷皆在履下其覽眺所得佳處不減會稽望海亭但制度差小耳僕每登此竊心悲而樂之人生豈有常所遇而自適乃長得志也以閤下趣尚高遠非復今時舉子之比得以發其狂言他人聞之當絕倒矣未展晤間與時自重不宜

與參寥大師簡

某頓首懶慢滋甚不奉書問幾一年中間屢蒙惠書賜[illegible]
亦不加切參寥師真知我者也幸甚幸甚僕自去年還
家人事擾擾所往還者惟黃子理子思家兄弟子思又
已分居困於俗事彥瞻出行縣輒得數日從游此外但
杜門塊處而已甚無佳興至秋得傷寒病甚重食不下
咽者七日汗後月餘食粥畏風如見俗人事事俱廢皆
緣此也比蒙録示黃州書并跋尾幸甚觀其詞意憂患
困未足以干其中愈々人畏服爾僕所題名此却無本
煩蜀聽師寫一通相寄爲望乃并蘇公跋尾前所寄者
已爲端叔彊取去矣比聞蘇就移滁州然未知實耗果

卷三十　上

然甚易謀見也蓋此去滁纔三程公便可輟四明之游來此偕往瑯琊山水亦不減雪竇天童之勝子由春間過此相從兩日僕送至南埭而還後亦未嘗得書渠在揚州淹留甚久時僕值寒食上冢故不得往從之耳華詩安君竟不起子實遂丁憂遠方罹此禍故殊可傷也傳師已聞作司農簿聲問藉甚恐旦夕得一美除公擇近亦得書說秋初嘗至湯泉到寄老庵見顯之恨不與吾儕同此樂顯之恐 數日間來此爲十數日之會今已到天長矣黃會直近從此赴太和令來相訪爲留兩日得渠新詩一編高古妙絶吾屬未有其比僕頃示

自援妾欲與之後先而驅今乃知不及遠甚其爲人亦
放此蓋江南第一等人物也黄詩未有力盡錄去且錄
數篇皆一臠足知一鼎味也又爲僕手寫兩記今封去
如辯才無擇要入石便可用此摸勒僕自病起每把筆
如錐不知何謂得此公爲我書殊增氣也其字差瘦更
爲潤色開時今盡墨爲妙中間是未安及不是處但請
就改之若閑得成囑二師各寄數本與端叔在楚音問
不絶比如毗陵過此相見極歡揚州太守鮮于大夫蜀
人甚賢有文僕頗爲其延禮有唱和詩數篇今錄一通
去當一笑也頃聞公不作詩有一小詩奉戲又已復破

哉矣可謂熟慮難忘也聰師有書來索之序僕近日無好意思明年又應舉方欲就舉子學時文恐未有好言語今但爲渠取字曰聞復蓋取楞嚴所謂聞復翳根除者也錢塘多文士可求人爲作不必須僕也參寥覬已卒關中今歸葬山陽可傷朋友彫落如此獨有僕數人朴鈍落魄者無恙又多病少佳意人世良可悲耳荷時合并以盡此懷不宣

淮海集卷第三十

（宋）秦觀　撰

宋本淮海集

第四册

國家圖書館出版社

第四册目録

卷三十一　文

卷三十二　文　疏

卷三十三　誌銘

卷三十四　贊　跋

卷三十五　跋

卷三十九　序

卷四十　哀挽

淮海集卷第三十一文

秦觀 少游

謁先師文

惟公聖神所鑄號古哲人凛然高風聞者爲起諸生不敏承學累年依憑餘光以得名官時方尚德進爵既崇祭重報先敢忘大賜祠以薄饌公其鑒之

祈晴文

凡物平爲福有餘爲禍雖陰陽之大猶不免焉乃季春以來雨霪不止漫溝畎漲川澮麥苗垂敗將弗克有秋是用禱于爾神惟神廟食此土當赫厥靈以福于民民

亦將有以事神而不敢懈尚饗

祭馬通議大夫

惟公盛德之後克承厥先不激爲高不詭爲偏不見瑕疵器實渾然踐更中外垂五十年長者之風四方是傳始使六路國用充委旋帥二邊羌虜唯唯亳許江都下車風靡法度具存頌聲未已我來此邦公適厭事杖屨阡陌優游卒歲方期暇日從公遊諳孰云奄然棄我而逝日月飄忽端如筈絃承凶未幾遽卜新阡惟時淮海春御戒旋悲鳥號木愁雲蔽川念公此行無復來還奠觴薦詞用訣終天尚饗

弔鎛鍾文

嘉魚縣傍湖中比歲大旱水皆就涸而夜常有光㸌赫然屬天鄉人相與誌其處而掘之得古鎛鍾焉其形有兩欒如合兩瓦面左右九乳總三十六牙鼓鉦舞鏞銜旋斡之類考之不與禮合者無幾縣令施君識其寶謀獻之太常未果乃輸武昌庫中會其守解秩佐攝事見而惡之曰那得背時物畜之不祥也亟命投於兵器之冶嗚呼物之不幸有如是邪昔九江吏盜顏忠肅之碑材寘其所述歐陽詹閒而弔之以詞予悲夫鎛鍾古樂之器先王所以被功德而和人神審音之士至有振車

鐸於空地而求之者非若九江碑材因人而貴也而辱於泥塗無所自效遇其非鑒以觸廢毀好古之士焉得默默而已乎乃作文以弔之詞曰

嗚呼衆方之生謬形殊器更首迭尾雌雄相廢朝爲姜姬夕爲憔悴或奇偶之相續或九舛而一蹟清餓和黜刑王眇貴生犢失明得駿折髀洞所遇之參差莽循環於一氣傳曰黃鐘毀棄瓦釜雷鳴余始以爲不然今乃信之矣嗚呼鎛鍾何世所爲質不呈剛形不露奇協律中度渾如天資掩抑雖久不見瑕疵爰有兩欒三十六乳厥音琅然小大隨叩曷所挺之瓌偉而偶沉於幽陋

辱泥塗之汚漫厭鱗鬣之腥臭嗟蔔簾之一辭邈月絓之幾轂華陽徑而水涸天日悦其復觀謂庭貢之是充獲效鳴於金奏何夜光之暗投卒按劍而莫售嗚呼赤刀大訓天球河圖秦璽漢劍趙璧隋珠犍為之磬汾陰之鼎曲阜之履天澤之弧歷世相傳以華國都下至威斗錯刀羯鼓之捲破鏡缺符遺簪墮珥信無益於經綸猶見收於好事是鐘也郊廟所薦樂之紀綱統和元氣舞獸儀鳳令大河而更清使左角其不甚變化風俗返乎羲皇而乃廢於深淵出而遇毀殆藻盤之不如芻牛鐸之敢企此義夫志士所爲疾心而切齒也然余聞之

陰精之純爍氣之斋雖從火革其質不變一晦一明昔者旣然僨而復起可無畢年嗚呼鍾乎今焉在乎豈復爲樂激宫流羽以嗣其故乎將憑化而還設傷易制以周於用乎豈爲鈸爲鎛爲鉦爲釜以供耕稼之職將爲鼎爲鼐以效烹飪之功乎豈爲浮圖老子之像巍然瞻仰於緇素乎豈爲麟趾褭蹄之形翕然玩於邦國乎豈爲干越之劒氣如虹霓掃除妖氛於指顧之間乎將爲百煉之鑑湛如止水別姸醜於高堂之上乎斯故相代未始云畢紛然殊途必有一出决不泯泯草亡木卒嗚呼鎛鍾又將奚卹

遣瘧鬼文

邢溝處士秋得痎瘧之疾發以景中起於毛端伸欠乃作其始也淒風轉雨洒然薄人其少進也如沍壑陰崖單衣犯雪龜穹蠖屈奄奄欲絕寒威旣替熱復大來畢方媒毒回祿嗣災躁外渴中臥已復興欲挾斗杓東適渟澥酌以注嗌未足爲快徂酉盡戌渙然霑汗然後乃已於是處士乃澡心慮斥聰明枕石藉茅偃於洞房疲極而寐夢五鬼物異服醜形朱丹其髮運斤鼓槖麼綆注盂揮以大箑跳踉而進曰嬉良若惟子昔年學道名山把握風雷與斗爭威吏兵雲屯使者火馳呼吸元氣

魅鬼以嬉我蠶蓄忿怨候間隙之日久矣孰爲爾來荒唐是師跅弛是友果於自爲横心肆口隨世上下金鎔木椂嘗於禁戒隳滅廛手交親指議傳笑十九而予岸然恬不爲醜我蠶緣是得而甘心焉於是處士蘸遽若失所以對者衆鬼大笑處士叱之曰來汝鬼物向吾示汝神明之機天收其武地藏其文七緯十精亡失光耀而汝朋儔漫不復省瞽矇之前藻繪徒施叩宮流徵而聵者勿知嘗以爲未然乃今信之蹇吾妙齡志于幽玄明師我違以溺奇偏疑信相寇于兹有年披收氛霧乃覩青天樊然攷藝一昔棄捐飫食酣寢以還本源若夫

嬪御如雲珍貨山積後房彈吹秀色可食馬有副車有
貳人所同好吾亦勿避久官無成家徒壁立彈劍而哦
援琴自慰風埃籃縷兒女所羞人所共惡吾亦勿求好
惡我無與天下俱故造物之父與吾並駕而遊固非汝
曹知也嗟汝鬼物亦道之孫經緯星辰啓陰閉陽何獨
遠擧自恚耶光依憑草木爲此不祥於是衆鬼相視失
色泚泗交頤呿而不合悔其所爲稽首再拜稱弟子而
去與士寤亦失歘疾矣

祭洞庭文

紹聖三年十月己亥朔十一日丁卯前宣義郎秦觀敬

以錢馬香酒茶菓之奠望洞庭青草湖境上敬祭于岳州境内洞庭昭靈王青草安流王淵德侯順濟侯忠潔侯孝烈靈妃孝感侯之神覲罪戾不肖頃緣幸會嘗廁朝列備員儒館承乏史臣福過災生數遭重劾蒙恩寛貸投竄湖南老母戚氏年踰七十久抱末疾盡室幼累幾二十口不獲俱行既寓浙西方令男湛謀侍南來敬惟諸神皆以威烈忠孝著在方冊廟食此方分風擘流有禱如響覲之得罪本末諸神具知願加哀憐老母異時經彼重湖賜以便風安然獲濟仍願神貺早被天恩生還鄉邑覲以疾走便道不遑躬詣祠下盡此血誠故

修薄奠以伸悃愊心切詞迫瀆澆至靈俯企惶懼唯諸
神明鑒之

謁宣聖文

郡守被命于朝既至治所則必告于境内之明神禮也矧惟宣聖實我儒師薦見之禮敢後群祠是率僚屬爰及士子躬趨於庭以報祀事尚饗

告狄梁公廟文

惟公昔以盛德爲唐名臣嘗刺此州風流具存越王之禍玉石俱焚二千餘人賴公獲免宜千萬年血食兹土豫之子孫報仰何窮舊祠迫隘不稱明靈爰築新室以

安貌像敢消時日薦告于庭

告李太尉廟文

唐之中葉盜據此方歲行四宮天誅不討公時銜命實帥西師披此蘙巢市不易肆虵豕遺種化爲平民公於蔡人厥功懋矣廟貌雖久棟宇穿頹易而新之得是亢爽千秋萬歲公其安焉

祭句芒神文

日窮于次歲時肇興爰卜土牛以送寒氣惟神佐成震治于民有功敢稽禮經用修常祀尚饗

代蔡州太守謁先聖文

惟王道備天人功崇列聖大成旣集六藝斯明內聖外王所同憲法山川鳥獸咸亦裕如萬丗尊親天下通祀惟時士子生逢休明讀玩棄餘作爲藝業有司論定天澤遂覃推本所從寔王芘貺敢涓時日薦見廟庭

代蔡州太守謁嶽廟文

維神望秩岱宗寔長群嶽有嚴祀事在于此邦守土之臣旣見民吏敢羞牲酒進見于庭

代蔡州太守謁城隍文

淮南古城形若垂瓠帶以汝水生齒寔繁惟神廟食此土芘貺一方敢致酒牲用嚴薦見躬趨于庭疇敢後時

代蔡州祈晴文

謹以清酌庶羞之奠敢昭告于某神曰自去冬陰氣爲沴雪積丈逮兹獻歲寒不時歸雪又復作道途梗塞物價翔踴四郊農事茫然無期是用奔走乞晴于爾明神廟食此土宜赫厥靈揮却慘鬱屏除翳昏還我大明毋使斯民久罹重苦

代蔡州謝晴文

謹以清酌庶羞之奠敢昭告于某神聞者久陰不解大雪荐作寒氣總至民不聊生於是率僚屬吏士奔走分告乞晴於神神享其誠荅以景貺開陰啓陽變慘爲舒

清風既發大明遂昇一方熙熙然僅有生意吏實不德何以克堪爰敢憑酒殽以謝神貺

淮海集卷第三十一

淮海集卷第三十二 文題

秦觀 少游

謝雨文

謹以清酌庶羞之奠敢昭告于某神惟大荒落陽氣寖驕沮傷天和怒風鳴條川池既耗土山行焦念土之毛民慘不聊祇奉明命爰率我僚禱雨于神惠此東皋自走祠下莫敢告勞神享其誠精禋且交油然作雲遂不崇朝其散如絲其沃如膏焦卷一變蔚爲美苗罷遣兒曹無復叫號巫覡反室藏緘鼓簫秋成可期玉燭遂調樽有旨酒豆有嘉殽拜貺于神神鑒其昭尚饗

代獲賊祭諸廟文

謹以清酌庶羞之奠告于某神祇之靈乃者群盜竊發剽劫閭里遊竄疆埸境內騷然賴神威靈咸伏其辜鯨鯢既殲民以休靖敢用牲酒以荅神休尚饗

代蔡州赦後省賽文

維今月日德音云云謹以清酌庶羞之奠告于某神祇奉綸言徧修群祀導迎善氣加惠元元敢不蒸進酒牲備嚴薦獻以承休命神其鑒之尚饗

代祭歐陽夫人文

吁嗟夫人出于華宗來嬪高門實配文忠惟我文忠一

世之師道德餘棄發爲文辭如天有斗如歲有春四方以正萬物爲新吁嗟夫人其德惟稱内宗外姻俱承厥慶文忠前薨朝野涕瀾今夫人逝士亦永歎矧在敝族晚通姻好承凶矍然舉室驚悼新鄭之原文忠之塋歸合有期千車送行守土汝南征駕莫遑敬致薄辭以奠一觴

代祭韓康公文

嗚呼我宋受命網羅群英諸夏用康百餘年間異人間出左右辟王公以盛德出入四朝文武自將入爲上宰歷有丕績盟府是藏出爲長城臨制萬里姦變銷亡伯

氏仲氏迭秉國鈞榮莫與亢功成事卑奉身而退與道翺翔歲在執徐爰請于胡言還許昌百官奉旨祖道供張于國之陽禮未及行遽即窀穸漠然聲光二聖震驚法駕臨奠哀動周行哲人其萎會葬于許里門相望遲公之歸執爵承飲稱壽公堂承訃泫然涕泗橫集精遊出疆許道如砥喬木交覆比通大梁不見安輿乃見喪車人具盡傷悲來塡膺辭不成文聊侑一觴

祭酺神文

比者善氣始應霖潦屢降溝塍流通事既有望奚而越自雨闕以來飛蝗蔽天敢為妖孽土之毛髮所過爲盡

嗚呼其不仁也哉大旱之後而得霖雨是天有意於恤民也惟爾有神亦當上承天意驅率醜類入于江海自求多福無或違天以速愆咎

登第後青詞

竊以天運至神固不期於報効羣生多故實有賴於祈禳敢伸悃愊之私仰瀆高明之鑒伏念臣生而固陋長更屯奇奔走道塗常數千里淹留場屋幾二十年既利欲之未忘在過愆而奚免深懼風霆之譴竊萌豺獺之心乃與母親戚氏爰自往年願修醮事今則猥塵科第叨預仕塗豈微軀之克堪皆造物之冥賜輙取甲寅之

歲祗就海陵之宮依按靈科酬還素志伏願上真昭荅
列聖顧懷增壽考於慈親除禍殃於眇質私門安燕無
疾病之潛生官路亨通絶謗傷之横至自無任

代蔡州進興龍節功德疏

貝葉微言善會權而歸實蕊珠妙旨能却老以延年方
兹誕聖之晨可託効愚之意恭趨精宇嚴備淨筵梵唄
徹於紫霄龍蘭鬱乎藻井皇帝陛下伏願皇圖鞏固睿
算增新下感群生與松椿而共茂上通列宿將箕翼以並明

代蔡州正賜庫功德疏

歲功告備方圖歸報之因誕節屆期當具祝延之禮爰

修勝會用達愚衷初入寶樓不假善財之彈指遍行香
飯何煩金粟之遺人助以風林水鳥之音雜以玉珮金
鏘之韻皇帝陛下伏願聖躬如月宸算後天日聞萬歲
之呼歲受千金之鑒

興龍節疏二道

號登元祐鬱佳氣以横流節遇興龍藹頌聲而並作非
具祝延之禮莫輸歸報之誠爰詣梵坊仍趨真境儼朱
紫以具在布紛緇而畢臻合覺背塵探寶王之妙教長
生父覗發藏室之靈篇萬物循而其聲不窮四海竭而
此飯無盡庶因勝會稽致愚誠皇帝陛下伏願睿命增

新皇圖鞏固警蹕所至日聞嵩嶽之呼文軌攸同歲効
封人之祝
電音繞樞協氣已蟠於穹壤葵令向日頌聲復溢於華
戎恭詣寶坊廣延緇侶致上方香積之饌開西土貝葉
之文妙會惟修愚衷斯罄伏願睿圖鞏固神算增隆日
月無私永照臨於下土風雲不間常感會於中天

代蔡州進生辰功德疏

格王休旦夷夏同瞻文母誕辰天人合慶非具祝延之
禮莫輸歸報之誠肆就寶坊具伊蒲之盛饌遂延緇侶
闡貝葉之真文梵音清越以干雲香穗縈回而成蓋廡

惡妙會稍達愚衷皇太后伏願熙景命逾新清躬益固導迎戩穀豈惟如月之就盈增續年齡將見後天而難老

神宗皇帝晏駕功德疏

宫車晏駕率土崩心爰輸殞裂之誠用結精嚴之會伏願皇靈妙湛天仗超摇大圓鑒中旣證無生之忍妙高峯上更旋不退之輪慶逮邦家澤流寰海

高郵長老開堂疏

棒頭取證尤爲瓦解冰消喝下承當未免龍頭蛇尾況乃不快漆桶無孔鐵鎚徒認影以迷頭但抱贓而叫屈豈知填溝塞壑無非碧眼胡僧積嶽堆山盡是黃面老

子伏惟和尚脚根點地鼻孔遼天真匠子之鈐鎚實作家之鑪鞴諸方舉唱要須十字縱横大衆證明但看一場敗闕

寳林寺開堂疏

彌勒開門惟善財而能入毗耶丈室非摩詰以難居寳林禪院南宋遺區東吳勝槩本惠休繙經之地實澄觀隸業之坊法水灣環妙峯孤秀下奩玉鑑涵日月於昏明傍穴金虯化風雷於呼吸既川源之綉錯仍丹雘之鼎新飛閣浮堦就山爲勢方疏圓井因木成姿即之而智慧生望之而塵勞破九重鳫塔現多寳之莊嚴萬石

鯨鍾示觀音之方便允非開士難稱覺場大師雅稱聖
前素號禪關投虎峯而出家遇龍浮而得法祖師衣鉢
昔因書壁而傳首座山林今以躍瓶而獲了無異議實
有聖緣往開大揔持門以繼鑠迦羅眼

乾明開堂疏

竊以離塵求覺已乖調御之心即幻見真方契飲光之
道聖因時遠人與法差執空而取着依一精明任相而
求者認四顛倒守癡禪爲定力運乾慧爲悲光習以自
欺久則難變既安邪解沉迷有漏之因宜得正宗開示
無生之忍昭慶上人洞該真際圓證法空於旋流轉徙

之途得妙湛揔持之力反聞聞性體已徧於塵沙自覺覺他功未周於毫刹輒勤三請願繼一音說現在心作將來眼

醴泉開堂疏

毛端寶刹曾何新故之常天下大禪安有去來之累惟古佛廟實今醴泉自百年香火之餘治一國風煙之際塔闕連環之玉骨殿藏及錦之貝文然而飛鳥啣花空存勝景真珠撒帳未遇明師逮軍旅之荐興獲法筵之初啓芳公長老少通教相晚悟宗乘密行則鄉黨之所依歸妙法則天龍之所回向遊方既久跨海滋深願辭

擁腫之居亟返歸來之駕爲談不二以度無邊

淮海集卷第三十二

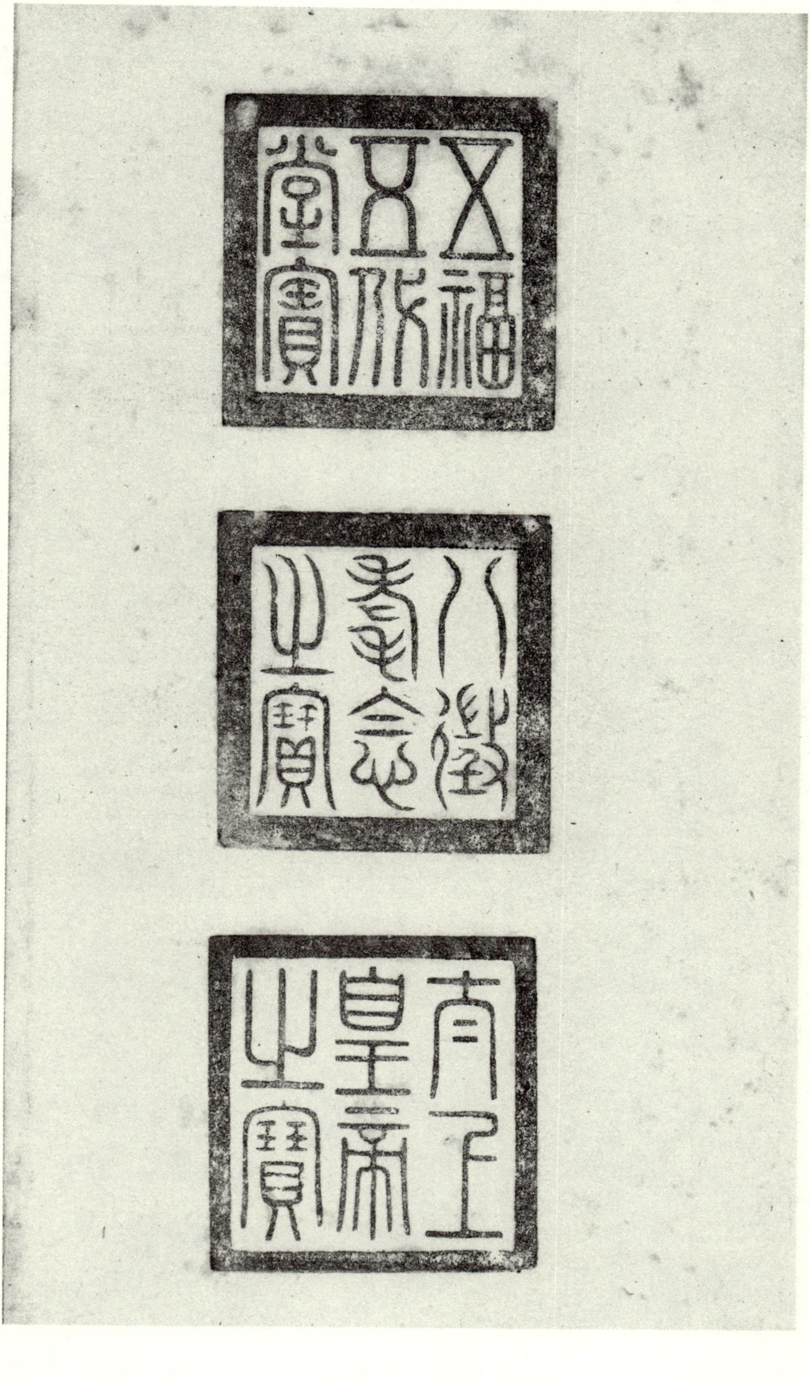
五福五代堂寶
八徵耄念之寶
太上皇帝之寶

五福五代堂寶

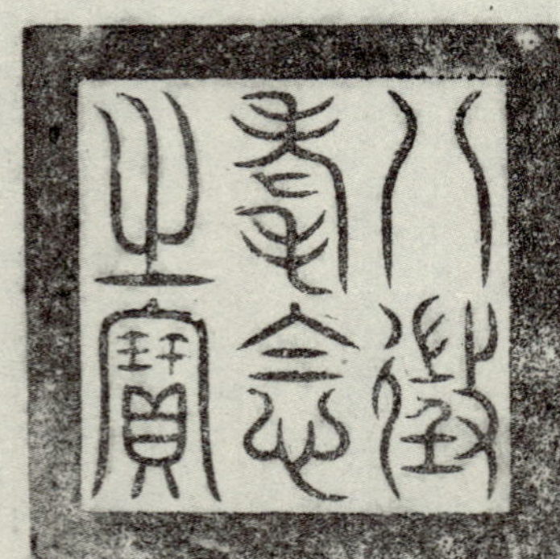
八徵耄念之寶

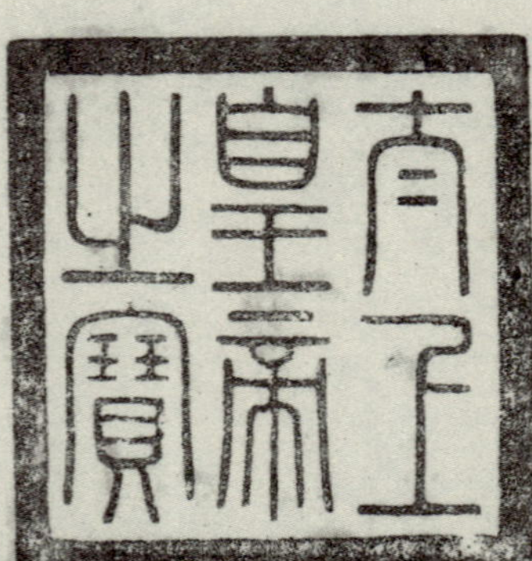
太上皇帝之寶

淮海集卷第三十三　誌銘

秦觀　少游

李狀元墓誌銘

元祐三年春三月上始臨軒策有司所貢士被選者几數百人而稟延李君爲第一君諱常寧字安邦自嘉祐中舉進士數爲春官所却至是始獲奉大對於庭上剌六經之文旁獵百氏之言下通當世之務其詞奥衍有漢唐之遺風進御一讀遂爲舉首天下莫不異之是時朝廷耆老謀王體斷國論者皆累朝舊臣君於斯時年踰知命褒然得雋於翰墨之場丗以爲萬戶侯如以契

券取也而君釋褐授宣義郎簽書鎮海軍節度判官是歲六月以疾卒享年五十有二有司以聞詔賜錢三十萬䘏其家天下莫不悲之君困於科舉蓋三十年其得名官纔數月尔嗚呼何起之難而僨之易邪然君子疾没世而名不稱焉君以諸生崛興名動海内其視禄無聞而殁者亦可以無憾君結髮學問晚而彌勵事親孝於二弟友愛爲人恭儉潔廉其取予一毫不妄也曾祖諱益祖諱知進世居開封廩延不仕考諱永昌始仕爲從事郎鼎州司户參軍夫人秦氏先大父承議之女也後君四年卒雖除君喪猶布衣蔬食以終其身平生端烈類

如此子二人長曰弼有學行次未名女二人尚幼以卒之年葬於開封府雍丘縣大善鄉裴村西谷山林之原先府君之兆初君襄事期迫不暇納幽堂之銘逮夫人祔葬始鑱銘而納之銘曰

帝初臨軒策士于庭有器晚成冠我群英大道孔夷其御又良閶闔玉堂行矣翱翔慶者在門弔者在閭胡亟只且世爲嗟呼如蘧忽厲風雨奄至俛仰而闕孰知其自大椿久榮朝菌暫敷竟復何殊同於空虛隋渠之壖杞國之疆佳城蒼蒼刻文是藏

慶禪師塔銘

師諱昭慶字顯之俗姓林氏泉州晉江人也少跅弛以氣自任嘗與鄉里數人相結爲賈自閩粤航海道直抵山東往來海中者十數年貲用甚饒皇祐中祀明堂恩度天下僧師爲兒時父母嘗許爲僧名隸漳州開元寺籍至是輒謝諸賈以財物屬同産使養其親徒手入寺毁鬚髮受具戒鄉人異之居無何謂其曹曰出家兒當尋師訪道求脱生死若匏繫一方乃土偶人耳遂去開元遍參知識至禾山楚才禪師會中因看風幡話忽然有悟以爲道妙盡於此矣及見黄龍惠南禪師示以佛手驢脚因緣輒漫不省因服役左右數年不去始盡得

黄龍之道故師後出世法嗣黄龍云熙寧中遊淮南往
來廣陵天長高郵之間三邑之人見師如舊相識莫不
靡然心服願爲弟子而高郵之人遂以乾明請師出世
師凡三住道場初高郵之乾明次烏江之惠濟最後廣
陵之建隆惟惠濟僻在深山中地有湯泉人跡罕至心
樂居之乾明建隆皆爲檀越士大夫所強邀去不獲非
其好也師所得法廣大微妙又學術無不通達其爲人
法或以經論或以老莊或以卜筮或以方藥下至種種
一切俗諦之事隨其根器示大方便不獨守古人言句
而已自唐以來禪家盛行於世者惟雲門臨濟兩宗是

時雲門苗裔分據大刹相望於淮浙之上臨濟之後自江以北惟師一人故雲門之徒或不以師爲然師聞而笑曰此吾所以爲臨濟兒孫也晚歲多病謝住持事寓止高郵醴泉法嗣處安會中一日召安師及諸禪者以偈兩首示之明日飯後奄然歸寂實元祐四年八月十六日也俗壽六十二僧臘四十一其徒智勤等二十有三人與廣陵檀越奉師靈骨歸建隆起塔而葬焉明年智潭自廣陵走京師乞銘於某嗚呼始師出世某之外舅故潭州寧鄉縣主簿徐君賡實爲檀越首及師在惠濟某嘗從故龍圖閣直學士孫公覺莘老錢塘僧道潛

參寥訪師於湯泉山中時爲江令則今承議郎閻君木求仁也高郵士大夫孫闓諸公皆參問於師而爲役之久緣契取深者殆莫如其然則銘師之塔某何敢辭乃爲銘曰　嗚呼我師法妙難思與物並作而不磷緇經論老莊卜筮方藥是皆黃龍佛手驢脚我從中證決定無疑非遷陁客當大笑之山河既露水鳥又談能事畢矣汝復何參少賈之雄老禪之伯求其異相亦不可得有岡崑崙南直海門盡未來際我師長存

葛宣德墓銘

君諱書舉字規叔姓葛氏其先廣陵人唐天祐中遠祖

濤始徙常州之江陰焉曾祖諱祥不仕祖諱惟甫贈吏部尚書考諱密承議郎致仕承議與其兄兵部侍郎宣籀繼策名及其仲季皆以德善壽考爲搢紳所推諸子若孫行學聞於時者相屬閭門百口有古雍睦之風今東南大族稱孝友者曰江陰葛氏君弱不好弄五歲遭夫人憂哀毀如成人與葷血輒揮去不食及長篤行力學敏於文詞熙寧三年中進士第調杭州餘杭縣主簿詔舉學官侍臣有欲以君充賦者檄取所爲文君嫌於求售竟謝不與是時朝廷興修二浙水利議者謂吾書三水出于天目之山而溢于太湖書曰三江既入震澤

底定今二江並廢獨一松江入海與太湖之水壅而吴
興被患遂欲廢北關長安二埭上塘之渠以與下塘相
通又於餘杭之南股引苕溪之水達于漕渠穿錢塘之市
而入于江以紓吴興之患時多以爲然部使者檄君行
視君以爲吴興之水原於太湖太湖廣袤四萬八千餘
頃旁占數郡其所灌輸非獨苕霅也書稱三江震澤説
者不同就如議者之言則尋常溝瀆之流豈可以比二
江之任祗益紛擾耳且錢塘二埭其來久矣大役之興
古人所重固執不可議者不能奪其事遂寢故龍圖閣
直學士李公常時守吴興聞君之説貽書嘉歎而部使

者亦知君而交薦之移衛州共城縣令丁承議憂服除授淮南節度推官知蔡州真陽縣事改左宣德郎知開封府長垣縣事三邑皆有惠愛民到于今思之長垣有地訟更數令不決其人執康定元年二月書契爲證君至謂訟者曰爾所執僞契也康定改元在寶元之冬豈復有二月耶訟者詘服吏大驚君之爲政明多此類也元祐六年六月十六日卒於長垣之官舍享年五十有四君爲人篤於孝悌而毅然有守不爲利害所移觀其風節議論朝廷器也而間關數邑以卒悲夫娶喬氏故司門員外郎淇之女子男三人張符牧仲子仲皆舉

進士女四人在室以八年九月丙申葬於常州江陰縣署村之原前期諸孫以狀來請銘余舉進士時常與君同學在汝南復與君同官君之登科與儂仲父同年兩張仲又余之婿也然則非余其誰宜銘者銘曰

舊以國氏其支覃亂離遷矣遷江南崛起貳卿諸弟參長垣詞德如不懈有地百里如子男侯挽不來迄今談其積如京發二三有如不信銘斯鑱

徐氏夫人墓誌銘

夫人姓徐氏眞州楊子人供備庫副使諱昌言之孫太子左清道率府致仕諱守約之女年二十一歸清河張

氏為内殿承制諱文英之夫人治平三年閏月二十八日以疾卒于京師享年五十三生男五人清臣良臣堯臣舜臣禹臣堯臣舉進士以學行聞舜臣應天府軍巡判官監楚州五祐鹽場女二人長適進士王措次適進士王諤早卒以元豐四年十月癸酉祔葬于揚州江都縣東興鄉馬坊里承制君之墓承制君元配劉氏無子早卒既升朝故事得封妻爲縣君夫人請先劉氏承制君義而從之故夫人未及封而卒後二年以恩始追封壽昌縣君銘曰

懿懿壽昌女子之師渾然平夷不妄笑嬉初在厥家孝

謹是處逮嬪德門益躔前武維親及黨不汝瑕疵豈伊黽俛天實我資承祭奉賓事嚴且飭以身先之疇敢不力既美于躬又相其夫子多後髦亦澤之餘崑崙之西岡阜蟠踞鑱詞幽壚以昭不腐

虞氏夫人墓誌銘

夫人姓虞氏諱麗華越州山陰人助教昱之季女年十九歸同郡陸氏爲承議郎知高郵縣事佖之夫人踰八年而卒卒後十年葬于山陰縣野人原其舅朝議公所生母袁夫人之兆實熙寧三年五月某日也元豐六年天子有事於南郊夫人以承議君陛朝恩封仙源縣君

玄承議君甞謂予曰虞雖越之著姓世以財雄亡妻婉
嫕恭儉如出寒素之家侍事舅姑旁接内外之宗姻下
撫僮使之衆殆無一人失其意者不幸短折以死生一女
嫁進士史安衎比已死矣余深悲之幸蒙明恩追錫封誥
而葬時迫其幽堂之銘寧爲尚未刻子與予故人也願爲
論次其事將穿其墓前而納之以致予意焉是時予將
赴汝陽治裝薄遽雖許其作而未暇而君每見余輒以
仙源之銘爲囑至于八九而不倦嗚呼夫婦俗薄久矣
仙源之歿幾三十年而君尋繹悼念眷眷不忘如初非
風義之厚出於天性何以至此耶乃爲之銘曰

惟夫人胄東陽嬪德門家亡有光命雖絶慶未央刻斯文
誌幽荒

李氏夫人墓誌銘

至和中先君遊太學事安定先生胡公歳時歸覲具言太學人物之盛數稱海陵王君觀及其從弟覿有高才力學而文流輩無與比者余時爲兒侍左右聞而心慕之願即見蓋不可得後數年二君相繼舉進士中第其試於有司皆爲開封第一名實既發所與皆一時之豪余遂以故人子獲從之游元豐六年七月二十六日寺丞君觀之母李夫人卒宣德君覿以書抵余曰世母葬有

日奧伯氏荒迷不能請顧有銘嘻先君友執之命也其
可以辭謹按夫人李氏諱仁用世爲泰州如臯人年二
十六歸王氏爲府君諱惟清之夫人享年八十有三以
卒之年九月四日祔葬于如臯之赤岸鄉府君之墓子
男一人寺丞君也女四人其婿趙世昌爲内殿崇班蔡
寶丁傅夏侯煦皆舉進士孫男一人曰譚孫女二人一
早卒次尚幼夫人性通達治事有法度凡内外之宗姻
下逮婢使靡不得其歡心子既出仕供養甚厚及坐法
免生理蕭然恬不以介意雖高年視聽不衰手足便利
迄終無一言亂者銘曰

於維夫人閒且穆來嬪王宗祗厥職內嚴外順宗姻懌
既壽又康時酒食變故相詭獨處廓氣形逮反超不失
藏從其夫古原宅詞詔後來有幽刻

掩關銘

元豐初觀舉進士不中退居高郵杜門却掃以詩書自
娛乃作掩關之銘其辭曰
門有衡鑰兮蹄踵聯世不我謀兮地自偏渾沌是師兮
機械焚何以玩心兮有討論插架萬軸兮星宿懸口唫
目披兮遊聖賢偶與意會兮欣忘飡植芳樹美兮亦既
蕃執轡搏虎兮更衆艱自覈不迷兮邈考槃蹇民多艱

兮戒求全高明家室兮鬼笑喧速成亟壞兮理則然蔓蔓荆棘兮上造天窫窳（一作窊窳）磨牙兮交衔阡勿應其求兮嚙深冤掩闢自娱兮鮮憂患竪寂飲水兮顔悦歡優哉游哉兮聊永年

劉氏研銘

溪之精石之靈紫雲氣涵明星爲顓窟作刃硎永寶用瑑斯銘

銘顓師研

顓師十二歲以書爲東坡大滌二公所稱他時豈易量哉子以紫石硯贈之銘其下曰三生懷素法顓上人時於

此處轉大法輪

瀘州使君任公墓表

元豐中朝廷治西南乞弟之罪至於斬將帥絀監司兩蜀騷然四年而後定余嘗怪乞弟裔夷耳兵不過二千人非有冒頓強悍之威結贊狡險之謀蛇豕微種乃爲邊患如此及觀瀘州使君任公事迹然後知累年之役實部使者爲之裔夷何足責也任公諱伋字師中眉州眉山人少學讀書通其大義不治章句性任俠喜事與其兄孜相繼舉進士中第知名於時眉人敬之號二任而蘇先生洵尤與厚善熙寧某年其察訪使熊本薦知瀘州

州上接僰道下連南平控引蠻夷千有餘里如甫望箇
恕羅氏鬼主沙取諸郡皆歲來互市而守將任輕無節
制之權非有奇略遠謀則不幸往往有事公既至威信
大著夷夏便之歲滿當更詔留再任比滿又特轉一官
留之元豐三年納溪砦互市有歐羅胡苟里夷人死者
故事漢人殺夷人既論死仍償其資謂之骨價時砦將
欲勿與夷人大恚爭譟而出公馳至境上具以禍福曉
之相與投兵請降辭者八母其六既聽命矣而轉運判
官意與公異乃移瀘州不與措置事專爲攻討之計公
爭弗能得乃歎曰邊患自此始矣即具奏言羅胡苟里

本瀘州熟户夷也比因鬬殺傷求索骨價爲侵境上故是常事與異時生夷反叛不同臣招納垂畢而使者貪功生事固欲討之臣恐窮迫無所竄伏轉投生界則甫望箇恕諸部更相結連益鴟張而難制矣會女孫卒不果上七月詔涇原路副總管韓存寶以陝右兵五千人經制其事存寶在瀘攻羅胡苟里滅之諸夷讋潰果奔甫望箇恕其年冬箇恕之酋乞弟遂稱兵反皆如公所料云初乞弟自納溪砦互市還過江安縣縣令犒之既去數十里遣親信楊節一毛以一馬謝令令辭不受一毛去至夷牢口爲土夷所邀一毛死焉楊節者本嘉州卒

吏避罪亡入夷中夷人愛之用事號爲羅判至是節自度不免乃以失房中乞弟所入馬二千緡券來降公以中國不失信于小夷宜斬節歸券責以納亡之罪則乞弟憚威而愧德矣而轉運使固執不從三年乞弟果以一毛爲辭入寇路分都監王宣以兵二千人禦之戰于羅箇牟國爲賊所敗宣與其子某及裨將十有四人死之於是詔韓存寶復以陝右兵五千人經制其事存寶至瀘逗留不進陰使人誘乞弟以書降遂分屯奏功天子得書怒甚更遣環慶路副總管林廣代之命御史何正臣中人梁從政至蜀雜治獄具斬存寶于瀘州流監軍韓

承式於海島除轉運使董鉞名四年廣進兵抵乞弟之
巢賊空壁遁去廣不得已竟納其降而還天子亦不復
責矣自是瀘州守將始加沿邊安撫之名專治軍政部
使不得輒與未幾使者復以開邊田賦生稅爲請天子
一切不許而西南夷復安堵矣由是言之前日之役豈
非部使者實爲之初公既奏羅胡苟里之事雖不果上
而使者聞知內銜切骨日夜謀中公以法公知其謀乃
錄使者不法事關瀘州十有五條上之使者薄遽不知
所爲即誣奏公乞弟過江安時不時掩擊及延儒生講
書疑有私謁朝廷疑之乃先免而下章於它部各窮竟

所考未具而公既卒矣時當途者以公既歿爲使者地
公之子大防三詣闕上書陳冤狀獄不敢變使者竟免
公爲吏通敏吏民畏而愛之其通守齊安也嘗遊於定
惠院既去郡人名其亭曰任公時蘇先生之長子翰林
公軾以讁遷齊安人知其與公善也復於其側爲師中
庵曰師中必來訪予將館於是明年公卒郡人聞之相
與哭於定惠者百餘人飯僧於亭而祭公於庵而蘇先
生之少子中書公轍復爲之記余嘗從翰林中書公遊
聞二任之風久矣後爲汝南學官始識大防於是得公之
行事公以元豐四年三月二十四日卒于遂州西禪佛

舍享年六十有四六年五月二十三日葬于光山縣淮信鄉午步原其世次官邑御史頓君既爲幽堂之誌此不復著著其瀘州之事與誌之闕不書者揭于墓原以備史官之擇云

淮海集卷第三十三

淮海集卷第三十四 贊跋

秦觀 少游

龍丘子眞贊

惟龍丘子以大塊爲輿元氣爲駒放意自娛遨行六區世莫我踈亦莫我親追配古者葛天之民

李潭漢馬圖贊

前一馬驪就樹摩癢百骸佳快厥意可想中間四馬或顧或嬉飲囓自如不相瑕疵最後一騂尾鬣奮驤背而號鳴若聞其聲寬閒之鄉水遠草長無羈無縶樂未渠央

南都法寶禪院一長老眞贊

欲老不老八反九倒昔是西庵今爲法寶文雅臺邊清
泠池畔大地山河且舉一半

建隆慶和尚真贊

大因緣十八年結跏座帶刀眠汝鼻孔未遼天呼我作
無事禪

書王蠋後事文

古之世有不去商紂之虐君以從周武之聖臣而守死
西山者其人曰伯夷伯夷者孔子稱爲仁孟子稱爲聖
不在乎學者能道之也古之人有不愛剝身殘尸之患
以求盡忠極節於其君者其人曰比干比干者孔子稱

爲仁孟子稱爲賢不在乎學者能道之也古之人去不
愛將軍之印不願萬家之封引身即死以明君臣之大
義而求自附於伯夷比干之事者其人曰王蠋王蠋無
孔子孟子之稱而其名亦不獲自附於伯夷比干焉學
者亦不可不道也當燕人之破齊齊王走莒也臨菑之
地汶篁之疆爲齊者無幾也齊之臣平居腰黄金結紫
綬論議人主之前者一旦狼顧鳥竄分散四出不逃而
去則屈而降無一人爲其君出身抗賊以全齊者方是
時王蠋齊之布衣也積德累行退耕於野口未嘗食君
之粟身未嘗衣君之帛獨以謂生於齊國世爲齊民則

當死於齊君乃奮身守大節守區區之晝邑以待燕人燕人亦爲之却三十里不敢近其後燕將長蠋之賢念蠋之在而齊之卒不滅也數爲甘言啗之曰我將以子爲將封子以萬家不者屠晝邑蠋曰忠臣不仕二君正女不更二夫國亡矣蠋尚何存今劫之以兵誘之以將是助桀爲虐也與其無義而生固不若烹乃經其頭於木枝自奮絶脰而死士大夫聞之皆太息流涕曰王蠋布衣也義不北面於燕況在位食祿者乎於是乃相與迎襄王於莒而齊之殘民始感義奮發閉城城守人人莫肯下燕者故莒即墨得數戰不亡而田單卒能因其

民心奮其智謀却數萬之衆復七十餘城王蠋激之也始予讀史記至此未嘗不爲蠋廢書而泣以謂推蠋之志足以無憾於天無怍於人無欺於伯夷比干之事太史公當特書之屢書之以破萬世亂臣賊子之心柰何反不爲蠋立傳其當時事迹乃微見於田單之傳尾使蠋之名僅存以不失傳而不足以暴天下甚可恨也且夫聶政荆軻之匹徒能瞋目攘臂奮然不顧以報一言一飯之德非有君臣之讎而懷匕首袖鐵椎白日殺人以喪七尺之軀者太史公猶以其有義也而爲之立傳以見後世後世亦從而服之曰壯士蘇秦張儀陳軫犀

首左右賣國以取容非有死國死君之行朝爲楚卿暮爲秦相不以慊於心太史公猶以其善説也而爲之立傳以見後世後世亦從而服之曰奇材以至韓非申不害之徒刑名之學也猶以原道附之老聃淳于髡鄒衍田駢愼到接子環騶奭之徒迂闊之士也猶以爲多學而附之孟子然則世有殺身成仁如王蠋之事者獨不當傳之以附於伯夷之後乎噫昔者夫子作春秋其大意在於正君臣嚴父子使當時君臣正父子嚴則春秋不作矣後世愚夫庸婦一言一行近似者皆當筆之春秋況夫卓然有補世教者得無特書之屢書之乎此予

所以爲太史公惜也

書輞川圖後

元祐丁卯余爲汝南郡學官夏得腸癖之疾卧直舍中所善高符仲携摩詰輞川圖視余曰閲此可以愈疾余本江海人得圖喜甚即使二兒從旁引之閲於枕上恍然若與摩詰入輞川度華子岡經孟城坳憩輞口莊泊文杏館上斤竹嶺並木蘭柴絶茱萸沜躡槐陌窺鹿柴砦返於南北垞航欹湖戲柳浪濯欒家瀨酌金屑泉過白石灘停竹里館轉辛夷塢抵漆園幅巾杖屨棊弈茗飲或賦詩自娱忘其身之匏繫於汝南也數日疾良愈

而符仲亦爲夏侯太冲来取圖遂題其末而歸諸高氏

高無悔跋尾

無悔將家子爲人沈鷙有奇畧習知邊事結髮與羌人戰大小數十遇未嘗敗北斬級捕虜獲牛馬槖駝動以萬計與其兄館使皆爲邊人所推號二高云元豐五年延帥與二詔使城永樂問於無悔對曰永樂羌人必爭之地而無險阻無水泉一日寇至何以能守詔使大怒以爲沮議遣歸延安既城永樂羌人數十萬奄至城中戍者纔三萬人館使謂詔使曰虜衆十倍於我若其盡至不可當也我嘗破大衆於無定河川今前隊囂甚有

懼我心及未定擊之雖衆可走詔使不許曰王者之師
不鼓不成列館使以足頓地曰事去矣已而城外壘數
重諸將出戰無生還者俄奪我水寨城中穿井數十皆
不獲泉士卒飢渴困甚不能執兵城遂陷二詔使及館
使皆死之於是議者皆以二高料敵有古良將之風惜
乎詔使之不能用也元祐二年余爲汝南學官被詔至
京師以疾歸無悔亦以失邊帥意徙内地鈐轄此郡兵
馬相從於城東古寺日飲無何絶口不挂時事余酒酣
悲歌聲震林木無悔瞋目熟視髮上衝冠人多恠之余
二人者自若也無悔一日出諸公所與尺牘自韓魏公

以下百餘番屬余跋尾余欣然濡筆因以永樂之事載
之庶幾見諸公所以稱道無悔者非虛語也

裴秀才跋尾

裴本秦之別姓自漢以來世有顯者在唐尤爲望族五
房之裴爲宰相者十有七人裴氏衣冠於斯爲盛而東
眷房晉公度實唐第一等人君晉公之裔孫也少篤學
鋒氣鋭甚頗有志於天下之事已而舉進士屢不中乃
歎曰人生如寄耳胸是區區者爲哉於是退居許之陽
翟葛巾藜杖日閱佛書惟以專精神養壽命爲事元祐
三年冬君之弟朝散君通判蔡州君自陽翟籃輿過之

踰月而去將行謂朝散君曰吾絕意世間事久矣比閱篋中故人書札見麻温故郎中昔所贈詩憮然感心不能自已聞秦少游方爲此郡學官願因弟丐一言庶幾異時有知我者余聞而歎之昔馬援南征謂官屬曰吾從弟少游常哀吾慷慨多大志曰士生一世但取衣食裁足乘下澤車馭款段馬爲郡掾吏守墳墓鄉里稱善人斯可矣致求贏餘但自苦耳當吾在浪泊西里虜未滅之時下潦上霧毒氣薰蒸仰視飛鳶跕跕墮水中卧念少游平生時語何可得也朝散君起家四十爲郎聲聞籍甚所謂功名富貴蓋未易量而君贏老疾病卧於衡茅

之下氣息奄奄僅屬旣不求人知人亦莫君知者弟兄出處異矣然以二馬觀之二裴之事孰爲得失哉麻君博雅君子其所以稱道君者宜不謬後之君子讀其詩者可以知君少時之志而讀余文者可以識君莫年之心云

録壯愍劉公遺事

壯愍劉公未顯時凡三與賊遇始爲常州無錫縣尉有梟賊劉鐵槍者起浙西轉擾諸郡捕盜官不能制公一日霑醉夜歸適報鐵槍入境遂挈酒赴之與賊接戰手殺鐵槍及其徒五人餘悉散走部使者上其功改大理評事後知果州南充縣丁先太師憂解官東還道出興

州境上遇群賊奄至探其行李發之惟文書百餘秩布數匹賊魁詈其徒曰此窮官人何足劫公時在後聞變馳至瞋目叱之賊衆皆披靡俄發三矢輒斃三人餘遂遁去雍帥寇萊公表其事詔還官知瀘州後移倅汝陰過安陸遇故人留飲家屬獨先行復遇盜劫倒橐得一銀釦劒泊一瑜石腰帶持去後賊敗於齊安獄具法歸贓於主有司以聞時陝西轉運使負缺執政方以公進擬眞宗曰是人爲郡守而止有一瑜石帶廉可知也遂除公行狀墓誌及國史本傳皆載無錫及興州事獨安陸一節遺而不書元祐壬申歲公之子隰州使君某與余會

於京師嘗道公之遺事具以天禧中劄示余因論次之附於中劄之後以補史氏之缺云

淮海集卷第三十四

淮海集卷第三十五　跋

秦觀　少游

法帖通解序

法帖者太宗皇帝時遣使購募前代法書集爲十卷摹刻於板藏之禁中大臣初登二府詔以一本賜之其後不復賜世號官帖故丞相劉公沆守長沙日以賜帖摹刻二本一置郡帑一藏於家自此法帖盛行於世士大夫好事者又往往自爲別本矣今可見者潭絳二郡劉丞相家潘尚書師旦家劉御史次莊家宗將世章家凡六本雖有精粗然大抵皆官帖之苗裔也頃爲正字時見諸

帖墨蹟有藏於秘府者字皆華潤有肉神氣動人非如刻本之枯槁也蓋雖官帖亦其糟粕耳又當時奉詔集帖之人苟於書成不復更加研考頗有偽蹟濫廁其間至於標題次序乖錯逾甚士大夫以字畫小技莫有論次之者投荒索居無以解日輒以其灼然可考者疏記之疑者闕之名曰法帖通解云

漢章帝書

衛巨山云漢興而有草書不知作者姓名至章帝時齊相杜度號善作篇是章帝時已有草書矣然千字文者乃梁武帝得王羲之所書千字使周興嗣以韻次之[illegible]

也王偉令蕭子範亦製此文蔡遠注釋展宿一帖與嗣
文也豈得為漢章帝之書耶歐陽文忠以謂前世學書
者已有此語不獨始於羲之按漢武帝時司馬相如作
凡將篇無復字元帝時黃門令史游作急就篇成帝時
將作大匠李長作元尚篇元始中揚雄作訓纂篇班固
續之無復字皆小學家也千字文者蓋擬諸篇而作今
急就篇之類尚有存者其詞高古讀之不問可知為漢
人之文與興嗣所作殊不類也文忠此說殆亦可疑爾

倉頡書

易曰上古結繩而治後世聖人易之以書契百官以治

萬民以察蓋取諸夬而說者或以爲書契始於伏羲或以爲始於倉頡蓋伏羲畫八卦則書契已兆至倉頡觀鳥迹則書契遂詳始於伏羲而成於倉頡爾古者八歲入小學故周官保氏掌國子教之六書謂象形象事象意象聲轉注假借也謂之小學家自至秦焚燒典籍始用篆隸而古文滅矣漢武時魯共王壞孔子舊宅於壁中得尚書春秋論語孝經時人以不復知有古文謂之科斗書又北平侯張蒼獻春秋左氏傳郡國亦往往於山川得鼎彝其銘則前代之古文皆自相似時王莽司空甄豐改定古文有謂古文奇字篆書佐書繆篆鳥書

凡六體所謂古文者孔氏壁中書也魏初傳古文者有邯鄲淳衛覬嘗寫淳尚書後以示淳而淳不別至正始中在三字不維轉失淳法因科斗之名遂效其形太康元年汲縣人盜發魏襄王冢得簡書十餘萬言案魏氏所出猶有髣髴古書亦數種其一卷論楚事者最為工妙齊文惠太子為雍州時盜發楚王冢亦得竹簡青絲綸簡廣數分長二尺皮節如新有得十餘簡者王僧虔云是科斗書記周官所闕文以此論之凡稱古文者皆倉頡遺法也古文雖非科斗書而世常謂之科斗者以其類科斗爾此帖題曰 倉頡書而了不與科斗相類乃

近大小二篆甚可疑也

仲尼書

魯司寇仲尼書者吳季子墓銘也銘在季子墓上其字皆徑尺餘唐張從紳記云舊本湮滅開元中玄宗命殷仲容摹搨其書以傳至大厤中蕭定又刻于石此小字者蓋後人依効爲之者也歐陽文忠公謂孔子平生未嘗至吳以史記世家考之其歷聘諸侯南不逾楚推其歲月蹤跡未嘗過吳不得親銘季子之墓又其字特大非古簡牘所容然則季子墓銘其真者猶疑非仲尼書況依倣爲之者歟

史籀李斯

史籀者周宣王太史作大篆十五篇與古文時有同異先王之時天下之書同文及其衰也諸侯各自爲政而字畫之形亦異殊矣秦兼天下丞相李斯乃奏罷不合秦文者而斯作倉頡篇車府令趙高作爰歷篇太史令胡母敬作博學篇皆取史籀大篆或頗省改是爲小篆是時天下多事篆字難成長安下士人程邈得罪繫寧陽十年從獄中增減大篆去其繁複奏之始皇以爲善出邈爲御史名其書曰隸書凡奏事令隸人書之故又謂之佐書自爾秦書有大篆小篆刻符包蚫隸書等凡

八體焉倉頡爰歷博學三篇至漢時閭里之師并爲倉頡篇而籀文至建武時已六篇矣今稱史籀之迹者惟岐陽石鼓文李斯之書惟泰山詔爲真蹟二世詔嶧山之碑近世傳者出於徐常侍夏英公家自唐封演已疑非真杜甫直謂野火焚棗木傳刻爾不知此謂史籀李斯二帖者何從得之也今漢碑在者皆隸字而程邈此帖乃是小楷觀其氣象豈敢遂信以爲秦人書

鍾繇

鍾繇賀捷表其後云建安二十四年閏月九日南蕃東武亭侯鍾繇上歐陽文忠公嘗問孫集賢思恭云建安

一十四年閏在何月集賢精於曆學以漢家所用四分乾象曆推之是歲己亥三曆皆閏十月文忠以陳壽三國志考與集賢之言合然文忠考魏吴二志乃權以是歲閏十月方征關羽至十二月獲之明年正月始傳首至洛陽鍾繇安得於閏十月先賀捷也由是疑此表爲非真焉

懷素

懷素唐僧字藏真此帖稱王右軍云吾真書可比鍾繇而草故不減張僕以爲真不如鍾草不如張又嘗見其一帖云漢時張芝言書爲世所重非老僧莫入其體則

懷素自謂抗張芝而過右軍矣昔桓元自謂右軍之流論者以比孔琳之齊高帝謂張融曰卿書殊有骨力但恨無二王法荅曰非恨臣無二王法亦恨二王無臣法前世善書者未嘗欲與右軍抗衡矣而每不爲公論所許懷素此言其果然歟歐陽文忠公嘗謂法帖者乃魏晉時人施於家人朋友其逸筆餘興初非用意自然可喜後人乃弃百事而以學書爲事如一未至至於終老窮年疲弊精神而不以爲苦是真可歎也懷素之徒是已文忠此論可謂名言然天下之事畢竟亦何所有孰爲可學孰爲不可學者自古以藝自名家至於文章學術

大功大名世所謂不朽者其人方從事於其間也曷嘗不棄百事而爲之至於終老窮年疲弊精神而不以爲苦也由後世觀之其異於懷素之學草書也幾何邪

書晉賢圖後

此畫舊名晉賢圖有古衣冠十人惟一人舉杯欲飲其餘隱几杖策傾聽假寐讀書屬文了無霑醉之態龍眠李叔時見之曰此醉客圖也蓋以唐竇蒙畫評有毛惠遠醉客圖故以名之焉叔時善畫人所取信未幾轉相摹寫徧於都下皆曰此真醉客圖也非叔時疇能辨之獨譙郡張文潛與余以爲不然此畫晉賢宴居之狀非

醉客也叔時易其名出奇以眩俗耳余舊傳聞江南有一僧以貲得度未嘗誦經聞有書生欲苦之詣僧問曰上人亦嘗誦經否僧曰然生曰金剛經幾卷僧實不知卒爲所困即誣生曰君今日已醉不復可語請俟他日書生笑而去至夜僧從鄰房問知卷數詰旦生來僧大聲曰君今日乃可語耳豈不知金剛經一卷也生曰然則卷有幾分僧茫然瞪目熟視曰君又醉耶聞者莫不絕倒今圖中諸公了無醉態而橫被沉酒之名然後知昔所傳聞爲不謬矣雖然余懼叔時以余與文潛異論亦將以醉見名則余二人者將何以自解也叔時好古

君子其言宜不妄豈評此書時方在酩酊邪圖史昔洎子二人孰醉孰不醉當有能辨之者

書蘭亭敘後

序者晉右將軍會稽內史瑯琊王羲之逸少所書詩也右軍以穆帝永和九年三月三日與太原孫統丞孫綽興公廣漢王彬之道生陳郡謝安安石高平郗曇熙太原王蘊叔仁釋支遁道林及其子凝之徽之之等四十有一人修祓禊於山陰之蘭亭酒酣賦詩序用蠶繭紙鼠須筆書凡二十八行三百二十四字字有重者皆搆別體而之字最多至二十許字他日更書

數十本終無及者右軍亦自寶重留付子孫至七代孫智永爲比丘俗呼永禪師垂年傳其書於弟子辨才才俗姓袁氏梁司空昂之玄孫並居正觀中太宗銳意學二王書帖摹搨殆盡惟未得蘭亭凡三召辨才詰之固稱荐經喪亂亡失不知所在後遣監察御史蕭翼微服爲書生以詭辨才始得之命供奉搨書人趙模韓道政馮承素葛貞等四人各搨數本以賜皇太子諸王近臣貞觀二十三年高宗奉遺詔以蘭亭入昭陵惟趙模等所搨者傳於世事見何延之蘭亭記

淮海集卷第三十五

淮海集卷第三十六

秦觀少游

鮮于子駿行狀

公諱侁字子駿其先成湯之裔箕子封于朝鮮子仲食采於于爲鮮于氏世家漁陽唐初詔爲閬州刺史殁于官子孫家焉遂爲閬中人開元時仲通叔明節制兩川叔明以功賜姓李氏後復故姓於公十二世祖也曾祖演祖瓘皆不仕父至自號隱居先生爲蜀名儒以公贈金紫光禄大夫母趙氏追封安德郡太夫人公自少莊重不苟力學有文鄉黨異之年二十登景祐五年進士

科調京兆府櫟陽縣主簿到官數月丁外艱服除授江陵府右司理參軍慶曆中天下大旱有詔中外臣僚實封言事公上書推災變所興有四一曰言不從二曰廢咎僭三曰欲得不明四曰上下皆蔽言甚切直移歙州歙縣令歙俗喜訟善持吏長短吏稍繩以法輒得罪去公爲縣又嘗攝婺源其治皆爲諸邑最豪強畏之改著作佐郎知河南府伊闕縣事遷祕書丞通判黔州未行改通判綿州左綿遠郡自守將以下皆日課吏卒供薪炭芻豆蔬菓而贏取其直公到悉罷之守將已下語之亦罷其風遂絕清獻趙公使蜀首薦之朝轉屯田員

外郎賜五品服英宗初爲皇嗣公上疏言儲號未正措置未宜今皇嗣初定未聞選經術識慮之士以擁護羽翼之妙選賢德以爲宫僚陛下清躬小有寢食不順朝夕左右固惟婦寺頗復漢侍中之職令二府番休宿衛曹恩遷都官員外郎通判保安軍何公郯帥永興辟公簽書其節度判官廳公事改職方員外郎曹恩轉屯田郎中代還用三司使薦除蔡河撥發神宗初即位詔中外直言闕失公應詔言十六事其目曰納諫諍以輔德訪多士以圖治嚴法令以制世崇節儉以富民明黜陟以考實去貪暴以崇廉重臺諫以委任選監司以督姦閲守

宰以求治慎遷易以去弊重根本以圖固復選舉以澄源申武備以警姦治軍旅以除患謹邊防以重內練將帥以禦戎其末曰願陛下事兩宮以孝待大臣以禮待從知其邪正近習防其姦壬上愛其文出以示御史中丞滕元發曰此文不減王陶王陶東宮舊臣上所信重故以公擬之而陶亦以 相知嘗薦公明經術知治體切直不阿宜備顧問後爲三司使又奏爲其判官不從熙寧初有詔侍從之臣各舉所知范蜀公時爲翰林學士以應詔除利州路轉運判官執政有沮議者上曰鮮于某有文學執政曰陛下何以知之上曰有章疏在執政

乃不敢言王荊公用事公上疏言時政之失曰可爲憂
患者一可爲太息者二其它逆治體而起人心者不可
槩舉又曰陛下聰明過於文帝而群臣無賈生之才西
方議用兵公以兵將未擇關陝無年未宜輕動乃移書
勸安撫使宜如李牧守鴈門故事遠斥候謹烽火堅壁
清野使寇無所獲審戒諸路選將訓兵蓄鋭俟時須其
可擊而圖之安撫使不能用師果無功未幾慶州兵叛
關中震擾巴峽以西皆警戍都守與部使者爭議發兵
屯要處書檄旁午於塗公一皆止之示以無事蜀人遂
安公以劒門形勢之地當分權以制內外令帥劒南者

舉全蜀之權以畀之非便宜循唐制成都益昌各自置
帥以消姦雄窺伺之心書累上不報是時初作助役青
苗之法詔諸路監司各定所部役錢之數轉運使李瑜
欲以四十萬緡爲額公以利路民貧用二十萬緡足矣
與瑜論不合各具利害以聞上是公議謂判司農寺曾
布曰鮮于某所定利路役書可爲諸路法遂罷瑜而以
公爲轉運副使兼提舉常平農田水利差役事而青苗
之法獨久之不行執政怪焉亟遣吏問狀公曰詔書稱
願取即與利路之民無願取者豈可強與之邪歲滿有
旨再任及罷又留之轉都官郎中西京左藏庫使知利

州事周永懿貪暴不法刑使者憚其凶狡皆不敢問公具得其姦贓即遣吏就捕械送于獄永懿竟除名編管衡州初利州以兼益利路兵馬都監故事武臣爲守至是公上言乞堂選文臣知州事別置路分都監以懲永懿之弊又言劒門關葭萌寨使臣兼知縣事類多不習文法宜各置令專領邑事詔皆報可遂爲定制其他深計遠畫公私便之而人所不及者蓋不可悉數十餘年使者有欲變其法者父老泣曰老運使之法何可變也蓋公之猶子師中嘗使利路故民以老運使別之公奉使九年閬爲名郡方新法初行諸路騷動而公平心處之

鄉人無異議者今翰林蘇公以謂上不害法中不傷民下不廢親爲三難云移京東西路轉運副使過闕陛見面賜三品服還司封郎中時河決曹村梁楚之地被害公移檄諸郡具爲科條所以拯救之術甚備議者或謂決河東流入海自其本性宜勿復塞公曰東州平衍宛鄆單濟曹濮諸河其所歸納惟梁山張澤兩濼夏秋霖潦猶能爲害矧縱大河衝注於中則諸郡生聚其爲魚乎乃作議河一篇數千言上之又乞下澶州早行閉塞上皆嘉納初京東分東西兩路後以財用虛羸不相通和詔復合爲一路以公爲轉運使吏盡領其事召還賜對

勞問甚厚上欲留公京師而公固求守郡遂除知揚州
事官制行換朝請大夫未幾坐舉吏受賕免降爲朝散大
夫方在譴中又聞故吏以賕敗者或勸公宜懲前事自
陳公曰吾專刺舉十二年所任吏四百餘人寧盡保其
往耶然既已薦之於朝豈可反覆爲自全計卒不首也
復朝請大夫管句西京留守司御史臺公之在西京也
今樞密范公亦領臺事而司馬溫公提舉崇福宮三人
相得懽甚搢紳慕其游及二聖臨御圖任老成於是拜
溫公爲門下侍郎起范公帥環慶復除公爲京東轉運
使溫公曰子駿不當使外顧東土承使者聚斂之後民

不聊生煩子駿往救之耳比公行又謂所親曰福星往
矣安得百子駿布在天下乎公至則奏罷萊蕪利國監
鐵冶乞變鹽法依河北路通商遂句當公事之刻薄者
二人發濰州守姦贓東人大悅又言高麗朝貢可令瀕
海州郡爲禮不煩朝廷若其自欲商賈聽往閩越州麗
人無以辭矣召還爲太常少卿三省太常會議神宗配
享功臣或欲用王荆公吳正憲公者公曰富文忠公勳
德終始天下具知宜配食議遂定因上言本朝舊制配
享雖用二人宜如唐用郭子儀故事止用富公一人詔
從之元祐元年明堂禮畢拜左諫議大夫既拜命即以

辨邪正之說爲獻其言君子小人相爲消長之理甚備又言近歲人物衰少凡一官有缺差擬爲艱宜許六曹寺監長吏各舉僚屬嚴其論薦之法亦以見達官之所舉而執政大臣可以優游論道蓋宰相擇臺省長官臺省長官薦舉僚屬知人安民之道於斯爲得自保甲之法行民以藝能入等授班行者即爲官户免役時祥符縣至一鄉止有一户可差公言僥倖太甚宜依進納官例充役如故須其陞朝乃免有旨治諫官直廬不得與東西省相通以防漏泄公上言昔漢武帝嘗命文學之士遍宿禁中凡公府欲行之政俾之閱視辨論中外相應

以義理之大故文章爾雅訓詞深厚炳然與三代同風唐太宗臨御每遇宰相平章事必命諫官俱入少有頗失隨即箴規故正觀之治企及三代今乃屏置諫官使與兩省不相往還恐非朝廷開言路以副聖上納諫之義又劾大臣不宜輔郡者請加譴黜以示天下其餘乞復制舉分經義詩賦爲兩科以求人材罷大理獄以省事罷帳司檢法以省官嚴出官之法減特奏名人數以抑濫進再言京東鹽禁不便宜弛以利民許蔡河撥發綱制縣道以便程督罷戎瀘保甲以卹民力行浙中舊法以省漕運復三路義勇以寬保甲沙汰學官以熄異說

事多施行明年春以病不任朝謁乞郡數賜告不俞章三上乃拜集賢殿修撰知陳州事仍有旨滿歲除待制夏五月辛未終于州之寢享年六十有九累勳柱國賜爵清源縣男前數日語諸子曰吾心無不足者惟以不得歸老陽翟别著易説爲恨無它言公忠亮果斷出於天性自小官以至進擢數上書言天下事咸具利害移諫官御史其言或用或不用未嘗小加損益爲政以經術自輔所至有迹其去民追思之熙寧元豐之間士大夫鶩於功利喪其素守者多矣公雖屢更使指而屹然於新進少年之中號爲正人晚登侍從益厲鋒氣知無不

言在職九十餘日所言當世之務略盡嗚呼使公不疾
病且死得大用於時其勳業豈易量哉然公起諸生仕
爲諫官供奉仗内言聽計行天下受其賜比夫當軸處
中初無益於縣官者蓋得失相萬也由是言之雖病疾
且死弗克大用於時亦可以無憾矣喜推轂士士之游其門
者後皆知名治經術有師法論注多出於新意晚年爲詩遒
楚辭尤精泰山孫復嘗與公論春秋歎曰今世學經術未
有如公者蘇翰林讀公八詠自謂欲作而不可及讀公
九誦以謂有屈宋之風今天子賜之詔書亦以學足以
通古才足以御今智足以應變強足以守官深於經術

違於人情又曰金石之節皓首不衰則公之德善於是可考也所著文集二十卷傳二十卷周易聖斷七卷典說一卷治世讜言七卷諫垣奏稾二卷刀筆集三卷其餘未編次者尚多娶陳氏太常寺太祝藩之女恭儉婉嫕治家有法封某郡君前公一年終男五人復早卒頔河南府偃師縣尉群鳳州司法參軍綽假承務郎焯未仕皆有學行而頔尤自立士大夫多稱之女四人長早卒次適趙氏次適蒲氏皆前卒次適永安縣主簿張球孫男一人愻孫女二人公兩得任子恩皆以予兄之子故焯猶未仕凡嫁內外親族之女若干人諸孤將以其年

某月某日葬于潁昌府陽翟縣大儒鄉高村之原前期頔以書走汝陽請狀公之行義將乞銘於知公者某被遇最厚又嘗辱薦於朝義不敢辭輒加論次而公之行能謀議過人者甚多難以具舉取其可考不誣繫國家之大者著之以告夫當世之君子云

徐君主簿行狀

君徐氏諱其字成甫其先泰州興化人遠祖湘自興化徙揚州之高郵家焉湘生嗣嗣生亮亮於君曾祖也藏不仕祖元吉有厚德鄉人尊愛之終於高郵軍司理父格前通州司戶參軍矣軍右磊落豪縱不耐細務自言

璟之没事計多以委君家既右族金錢邸第甲於一鄉公私斂施交錯重復君操其綱維批賛補隙抉剔含負日縱月收市筭幺麽無所遺漏於是衆軍以爲能謂所親曰吾有子矣將不復與家事熙寧某年以入粟試將作監主簿又五年始至京師授潭州寧鄉主簿皆非其好也君事親至孝四時甘新未進不以輒嘗待昆弟族人一主於恩意叔父某爲不悅者所搆刺史惑之會有人誣君笞殺家奴刺史大怒以君屬吏諷并致其叔君曰罪緣某不繇叔也搒脅萬端不服獄吏嘉之爲請於刺史得脱友人以貧不能葬其親者君聞之曰是余過

也即爲買田出錢以辨喪事而友人之親得葬者五喪此其可見者也至於字親族之孤急交遊之難賴其施者甚衆而能諱不自言雖妻子有不得而知者矣雅性寬厚給使皂隸或時犯之殊不介意婚姻之事不幸至於甚難處者君指顧從容顏色不變而事以兩全繇此見其材智度量信有以過人者焉頗涉傳記陰陽醫藥算術之學無所不窺晚節尤厭人事思與佛處士杖屨相從蔬食清談爲忘年之計惜乎未及而卒矣實熙寧八年閏月十八日也享年四十一初娶張氏有賢德前君若干年卒更娶蔡氏節行益奇君病殆時至取毒藥自

後君二日卒於是又見所以行諸家者也子男五人
文通文仲文剛文饒文昌女三人曰文美文英文柔初
君好學問聚書幾萬卷欲舉進士而父祖不從乃歎曰
子當讀書女必嫁士人其後四子藝業蔚然有成而文
通尤自立又以文美妻余如其志云葬有日矣文通泣
謂余曰惟先人行義可貫諸幽明不幸以多貲之故士
大夫以嫌自戒者或不能究言諸孤良懼泯滅盡爲我
圖之余既相與泣下因撥其尤著白者爲行狀以俟夫
自信之君子考而誌焉

蔡氏夫人行狀

夫人姓蔡氏楚州山陽人故潭州寧鄉主簿徐君諱某之妻而守祕書省校書郎致仕諱中正之女也幼聰敏有才藝父母獨奇愛之異於他女年十四適同郡環生生故疾病成禮十六日而卒夫人雖幼居喪事舅姑孝謹如成人已而其舅又卒爲之斬衰蔬食誦佛經無復更嫁意於是其母與諸昆弟率親族數十人即環館奪之曰若十四而適人十六日而夫死爲夫之喪三年舅之喪又三年若爲人婦亦至矣又不欲更嫁無迺過乎且環父子俱亡嗣若雖欲守志將誰與居夫人悲哀迫不得已遂去環氏一年而歸徐君徐君高郵人號佳士所與遊

者皆一時之豪夫人既得賢夫所爲益進宗族甚重之俄而君病且殆夫人曰身踐二庭女子之屬也剡又如此生復何聊吾其決矣因不食潛使一媪市砒霜紿曰吾侍君疾將佩之以厭惡氣媪爲市與之遂以自服家人大驚亟求解藥以進夫人曰是豈復欲生耶趣使持去強之終不肯下徐君没二日而夫人亦卒矣卒之日里巷相傳皆歎曰異哉若人者豈前古所謂烈女者歟時熙寧八年閏月二十日也年三十九夫人性卓犖嶄嶄不爲兒女事既生大家而所適又皆富贍金繒服玩取足於身餘輒以散親族作佛事無一毫愛惜既死篋

中索然徐君前娶張氏妾生一女一男夫人所出才一女而已既撫諸子猶己之子又奉張母虞氏時節勞問如己母故其卒也諸子洎虞氏及余哭之如君玄仲兄繩亦以操行知名於時出殯自山陽屢來因得評夫人之舊事而并余之所見書焉

圓通禪師行狀

師諱懷賢字潛道俗姓何氏温州永嘉人也在襁褓中能合掌僧坐父母異之時郡之西山有僧嗣仁修西方白蓮淨觀行甚高衆歸之勤號嗣仁社主乃以師從社主出家天禧二年普度天下僧遂落髮受具戒時

四歲也師既得法器又幼得高僧爲之依歸藝行日進同輩無與比者有講肆輒往聽未幾盡傳其學及長慨然有游方之志即辭社主去遍參知識所至處延居上遊最後見達觀禪師曇穎於潤之因聖遂得其法皇祐初潤守王公琪雅聞師名乃具禮請傳法於甘露而太平之繁昌亦以隱靜召師以甘露近城邑而隱靜僻在深山中遂從太平繁昌之請開堂於郡之瑞竹院初師從瑞新禪師遊十有二年具知宗門承襲賓主之事自謂無以復加矣比至達觀會中聞所開示類皆世緣俗諦或雜以嵬瑣談諧之言又嘗以事斥一僧去每升堂

輙追罵至累日猶不已師心賾之乃潛詣丈室謂達觀曰爲人天師當只說法柰何預以世俗間事且僧有過斥去則已矣何足追罵至累日乎達觀領而不荅師因此省悟至是以信香嗣達觀法云居隱靜七年王公移守金陵復召師以清涼辭不赴明年達觀自明州雪竇徙金山之龍游州人乃以雪竇召師既行道過龍游留一月會達觀示寂潤州之衣冠緇素因以狀詣郡守請止師繼焉而龍游主者故事當禀於朝廷郡守以白部使者上之報可龍游自火災之後棟宇灰燼瑞新禪師實中興之功未既而卒師至修新公故事大興土木積公

年殿堂廊廡皆具今宮室之盛冠絕淮海者蓋始於新
而成於師然其地當孔道客至無虛日師頗厭之熙寧
元年遂謝去隱於金牛山去丹陽縣數十里人迹罕至
事委其徒覺澄主之師一切不問庭養倦鶴孔雀鸚鵡
白鷴皆就掌取食號五客各爲一詩贈之士大夫欲相見者
就山中訪焉三年劉公述謫守九江以圓通召師師素
聞匡廬山水之富常以未至爲恨得疏欣然從之題詩
壁間而其卒章云歲晚當期返竹門至圓通一年果謝
去復還金牛明州復以雪竇來請固以疾辭史館刁公
約謂師曰雪竇景東南名山明覺達觀嗣居其地二十年

間請者三至可謂勤矣今又一不赴無乃孤其望乎師素厚刁公心善其說遂登舟由海道去比轉海門遇大風卒起風檣摧敗夜漂至慈溪之東岸舟破從者百餘人皆散走師獨安坐水中不動從者還救之乃免居雪竇一年復謝去還金牛以元豐五年九月甲午示寂俗壽六十七僧臘六十三覺澄等即以其月丁未葬師于金牛之西壠累墳遂塔焉師操行卓越而遇人有恩意雖對賓客未嘗與衆異饌夜輒從衆僧寢于堂中不入丈室雅性樂施所得金錢繒帛率緣手盡其徒以此歸之又多才藝工於詩字畫有法間居絕口不掛事事雖交至

錯出處之晏然無不集者當時賢士大夫聞其風皆傾意願與之游始用參知政事高公若訥奏賜紫方袍又用節度使李公端愿奏賜號圓通大師凡十被請從之者四皆天下名山巨刹道化方行輒託事隱去州郡雖欲挽而留之不可得也弟子五十有五人所著詩頌文集凡五卷又撰次其自少至老出處之迹一篇號釋耄典記以自見云謹狀

録寶林事實

寶林禪院始於宋元徽中浮圖惠基得郡人皮道輿所施宅因山以造梁大同中賜號寶林寺唐會昌中廢乾

符中復興更號應天寺本朝因之其山一名寶林一名飛來一名龜山上有鰻井歲旱禱雨輒應事見圖記熙寧十年八月丙申一夕火棟宇灰燼十月給事中集賢修撰程公來領州事登其山故址而歎悼之於是郡之衣冠緇素數十人詣州自陳請修復故寺公爲具其事以聞逾月賜號寶林禪院遂以明年三月興工復率僚屬親至其上勸勞之衆皆感激思奮奔走承事下至刲摩塼石之技咸盡其能而貧富各以財力施其制蓋即山巔爲多寶塔塔有環屋其北爲羅漢殿殿旁如塔之制其南降而夷山腹爲法堂法堂之東爲寢堂又東爲

方丈又降而南得平地爲佛大殿殿有兩廡以達于東
西序前爲三門其左則鍾樓幡剎廚庫之所相望也其
右則轉輪經藏僧堂之所相屬也繚以高垣甃以方甓
未踰再朞而金石土木之觀侈於舊三倍都人士女俯
仰瞻歎疑有神鬼相之凡吳越之間塔廟以災廢者其
復未有如寶林之遽者也蓋越之城南左[illegible]數十里疾
馳屹立皆屬於秦望而秦望又率其左右之山因鑑水
謁于越越城之中能與秦望爲主客者凡三山卧龍寶
林蕺山也卧龍爲郡守所治而蕺山少東不能正受秦
望之謁是越之形勢自卧龍已下未有如寶林者其地

如此宜其廢不踰時而復興矣方寺之未火時便房曲道各自爲家山川之勝蔽虧隔閡者十六七而前世詞臣才士如元稹李紳徐浩之徒猶誦歎不已見於篇章矧今制度一新神工天巧廓然披露可以岸巾憑几而盡得之使數子而在其所誦歎又可知已然則前日之廢豈非所以爲今日之興乎公一日率賓客至其上顧謂觀曰寶林之中興天也余何力焉雖然不可使其事掩抑不少槩見於世前日賜號革爲十方集賢孫公既爲之記矣今棟宇盡新將乞文於集賢林公子亦與見善事者也盍摭厥實以請庶幾二集賢之文相與傳於

無窮不亦韙歟觀承　命掇其末學并公之意而紫之號

曰寶林事實以獻諸集賢云

代蔡州進銀絹狀

大鈞播物難酬块圠之恩墜露增流以致眇微之意前

件物山澤所寶箱篚攸資屬茲誕聖之辰式備充庭之貢

代蔡州進瑞麥圖狀

勘會本州自春已來屢得雨澤已於某月日具狀奏聞

訖今來二麥並已成熟地無高下所收斗斛數倍常年

及諸縣節次申送致麥苗有一莖二穗或三穗其多有

至五穗者　父老等皆云數十年來無此豐熟亦未

嘗見有麥苗一莖至數穗者以此見二聖臨御已來功化日新利興害去善氣充塞致此嘉應臣待罪郡守目覩其事不敢隱默謹畫成圖子一本隨狀上進以聞謹奏

代薦蔡奉議奏狀

竊以管下居住具位蔡駟少以文翰見推流輩仕官所至皆有能聲安貧守道恬於進取有士如此豈敢不言伏望聖朝特賜考察擢充臺省清要任使

淮海集卷第三十六

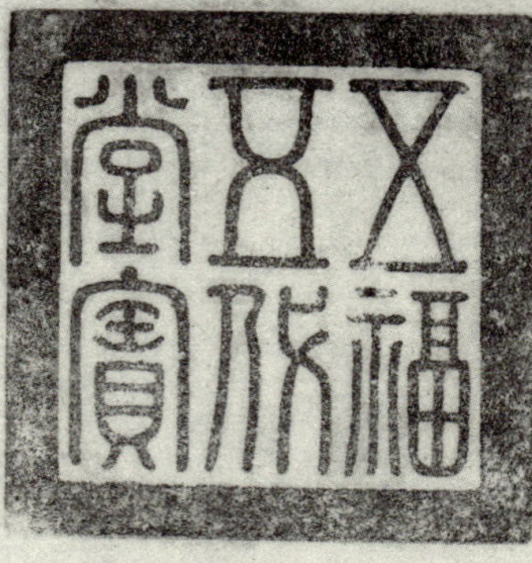
五福五代堂寶

八徵耄念之寶

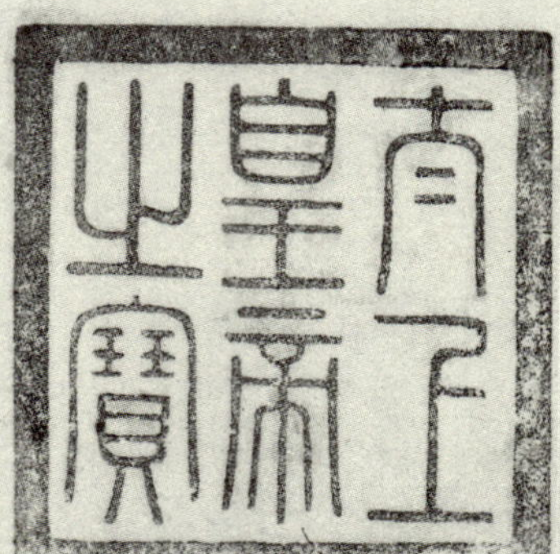
太上皇帝之寶

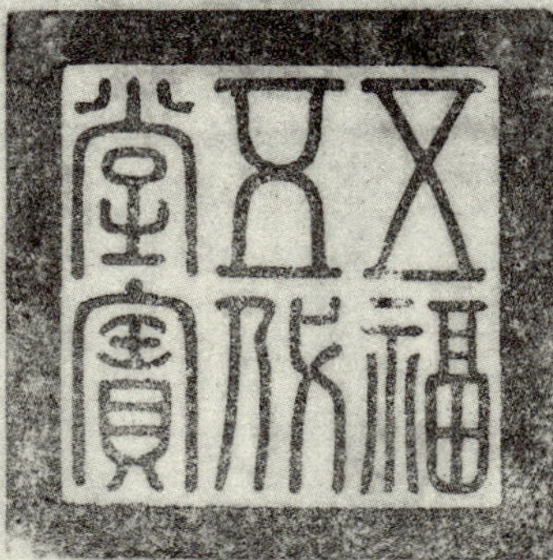
五福五代堂寶

八徵耄念之寶

太上皇帝之寶

淮海集卷第三十七　書

秦觀　少游

上王岐公論薦士書

門下相公閤下某淮海一介之士行能無取比汲汲焉惟犬馬之養是營釜鍾之禄是干行年三十有七矣而脂韋汨没德不加充學不加進可謂無以别於常人者豈復有意求知於搢紳先生之門哉此者先人之友喬君執事奉使吴越道過淮南具言常辱相公齒及名氏屬喬君喻意使進謁於門下夫布衣之賤獲見知於宰相此古人所以書亟上日掃門而求者也顧某之不肖

何以辱此幸甚幸甚然嘗聞之禍莫大於蔽賢福莫長於薦士漢武之大臣其功莫如衞霍其酷莫如張湯青去病之後侯失國除其傳不過一再而湯之子孫茅土相襲逮乎東京何哉一身之功過不足以易天下之利害故青去病受蔽賢之禍而湯獲薦士之福雖微二三子古之人其孰不然哉一沐三握髮一飯三吐哺起以待士猶恐失天下之賢人蓋其封於少昊之墟曲阜廟食者三十有四世其別封者又爲凡蔣邢茅胙祭之國夫周公之求賢豈有意於求福哉天之報施自當然耳矣惟相公輔先帝已來陰陽調和厤政具舉吏民効職奏

猶賁其度數聲名文物之盛粲然與唐虞同風逮承
顧命立今天子宗社至計定於從容已事鈌然若無所
與其功德可謂冠百辟而通神明矣當此之時雖持尊
養嚴却客踈士固於盛致未可云損然猶區區訪諏發
於至誠如某之不肖尚掛左右之餘論又況盛德尊行
魁奇儁偉之才乎誠推所以辱賜不肖之意思天下所謂
盛德尊行魁奇儁偉之才抱能而不試已用而未顯者
兼收並進之使朝野內外才能各當其分無一人失其
所者則相公雖不求於天天之所以報王氏之子孫者
當不下於周公矣惟相公察焉干冒鈞嚴俯伏惟命不宣

上呂晦叔書

五月日進士秦某謹再拜獻書知府大資閣下某聞天下之功成於器識來世之名立於學術古之大臣以道事君不可則止未始有意於功名然其器識學術博大而精微則功名歸然與時自至雖欲深閉固拒揮而去之不可得也昔漢昭宣之時霍光以宿衛之臣任漢室之寄大器將傾徐起而正之神色不變此其器識實有以過人者然操持國柄不知消息盈虛之運身死肉未及寒而宗族滅矣則學術不明之弊也其後順桓之間李固以一時名儒位居三事挽姦臣之吭而奪其氣此其學

術真有古之遺風然易舉輕發不能定大計於無形至爭以口舌申之書牘事固不就身亦隨之喪焉則器識不宏之弊也非特二子爲如此大抵西漢之士器識優於學術故多成功而名不足東漢之士學術優於器識故多令名而功不成夫君子以器爲車以識爲馬學術者所以御之耳西漢之士如環人之車駕以駃騠驅通道上峻阪無所不可然而日暮途遠倒行逆施者有焉東漢之士如豆泰氏持策攬轡圓旋中規方折中矩然而車弊馬羸轉薄於險阻之間則固已敗矣某狂妄嘗以此說推論歷世豪傑之士又以默觀當今之時而

搢紳先生有告某者以謂器足以任天下之重識足以致無窮之遠學足以探天人之賾術足以偶事物之變如古之所謂大臣非閤下不足以與於此又曰閤下之道如元氣行乎渾茫之中其發爲風霆雨露者特糟粕耳某時方食聞之投匕箸而起遂欲身從服役之後求備掃洒之列而困於無介紹莫獲自通竊伏淮海抱區區之願鈌然未厭者有年矣比者天幸閤下來守是邦而某丘墓之邑實隷麾下是以輒忘賤陋取其不腆之文録在異卷贄諸下執事又述甚願見之説爲書先焉

夫大冶無棄金大匋無棄土江海不却水王侯不遺士

某雖不能廉小謹曲以自託於鄉閭然古人所以處廢興而擇去就者竊嘗講其一二矣儻閤下不賜拒絕而辱收之請繼此以進千冒台嚴俯伏待命不宣

謝王學士書

史院學士閤下某愚不自揆竊嘗以謂衣冠而稱士者宜有以異於流俗而以古人自期故凡方冊所載簡牘所存不見則已苟有見焉未嘗不熟誦其文精覈其義縱觀其形勢而私擬其英華敝精神勞筋力不能自休已者十年於茲矣然志大而才不揜事左而身益困每觀今時偶變投隙之士操數寸之管書方尺之紙無不

拾取青紫爲宗族榮耀而已獨碌碌抱不售之器以自濵於飢寒鄉人憫其愚而笑之干祿少年至指以爲戒雖某亦自疑焉因討曰劒工之惑劒劒之似莫耶者惟歐冶能名其種玉工之眩玉玉之似碧蘆者惟猗頓不失其情夫宗工碩儒亦後進之歐冶猗頓也何重惜一見以質其胷中之疑乎於是試取其所爲文投執事而諸公見之乃大稱借以爲非世俗之所知復激勸之使卒其業故前輩諸公在東南者多得與之游焉然某之私意尚有所不滿者獨以未見閤下也前日復衣食所迫求試有司遂得進謁左右屬賓客盛集不獲薦其區

區方謀繼見而閤下固已得其鄙文於從游之間伏蒙
猥賜薦寵以爲可敎亦數諸公所云其於是自汶不疑
亦知前志之不謬俗議之不足卹而古人爲可信也古
之人有立行著書而舉世莫或知者猶業之如故以俟
後之君子況不至於是者耶天不爲人惡寒而輟其冬
地不爲人惡險而易其廣君子不以小人之匈匈而易
其行某雖不肖竊誦此久矣自擯棄以來尤自刻勵深
居簡出幾不與世人相通獨念昨出都時嘗閤下在告
私懷惓惓有所未畢適有西行之便故復略而陳之并以追
所爲詩文合七篇獻諸執事伏惟閤下道德文章爲一

時君子之所望鄙陋之迹固已獲進於前日矣宜更賜指教永導而木植之使駑駘蹇服知所趨向不繆於先進之迹亦君子樂育人材之義也惟深賜憐察幸甚幸甚

謝曾子開書

史院學士閣下某不肖竊伏下風之日久矣顧受性鄙陋又學習迂闊凡所辛苦而僅有之者率不與世合以故分甘委棄不敢輒欵於搢紳之門比者不意閣下於遊從之間得其鄙文而數稱之士大夫聞者莫不竊疑私怪以爲故嘗服役於左右而某未嘗一望閣下之履舄也竊觀今之士子挾冠大帶求試於有司殆五六千

人學宮儒館以教育自任者撫慮百數其因緣親故以爲介紹談說道真以爲贄獻善已詞令以干謁者俛理色以叩閽人冐汗忍恥僥倖人之己知者迹相仍袂相屬也然而得善遇者十無五六與之進而教誨者十無二三至於許之以國士之風借之以齒牙餘論者蓋百無一二焉其售愈急其價愈輕亦其勢之然也某與閤下非有父兄之契姻黨鄉縣之舊介紹不先贄納不前謁者未嘗知名閽人莫識其面而閤下獨見其骫骳之文以爲可教因曲推而過與之傳曰鳴聲相應仇偶相從人由意合物以類同嗚呼閤下之知某某之受知於閤

下可謂無愧乎今之人矣前日嘗一進謁於執事屬迫東下不獲繼見以盡所欲言旋觸閽罷遂無入都之期燕居閒處獨念無以謝盛意之萬一輒因西行之便略陳固陋并近所爲詩賦文記合七篇獻諸下執事伏惟閤下既推借之於其始宜成就之於其終數灌溉以茂其本根削垢翳以發其光明不間疏賤而教之以書使晚節末路獲列於士君子之林則某與閤下非特無愧於今之人又將無愧於古之人矣古語有去亭牛而不鹹敗所爲也此言雖小可以喻大惟閤下裁之

曾子開書

某頓首復書太虛足下某比過高郵始得足下姓名於所書舅氏埋銘中後遊金山遇參寥師愛其溫粹有文然未

知與足下善參寥至京久而復見自言與足下游最舊一日出足下所爲詩并雜文讀之其辭瓌瑋閎麗言近指遠有騷人之風且誦且歎欣然如獲明珠大璧雖德非隋侯識非卞和未敢謂能辨之然磊落奇怪動人耳目固已知其爲希世之寶矣他日以示一二同舍皆咨嗟愛玩然後信其真靈蛇之珠荆山之璞也方其時雖未識足下面而心亦已相親因其文而想見其爲人固知足下之爲也既而辱顧澈盧未及再見而行李已東繼辱枉書歷敘未嘗相求而相知之意以謂有古人之風此非固陋之所敢當雖然吾二人者皆與參寥游因參寥以相得雖異乎世俗之相求蓋所因者賢也又蒙示以詩賦文記七篇蓋見文章之富擴而充之何所不至此又區區竊望足下於他日也久欲以書敘萬一都城多故每以事奪足下既相期以古人之誼則踈數淹滯固未足道也即日且留里中或寓他郡春寒眠食佳否未獲晤對翹風馳情千萬

與喬希聖論黃連書

某比聞公以眼疾餌黃連至數十兩猶不已不知果然

否審如所聞殆不可也其頃年血氣未定頗好方術之說讀醫經數年嘗記釋者云服黄連苦參久而反熱甚以爲不然後乃信之蓋五味入胃各歸其所喜故酸先歸肝苦先歸心甘先歸脾辛先歸肺鹹先歸腎入肝則爲溫入心則爲熱入肺則爲清入腎則爲寒入脾則爲至陰而血氣兼之皆謂增其氣不已則臟氣有所偏勝有所偏勝則必有所偏絶黄連苦參性雖大寒然其味至苦入胃則先歸於心久而不已則心火之氣勝火勝則熱乃其理也眼疾之生本於肝之熱肝與心爲子母夫心爲子肝爲母心火也肝亦火也腎孫臟也人嘗患一水不勝二

火今病本于肝而久餌苦藥使心有所偏勝是所謂以火救火命之曰益多其不可亦明矣夫藥所以療疾其過也適所以為疾聞比初作時十已損其七八正宜節藥慎護飲食以俟其自平非如決疣潰癰可以忽然一朝去也輒具以進惟留意而聽之無忽

與鮮于學士書

昨蒙左右不以觀之不肖猥賜論薦以備著述之科假借過當伏增悚懼觀重惟結髮以來明公以先人之故比諸子弟而教誨之受性狂妄動取悔尤常恐一旦蒙擯絕則內傷先人之明上負門下之義死不瞑目敢圖

始終假借以及於此賜非望始榮幸寔深論報無緣愧懼滋甚韓退之與陳給事書云始之以日隔之疎加之以不專之望以不與者之心而聽忌者之説閤下之門由是無愈之跡矣觀之去門下于今七年明公自留臺表使京東入爲九列進拜諫議大夫供奉仗内士因緣介紹有候門墻希望明公一顧者有相摩跡相接也觀以聲聞過情深爲同進所忌閉關却掃罪惡日聞然則明公之門宜其無觀之迹矣而詔書比下明公首以觀充賦乃知君子之所爲自有常度豈以顯晦數疏而易其意哉汝南雖當孔道人事絶少風氣和平魚稻蔬果不减

於淮海士子亦樂於相從養親讀書之計極爲安便僅
創置之官居處什物之類百色皆無自供職已來干乞
營繕殆無須臾之閑久不獲進左右之問緣此故也伏
望垂悉幸甚
自承拜命即欲致左右之問屬守將驟易日迫賊事乃
爾後時皇恐無地議者謂今中書舍人皆以伯仲繼直
西垣前世以來未有其事誠國家之美非特衣冠之
盛也除書始下中外欣然舉酒相屬況如觀者自先舍
人已來獲備服役之列其爲慶慰何可勝言引領門仞
但有傾倒而已

婚書

蚤年擁彗嘗趨大丞相之門末路紬書實佐先翰林之事重以世母出於伯姜既事契之久彰宜婚姻之申結敬承佳命增慰夙心

淮海集卷第三十七

淮海集卷第三十八　記

秦觀　少游

御書手詔記

元豐元年八月詔以先臣某爲天章閣待制環慶路安撫經略使三年四月環州蕭遠寨慕家白子等剽屬羌構兵馬亂攻殺旁族先臣遣第二將張守約走馬承受陸中招降之誅其不聽命者於是羌族始定而亡入夏國者凡三百人復遣守約屯寨上檄夏人使歸其衆夏人承命震恐以其衆歸初慕羌之叛也附置以聞有詔得亡者無小大長少皆即其地斬之至是斬其酋豪百

二十有二人而録其觔從幼弱婦女百四十有二人請于朝詔旨原之旣又别賜手詔襃諭先臣跪捧伏讀感激涕下退謂臣等曰我本孤生蒙上識拔寵遇如此自度無以報萬一惟與汝曹共誓捐軀而已明年先臣下世臣等銜奉遺訓夙夜殞越念無以致區區者輒求金石具刻明詔以爲不朽之傳蓋亦先臣之念也昔唐相權德輿嘗讀太宗所賜手詔至流涕曰君臣之際迺爾耶臣以爲萬世之後當有讀明詔而感動復如德輿者矣豈特今日爲百執事之勸哉六年月日承務郎臣俞次皐記

五百羅漢圖記

五百羅漢圖一軸入定於龕中者一人蔭樹趺坐而說法者一人左右侍聽者八人說經者六人課經者六人課已而收經與誦而倚杖者各一人環坐指畫而議論者麈揮手杖支頤相嚮而談者各六人歸依寶塔者五人和南合座者六人稽首舍利光者八人飯餓鬼者四人食烏鳶者施魚鼈者各五人雲升者六人指現五色光者鉢現白光者泉涌於頂者火燃於踵者袒而洗耳金環手隨求而立者各一人受齋請者七人受龍女珠獻者六人受兩猊花獻者四人受往生花獻者七人受衣冠從三年謁者五人受胡

輸贐者七人受胡從兩槖駞而致琛者四人受海神跪寶者五人騎龍者跨虎者乘馬者象駕者獅子馭者各三人爲犀説法者一人後座者三人植錫而坐巨蟒上者一人背樹矚山鵲者六人注猱升者仰鳳集者閱麋鹿者各四人俛伏獅者翫舞鶴者各五人擷菡萏者一人從後者五人書蕉葉者五人持蕉葉而涉筆者二人焚香而茗飲者六人臨流而滌鉢者三人滌已而持歸者一人浣衣者就樹絞衣者浣已而歸者將浣而進者隔岸而覘者各一人洗屨者後洗而納屨者振衣而去者各一人削髮者爲削髮者沐而待者解衣者既解收衣者各一人補毳者二人

操刀尺者一人治綫者三人泉湧於石遠近而觀者十六人度石梁者三人欲度者四人行杖錫者二人導者二人賛者三人芒屩檐簦而歸者三人束裝而行者一人或坐或行或立跏趺款欠杖柱笠負數珠白綈山曲水隈塗觀而卒遇者十八輩合一百三十有三人或坐或行或立背僂觀憑欄楯據危迫險俛瞰仰睇直視轉盼側睨旁顧近相目遠相望者二十八輩合一百三十九人凡羅漢五百人而佛處其中焉佛之旁又有寶冠珠絡持如意執蓮花座猊象者菩薩二右袒徒跣曲拳和南而後侍者弟子十瞻賛而前謁者十六甲冑推髻

挺劍秉鉞立左右者善神二別三十有一焉又童子有抱經室主茶奩荷策持鉼典湯徹器凡十有六鬼有馭龍馭馬象受施食送齋書鱗身鳥咮衣短後隱樹而窺者凡十有四雜人物有白衣胡跪獻花香珍怪衣冠而謁驅牛以從載犀象挈龕而進被甲服弓矢愕而瞻歎者凡十有九鳥獸有鳳鶴鵲烏龍虎犀象師子馬牛橐駝蟠蟒戲猊猿猱大小四十有三然以羅漢爲主故號五百羅漢圖世傳吳僧法能之所作也筆畫雖不甚精絕而情韻風趣各有所得其綿密委曲可謂至矣昔戴逵常畫佛像而自隱於帳中人有所臧否輒竊聽而隨

改之積數年而就余意法能亦當研思若此然後可成非率然而爲之決也余家旣世崇佛氏又嘗覽韓文公畫記愛其善敘事該而不煩縟詳而有軌律讀其文恍然如即其畫心竊慕焉於是倣其遺意取羅漢佛之像而記之顧余文之陋豈能使人讀之如即其畫哉姑致敘之私意云爾元豐二年正月十五日弟子秦某記

雪齋記

雪齋者杭州法惠院言師所居室之東軒也始言師開此軒汲水以爲池累石以爲小山又灑粉於峯巒草木之上以象飛雪之集州倅太史蘇公過而愛之以爲事

雖類兒嬉而意趣湛妙有可以發人佳興者爲名曰雪
齋而去後四年公爲彭城復命郡從事畢君景儒篆其
名并自作詩以寄之於是雪齋之名浸有聞於時士大
夫喜幽尋而樂勝選者過杭而不至則以爲恨焉杭大州
也外帶濤江漲海之險内抱湖山竹林之勝其俗工巧
羞質朴而尚靡麗且事佛爲最勤故佛之宮室棊布於境
中者殆千有餘區其登覽宴遊之地不可勝計然獨不
至雪齋則人以爲恨何也蓋公之才豪於天下斥其棄
餘以爲詞章字畫者亦皆絕妙一時讀而翫之使人超
然有孤舉遠擢之意是齋雖褊小無足取稱於人而公

所書詩實在其壁士大夫過杭而不能一至其地以寫目焉是豈所謂喜幽尋而樂勝選者哉以爲恨焉宜矣昔李約得蕭子雲飛白大書蕭字持歸東洛遂號所寘亭爲蕭齋余謂後之君子將有聞雪齋之風不可得而見者矣豈特爲今日之貴耶言師名法言字無擇泊然蕭洒人也蓋能作雪齋從蘇太史遊則不問可知其爲人元豐三年四月十五日記

龍井記

龍井舊名龍泓距錢塘十里吴赤烏中方士葛洪嘗鍊丹於此事見圖記其地當西湖之西淛江之北風篁嶺

之上實深山亂石之中泉也每歲旱禱雨於他祠不獲則禱於此其禱輒應故相傳以爲有龍居之然泉者山之精氣所發也西湖深靚空闊納光景而涵煙霏菱芡荷花之所附麗龜魚鳥蟲之所依憑漫衍而不迫紆餘以成文陰晴之中各有奇態而不可以言盡也故岸湖之山多爲所誘而不克以爲泉澗江介於吳越之間一晝一夜濤頭自海而上者再疾擊而遠馳兕虎驟而風雨怒遇者摧當者壞乘高而望之使人毛髮盡立心掉而不禁故岸江之山多爲所脅而不暇以爲泉惟此山蟠幽而踞阻內無靡曼之誘以散越其精外無豪悍之

脇以虧踈其氣故嶺之左右大率多泉龍井其尤者也夫畜之深者發之遠其養也不竭則其施也無窮龍井之德蓋有至於是者則其爲神物之託也亦奚疑哉元豐二年辨才法師元靜自天竺謝講事退休於此山之壽聖院院去龍井一里凡山中之人有事於錢塘與游客之將至壽聖者皆取道井旁法師乃即其處爲亭又率其徒以浮屠法環而呪之庶幾有慰夫所謂龍者俄有大魚自泉中躍出觀者異焉然後知井之有龍不謬而其名由此益大聞於時是歲余自淮南如越省親過錢塘訪法師於山中法師策杖送余於風篁嶺之上指

龍井曰此泉之德至矣美如西湖不能淫之使遷壯如淛江不能威之使屈受天地之中資陰陽之和以養其源推其緒餘以澤於萬物雖古有道之士又何以加於此盍爲我記之余曰唯唯

龍井題名記

元豐二年中秋後一日余自吳興過杭東還會稽龍井辯才法師以書邀予入山比出郭已日夕航湖至普寧遇道人參寥問龍井所遣籃輿則曰以不時至去矣是夕天宇開霽林間月明可數毛髮遂棄舟從參寥杖策並湖而行出雷峯度南屏濯足于惠因澗入靈石塢得徑

支徑上風篁嶺憩龍井亭酌泉據石而飲之自普寧經佛寺十皆寂不聞人聲道旁廬舍或燈火隱顯草木深鬱流水激激悲鳴殆非人間有也行二鼓矣始至壽聖院謁辨才於潮音堂明日乃還

子瞻跋覽太虛題名皆余昔時遊行處閑月想之了然可數始予與辨才別五年乃自徐州還于湖至高郵見太虛參寥遂載與俱辨才聞余至欲扁舟相過以結夏未果太虛參寥又相與適越云秋盡當還而余倉卒去郡遂不復見明年余謫居黄州辨才參寥遣人致問且以題名相示時去中秋不十日秋潦方漲水面十里月出房心間風露浩然所居去江無十步獨與兒子邁棹小舟至赤壁西望武昌山谷喬木蒼然雲濤際天因録以寄參寥使以示辨才有便至高郵亦可以寄太虛也元豐三年八月六日記

聞軒記

建安之北有山巋然與州治相直曰北山山之南有澗

澗之南有橫阜背山而面阜據澗之北濱有屋數十楹

則東海徐君大正燕居之地也其名曰閒軒去軒數十

里有田可以給饘粥供絲麻賓婚燕祭之用取具君將

歸而老焉而求記於高郵秦觀觀曰士累於進退久矣

弁冕端委於廟堂之上者倦而不知歸披莽蒼而佃樸

清泠而漁者閒距而不肯試二者皆有累焉君雖少舉

進士而便馬善射慷慨有氣略天下奇男子也夫以精

悍之姿遇休明之時齒髮未衰足以任事而欲就閒曠

處幽隱分猓狖之居廁麋鹿之遊竊為君不取也乃竊

詞以招之曰山之雲兮油然作水循瀰兮號不歇雲爲雨兮水爲瀆時不淹兮難驟得念夫君兮武且力矢奔星兮弧撓月夜參半兮投袂起探虎穴兮虜其子破千金兮購奇服撫劒馬兮氣橫出山之中兮歲將闌木槮枝兮水驚湍鷹隼擊兮蛟龍蟠熊咆虎嘯兮天爲寒四無人兮誰與言膏君車兮秣君馬軒之中兮不可以久閒

芝室記

河南張倪老既以其父宣義君命奉其母彭城君之喪殯于廣陵石塔佛舍遂與其弟晏老冲老廬於殯側數月有芝生于廬中余聞而謁觀焉蓋附土而出者數本

其色正赤澤而堅悍若傳縣形余撫而歎曰天下之物固有未易詰其所以然者夫濡雨露而生被霜雪而死下萎而上蔓者草之常性也今芝亦草耳而孝士大夫之家則生賢諸侯之國則生明天子之世則生徒之不可蒔之不能豈所謂未易詰其所以然者歟有浮屠閒而笑之曰是不然天下之物皆吾心也心之本體明白空洞竇無一毫可得而有惟其覺真蔽於塵幻由是清激而外者爲想濁汚而墮者爲情夫情想之於心猶珠鑑之有影像江海之有浪漚形固具存非其本矣故無窮如虛空有物如天地覆載日月斗星金石草木之屬

成悅可於吾心意者皆善想之所變而憎惡於吾耳目者皆惡情之所生也吾聞彭城君承其先夫人之凶五日而以毀死諸子廬於殯側刺血書經哀動道路善想交感室爲生芝異於凡草理固然矣其又奚疑若夫善惡畢寂情想究空芝之於此時瑞爲何物已而歎曰奇哉吾不能以告子矣余未嘗讀佛書固不知所論中否然竊怪其語宏博瓌奇有足觀者明年張氏兄弟服除而歸廣陵士大夫因號其廬曰芝室懼來者之不知也而囑余爲記余既論次其事遂追跡浮屠之語而并載之倪老名康伯以名試中選今爲南都教授晏老名康孫

前參海陵軍沖老名康道云

祖氏先塋芝記

大夫祖公無頗自西蜀使者得請以崇福祠官燕居于蔡將還朝謂高郵秦觀曰祖氏本幽州之范陽晉將軍逖實我遠祖其後稍徙深州至道間始來居蔡今汝陽縣陽安鄉十里岡之源則我先府君之墓也元豐初有芝數十本產于塋中其後歲歲有之迨今不絕夫豈一氣之運偶然感發莫詰其所以然耶抑天時人事之際或有以致之也子其爲我記之觀曰草之有芝猶鳥之有鳳獸之有麟從古相傳以爲瑞物今乃歲生於先塋

之中者殆汝南和氣之應祖氏方大之祥其非偶然邪
也何以明之汝南在漢爲佳郡陳蕃黄憲二許諸袁之
徒實皆郡人俗尚風節輕勢利士不守道則妻妾恥之
故天下號汝南爲名士之區迨唐之世始建彰義節度
使屯宿重兵而李希烈吴元濟秦宗權之屬盜有其地
王澤不流民眊無知父以弄兵詔子兄以殺人誨弟故天
下號淮西爲盜賊之藪皇朝受命定都大梁蔡去京師七
驛遂爲輔郡百餘年間良二千石接武而至興學校修
貢舉以宣布教化而盛德尊行魁奇俊偉之才相繼出
焉蓋唐之舊俗浸微而漢之遺風復起當此之時祖氏

一門顯者數人府君之冲弟士衡掌誥掖垣從子無擇通籍内閣大夫踐更中外爲省名郎作時膚使行且登用諸子森然多有植立其慶未艾也由是言之芝爲汝南和氣之應　方大之祥豈不信然昔新豐市李興廬于父之墓　紫芝白芝二本生於廬上柳宗元以爲孝治神化陰中其心克致斯事矧今芝之出於股肱之郡侍從之家也哉宜得一時文學之士比物屬辭歸美於上度爲樂歌薦之郊廟追配元封齋房之篇觀也何足以與於此姑承大夫之命論次其事以備作者採擇而已府君諱士龍字德讓云元祐八年四月吉記

羅君生祠堂記

羅君之爲江都以誠心爲主恥言鈎距惠文之事凡民
有訟曲直徑決於前不以屬吏詿誤若小過輒誨諭遣
去視鰥寡孤獨之有失其所者如己致焉黎明視事入
夜猶不已或譏其太勞君曰與其委成於吏民有不盡
之情孰若勞人之耳目哉居數月政化大行民知其長
者不忍欺紿之訟者益少君乃出行諸郊所過召其耆
老問以疾苦及所願欲而不得者爲罷行之始復大石
湖改名元豐廣袤數百步溉田千有餘頃是歲大穰畝
收皆倍於是遠近自陳願復陂塘溝渠之利者相屬君

一切聽許親至其地與之經始築大堤以却潮之患蹟潦水而注諸江凡水利之興復者五十有五漑田六千頃而桑之以課種者亦八十五萬有奇徙其治於東南爽塏之地爲屋數百楹以其嬴材新驛堠亭館之在境者又頗出私錢營致藥劑以給疾病之民所瘉者不可勝計歲或乾溢有禱群祠雨暘輒應如響世益爲神其享之歲滿代去其民思之不日乃聚而謀曰我民之德羅君至矣顧無以自效聞古有召伯者善治民民追思之至不忍伐其所憩之棠又有謝公者亦其流也嘗於新城北築埭後人因名其埭曰召埭今埭實在江都之

其境盡卽其地堂者繪君之像而祠之以慰吾民且曰使羅君之名與召謝共傳而不朽不亦可乎衆曰善於是卽召伯之東法華佛寺置生祠焉羅君名適字正之台州寧海人學術有本末通於世務風節凛然國士也嘗再被召見皆以不合罷歸其蒞官行己所可書者甚有書在江都者以爲生詞記云

勑書獎諭記

元祐二年夏五月詔以臣某知蔡州軍州事三年春盜發陳蔡潁之間甲而兵者四十餘人皆慓悍善鬬其渠魁頗能拊衆得其死力每劫大姓之家獨取金幣斥其

錢粟以子小民小民德之樂爲囊槖通行飲食捕盜官以故稀復遇間遇之又輒爲所敗俄轉入淮南界光壽都巡檢使與戰不勝其子死之奪仙居縣尉朱記吏卒死傷甚衆既而引還陳許蔡潁之間復擾於是有旨合京西南北部使者督捕移檄將官於京東募弓箭手騎兵於渭州增立賞格得其渠魁者官三班借職錢六千萬餘黨一人錢四十萬是時諸路捕盜官相望者十餘屯無晝夜不解甲而賊衆詭閃出没如神終莫能得臣既陰布耳目察其所在又預募將兵以備掩擊會諜知其區處而諸將皆遠不可遽召於是今權節度推官翟元衡統所募

兵夜從間道去果遇賊於高佐之北斬其渠魁并其衆等六級梟於市元衡又與諸捕盜官圍殘黨於李曲燬其衆遯免者以次皆擒或自相屠殺棄屍於水中獲仙居縣尉朱記前後斬首凡三十四級生得者六人獲鎧甲旗幟仗械二百二十有七是時渭州弓箭手騎兵猶未至奏却於途諸捕盜官各解去而陳蔡潁之間安堵矣四年六月蒙恩賜勑書獎諭臣竊惟二聖臨御以來神功聖化鼓動海內陰陽調和菑害絕息臣於此時幸緣肺腑備位郡守偶因薄効遽賜褒嘉承命震驚榮懼交至敢憑金石具刻明詔傳示無窮又論次其事而并

載之元祐四年六月二十八日臣向宗回記

遊湯泉記

漳南道人昭慶隱湯泉山之八月集賢孫公謂其游曰漳南去幾時已甚久且聞其所寓富山水盍往訪焉於是余與道人參寥請從之具鞍馬戒徒御翼日出高郵西郭門馳六十里宿神居山之悟空寺神居高不踰三四引而股趾盤薄甚大旁占數墟俗呼土山或曰昔老姥煉丹於此功成仙去今寺有石藥臼者乃其遺物也又馳四十里宿黃公店從者以雨告止焉又馳六十里次六合館壽聖寺之香積院院有厖眉老僧主之應客

淡然若無意於世者與之言心二又其貌盖有道者也又馳七十里次真相院明日漳南來逆相勞苦如平生歡遂與俱行馳二十五里至湯泉館惠濟院院則漳南之所寓也景申遂浴於湯泉之墟西惠濟二百步周袤不踰一成有泉五一曰太子湯舊傳梁昭明所遊今廢於野一在居民朱氏家其三則隸于惠濟而惠濟三泉旁皆甃石爲八方斛竅其兩崖一以受虛一以泄滿泉輸其中晨夜不絕其色深碧沸白香氣襲人爬搔委頓之病浴之輒愈贏粮自遠而至者無虛時劉夢得和州記云地有沸井即此泉也噫泉之爲湯者衆矣彼汝水驪

山嘗爲乘輿後宮之所臨幸方其盛時綺疏璇闕文魚
龍飛動眩人目睛勢徂事變鹿豕得而辱焉其僻昧
不聞於世者又皆蔽於叢薄堙於土塗抱清懷潔歷千
百年莫或稍試於用二者皆有恨焉獨是泉出無冗滿
之累其仁足以及物豈所謂無出而陽無入而藏柴立
乎其中央者歟余三人者既嘉泉之近於道又貪其有
功於塵垢疾病也日不一至再日必至焉率以爲常越
三日烏江令閻求仁來求仁余鄉友也遂與俱行東南
馳八里至龍洞山下棄馬而徒步山形斗起蒙籠曲道尤
艱登捫蘿進者五里然後至其山椒是日風曀望建業距

山蟠龍踞虎之狀皆依約而得之自山椒轉而西南盤紆徑復又二里而至龍洞其上巄嵸峯岑不可窮竟門則大穴也漸下十數丈窅然深黑日光所不及揭炬然後可行腹中空豁可儲粟數萬斛屛以青壁而泉嚙其趾盩以乳石而鼠冢其竇仰而視之或突然徼岸而出若有恃者或侵尋而却若有畏者雲撓而鳥企阜口呀而齗齶露其㕧牙橫遌卒愕之變疑生於鬼神雖智者造謀而巧者述之未必能爾也惜乎閟於禽龍巖敻絕人迹罕至之地世莫得而窺焉夫豈負天下之奇勝者固不欲售其伎必待夫至誠篤好之士然後與之接耶或

曰洞有小蛇青色而赤章旱歲禱雨多應玄景夕還惠
濟惠濟有庵二一在太子泉南百步崦中隱者陳生居
之一未構基在院西六十步大丘之原丘勢坡陁前有
小澗涓涓而流藩以齊篠閣以雙松每泠風自遠而至
泛篠薄激松梢度流水其音嘈然如奏笙籟異響而望
自定山轉而西服光晷薄星辰亘二百里迆馳而矗立
妬危而恬壯分秀而取奇各挾其伎以効履舄之下孫
公愛其地勝欲寄以老焉因請名曰寄老庵相率作詩
以約之明年庵成發二奇石於雙松之下形勢益振於
是環山數百里嘗以遊觀名者還延辭避推寄老〻爲勝

庵之成久矣其地迫遽無流水非枯槁自謀之士莫能居之故蔑有聞者是庵始基巳爲賢士大夫所矚及哉遂以眺望浮游之勝甲於一方物之興固自有時也哉湯泉之事既窮余又獨從參寥西馳七十里入烏江遂求仁謁項羽祠飲繫馬松下憑大江以望三山憩于虛樂亭復還惠濟翌日乃歸蓋自高郵距烏江三百二十五里凡經佛寺四神祠一山水之勝者二得詩三十首賦一篇至於山林雲物之變溪瀨潺湲之音故墟荒落晨汲暝舂之狀悠然與耳目謀而適然與心遇者蓋不可勝計嗚戲茲游之所得可謂富矣明年漳南自湯泉來

會于高郵追敘去年登臨之美且歎日月之逮盛遊之
難再也因撰次之以備湯泉故事時與同好者覽之以
自擇焉熙寧十年九月記

淮海集卷第三十八

淮海集卷第三十九

秦觀　少游

俞紫芝字序

余昔游玉笥山周行二十四峯訪蕭子雲故隱遂見靈芝爲生乎磐石之上回環而有葉秀澤而不根信天下之異草也竊愛久之留不能去俄有童子朱顔紺髮自松陰中距石輒止撫芝嘆曰嘻道人無本其亦如是矣余異而問曰適吾子有緒言不敏未知所謂願終其說童子笑曰子求終乎終之久矣以爲未耶没身無終雖然嘗試爲汝言其崖略夫德人以有本爲宗道人以無

本爲宗天下皆知有物所以失己也不知有己所以失己也而德人知之於是内觀無是外觀無彼無是故能以己爲物無彼故能以物爲己己物不二謂之真一夫是謂以有本爲宗天下皆知有僞所以喪真也不知有真所以喪真也而道人知之於是前際無捨後際無取無捨故不斷一切僞無取故不住一切真真僞兩忘乃無真一夫是之謂以無本爲宗蓋非有本則不能離相而歸空非無本則不能即空而證實有本然後明心無本然後見性夫子識之人間所謂道德者固不出乎此矣雖然有本無本吾豈能識之哉語未既有老人復蘇

果自松陰中來顧謂童子曰適何所這童子欲語老人引杖擊之童子走松陰忽然不見還視老人亦以亡矣於是余茫然自失私識其言後九年游京師遇金華居士俞紫芝請余改字因思昔日玉笥童子之言字曰無本復以其說爲序贈焉

曹虢州詩序

虢爲州在關陝之閒其地不當孔道無穪使過客之勞刺史之宅有水池竹林其樂可以忘老故自唐以來號爲佳郡朝之士大夫樂靜退者多願往焉元和中劉使君作三堂新題二十一章昌黎韓文公爲屬和於是亭

臺島渚之勝天下稱之譙國曹子方比自尚書郎出守
玆郡左丞相汲郡呂公引昌黎故事送之以詩子方至
陝右以書抵余曰待罪司勳初無裨補疾病求去丞相
不加譴假以一州幸矣又賜詞詩以寵祺幸孰甚焉且
其卒章之意欲因其以警來者將摹刻於三堂之上其
爲我序之余曰木不能飛空託太山則干青雲人不能
蹈水附樓航則絕大海自唐迄今守號者多矣而劉史
君獨傳於世者非以昌黎文公故耶今得丞相之詩則
曹劉二使君皆當傳於不朽知號之亭臺島渚將益顯
於天下朝之卿大夫願往者又加多也余未嘗至號稿

誦丞相之詩已若幅巾杖屨從子方於水竹之間子方守號之樂爲可知也然士大夫皆謂子方賢者宜同樂於天下不當獨樂於號子方盍專精神近藥物亟還天朝以慰士大夫之論毋爲水池竹林之所留世傳曰懷與安實敗名子方其慎之

逆旅集序

余閒居有所聞輒書記之既盈編軸因次爲若干卷題曰逆旅集蓋以其智愚好醜無所不存彼皆隨至隨往適相遇於一時竟亦不能久其留也或曰吾聞君子言欲純事書欲純理詳於誌常而略於紀異今子所集雖

有先王之餘論周孔之遺言而浮屠老子卜醫夢幻神仙鬼物之說猥雜於其間是否莫之分也信誕莫之質也常者不加詳而異者不加略也無適與所謂君子之書言者異乎余笑之曰鳥棲不擇山林唯其木而已魚游不擇江湖唯其水而已彼計事而處簡物而言竊竊然去彼取此者搢紳先生之事也僕野人也擁腫是師懈怠是習仰不知雅言之可愛俯不知俗論之可卑偶有所聞則隨而記之耳又安知其純與駮耶然觀今世人謂其言是則矍然改容謂其言信則適然以喜而終身未嘗信也則又安知彼之純不為駮而吾之駮不為

純乎且萬物歷歷同歸一隙衆言嘵嘵歸于一源吾黨與之沉與之浮欲有取捨而不可得何暇是否信誕之擇哉予往矣客去遂以爲序

揚州集序

揚州集者大夫鮮于公領州事之二年始命教授馬君希孟採諸家之集而次之又搜訪於境內簡編碑板亡缺之餘凡得古律詩洎箴賦合二百二篇勒爲三卷號揚州集云按禹貢曰淮海惟揚州彭蠡既豬三江既入震澤底定而周禮職方氏亦稱東南曰揚州其山鎮曰會稽其澤藪曰具區川曰三江浸曰五湖則三代以前

所謂揚州者西北劇淮東南距海江湖之間盡其地自漢巳來既置刺史於是稱揚州者往往指其刺史所治而巳蓋西漢刺史無常治東漢治歷陽或徙壽春又徙曲阿魏亦治壽春或徙合肥吳治建業西晉後魏後周皆因魏東晉宋齊梁陳皆因吳惟宋常以建業爲王畿而東揚州爲揚州東揚州者會稽也隋以後皆治廣陵繇是言之凡稱揚州者東漢指歷陽或壽春或曲阿中原自魏至周指壽春或合肥江左自吳至陳指建業或會稽隋唐五代乃指廣陵廣陵在二漢時嘗爲吳國江都國廣陵郡宋爲南兖州北齊爲東廣州後周爲吳州唐

初亦爲邗州其爲揚州自隋始也繇是言之凡稱吴國江都廣陵南兖東廣吴州邗州者皆今之揚州也此集之作自魏文帝詩已下在當時雖非揚州而實今之廣陵者皆取之其非廣陵而當時爲揚州者皆不復取至揚子雲箴本約禹貢爲辭則廣陵自在其中固不得而不録也既成公又屬某推表廢興遷徙之跡而究其端使夫覽之者有攷焉

會稽唱和詩序

給事中集賢殿修撰廣平程公守越之二年南陽趙公自杭以太子少保致仕道越以歸南陽公與廣平公其

登進士第也爲同年其守浙東西也爲鄰國又皆喜登臨樂吟賦故其雅好視遊從中爲厚而山川覽矚之美酬獻之娛一皆寓之於詩舊所唱和多矣集賢林公旣爲之序而道于越也復得二十有二篇東南衣冠爭誦傳之號爲盛事以後見爲恥或曰昔之業詩者必奇探遠取然後得名於時今二公之詩平夷渾厚不事才巧而爲世貴重如此何邪竊嘗以爲激者辭溢夸者辭淫事謬則語難理誣則氣索人之情也二公內無所激外無所夸其事核其理富故語與氣俱足不待繁於刻劃之功而固已過人遠矣鮑昭曰謝康樂詩如初發芙蓉

自然可愛蓋如其言也某既以獲覩盛德之事爲幸因手寫二十二篇之詩以遺越人使鑱諸石又述其所以然者發其端云

懷樂安蔣公唱和詩序

會稽之爲鎮舊矣豈惟山川形勢之盛實控扼於東南哉其勝遊珍觀相望乎楓栟竹箭之上枕帶乎藻荇芙蕖之濱可以從事雲月優遊而忘年者殆亦非他州所及而卧龍山鑑湖尤爲一郡佳處蓋府第之所占城堞樓雉之所憑非若窮崖絶壑遊鹿豕而家魚龍不可與民同樂者也前太守貳卿樂安蔣公嘗以山富草木樵

蘇所采爲令於公府止之湖地沃衍田於豪家奪爲表於朝廷復之又廢山西淫祠分湖之別派覆以締構爲流觴曲水以追永和故事於是湖山自然之觀始深窈空明不復爲人力所敗闌山水閣棹歌之詩至今稱焉熙寧十年廣平程公以給事中集賢殿修撰來領州事覽其遺迹而歎曰此前賢所以遺後來也使予無一日之雅猶當奉以周旋況嘗被其知遇乎乃述樂安之志手植松千餘章於卧龍山之上狂枝惡蔓斬薙以時秀甲珍牙無得輒取每春秋佳日開池籞具舟艦與民共遊而樂之復爲詩以紀其事元老名儒屬而和者凡六人

而樂安之從子金部預焉公素以詩名天下其所述作必有深屬遠寄不獨事章句而已瞿公曰一死一生乃見交情時樂安之没幾三十年而公想像風流眷眷不忘如此然則是詩之作也豈特與山水俱傳而不朽哉聞其風者可以興矣

送錢秀才序

去年夏余始與錢節過於京師一見握手相狎侮不顧忌諱如平生故人余所泊第節數辰輒一來就語笑終日去或遂與俱出遨遊飲食而歸或闕然不見至數浹日莫卜所詣大衢支徑卒相覯逢輒挽焉索酒不肯已

因登樓縱飲狂醉各馳驢去亦不相辭謝異日復然率以爲常至秋余先浮汴絶淮以歸後踰月而節亦出都矣於是復會於高郵高郵余鄉也而邑令適節之僚壻爲留數十日余既以所學迂闊不售於世鄉人多笑之恥與遊而余亦不願見也因閉門却掃日以文史自娛其不忍遽絶而時過之者惟道人參寥東海徐子思兄弟數人而已節聞而心慕之數人者來節每偕焉循陋巷款小扉叱奴使通即自褫帶坐南軒下余出見之相與論詩書講字畫若飲奕碁或至夜艾而絶口未嘗一言及曩時事也於是余始奇節能同余弛張而節亦浸

知余非脂韋汨没之人矣客聞而笑之曰子二人者昔日浩歌劇飲白眼視禮法士一燕費十餘萬錢何縱也今者室居而輿出非澹泊之事不治掩抑若處子又何拘也罔兩問景曰曩子坐今子起曩子行今子止何其無特操歟子二人之謂矣余對曰吾二人者信景也宜乎子之問也嘗爲若語其凡夫思慮可以求索視聽可以聞見而操履可以殆及者皆物也歌酒之娛文字之樂等物而已矣固何足以殊觀哉漁父有云滄浪之水清兮可以濯我纓滄浪之水濁兮可以濯我足夫清濁因水而不在物拘縱因時而不在己余病弗能久矣不

意偶似之也而復何苦竊竊焉隨余而隘之哉客無以應一日節曰我補官嘉禾今期至當行矣盍有詩以爲送乎此懶賦詩又重逆其意因敘遊從本末之迹并以解嘲之詞贈焉節吳越文穆王之苗裔翰林之孫起居之子倜儻好事有父祖風云

王定國注論語序

元豐二年眉陽蘇公用御史言文涉謗訕屬吏獄具天子薄其罪責爲黃州團練副使於是梁國張公涑水司馬公等三十六人素厚善眉陽得其文不以告皆罰金而太原王定國獨謫監賓州鹽稅定國相家子少知名一朝

坐交遊斥海上人皆意其日飲無度不復以筆硯爲職矣而定國至瀕益自刻勵晨起入局視鹽稅之事唯謹退則窮經著書或賦詩自娛非疾病未嘗輒不廢七年罷還詣東上閤門奏書曰臣無狀幸緣先臣之故獲齒仕版不能慎事陷于罪戾念無以自贖間因職事之暇妄以所見注成論語十卷未敢以進唯陛下哀之明日詔御藥院取其書去未幾而神宗棄天下嗚呼自熙寧初王氏父子以經術得幸下其說於太學凡置博士試諸生皆以新意從事不合者黜罷之而諸儒之論學矣定國於持處放逐之中學東瘴癘之地乃能自信不

惑論著成一家之言至天子聞之取其書非其氣過之何以及此傳曰天不爲人之惡寒而輟其冬地不爲人之惡險而輟其廣君子不爲小人之匈匈而易其行於斯言可信余比多事未捷請觀其書而定國乃以副本來囑予爲序顧余文之陋豈能發定國之所蘊乎始援其大槩使夫覺之者知定國著書之時爲如此又知神宗嚮經術亦非主於一家而已

集瑞圖序

熙寧九年燕國邵齊文與諸弟持其先君之喪於宜興數月有雙瓜生于後圃後二年又生紫芝三雙桃雙蓮各

凡六物於是鄉之耆老聞而歎曰邵氏其興乎宜
其瑞之多也舜文因集六物者而圖之號集瑞圖云余
謂萬物皆天地之委和而瑞物者又至和之所委也至
和之氣磅礴絪縕而不已則必發見於天地之間其精
者蓋已爲盛德爲尊行爲豪傑之材其浮沉而下上者
則又爲景星卿雲甘露時雨醴泉芝草連理之木同穎
之禾而棲翔遊息乎其中者則又爲鳳凰麒麟神馬靈
龜之屬曄乎光景色象之異也藹乎華實臭味之殊也
卓乎形聲文章之無與及也於是世指以爲瑞焉繇是
言之世之所謂瑞者乃盛德尊行魁奇之才所鍾和氣

之餘者耳邵氏之祖考既以潛德隱行見推鄉閭至孫文彥瞻端仁又以文學收科第弟兄相繼有聞於時而諸子森然皆列於英俊之域則是至和之氣鍾於其家久矣宜其餘者發爲草木之瑞也昔楊寶得王母使者白環四枚而寶生震震生秉秉生賜賜生彪凡四世爲三公以往推今即邵氏六物之瑞豈徒生而已夫蓋有應之者矣

送馮梓州序

上即位之明年有詔侍從之官各舉部使者二人故龍圖閣直學士滕公與二三耆老皆以馮侯叔明應詔即

嘗除陝西路提點刑獄公事觀嘗問於滕公曰馮侯何如人公曰有守君子也觀曰何以知之公曰昔高平范公之帥環慶也環將种古以寧守史籍變其勲羌獄上書訟冤且言高平公不法者七事朝廷疑之即寧州置獄而馮侯以御史推直實奉詔往訊是時高平公坐言事去執政有惡之者欲中以危法久矣此獄之起人皆爲懼及馮侯召對神宗曰帥臣不法萬一有之恐誤邊事然范純仁有時名卿宜審治所以遣使者政恐有差誤耳即賜緋衣銀魚馮侯拜賜出執政謂曰上怒慶帥甚君其慎之馮侯曰上意亦無他因誦所聞德音執政

不悦及考按連逮孰羌之獄實不可變而古所言高平
公七事皆無狀附置以聞執政殊失望會吏籍有異詞
詔遣韓晉卿覆治執政因言范純仁事亦恐治未竟顧
今晉卿盡覆神宗曰范純仁事已明白勿復治也獄具
如馮侯章於是籍古皆得罪而高平公獨免執政大不
快未幾高平公復爲鄜帥所奏謫守信陽而馮侯失用
事者意亦竟罷去繇是言之非有守君子而何觀曰如
公所云殆古之遺直也豈特部使者而已哉後六年馮
侯自尚書郎出守梓潼加集賢校理實始相識質其事
信然嗚呼古語有之人能勝天天定亦能勝人信斯言

也方高平公被誣上有明天子之無私下有良使者不撓可以免矣而二三子表裏爲姦始終巧請至於再罪而後已可不謂人能勝天乎然當時所謂用事之臣與諸附麗之者今日屈指數之幾人爲能無恙而高平公方以故相之重保釐西洛郊馮侯亦適籍儒館持節鄉郡其福禄壽考功業未艾也可不謂天定亦能勝人乎馮侯將行同舍之士二十有八人餞飲于慈孝佛寺又相屬賦詩而觀以拙陋所欲言者不能盡之於詩乃以舊聞并以嘗所感歎者爲序贈之

淮海集卷第三十九

淮海集卷第四十　哀挽

秦觀　少游

大行太皇太后挽詞二首

東朝制詔九年稱烈武功高後世興坐舉不周天柱正
親扶暘谷日車升班行尚想延和殿羽衛俄趨永厚陵
洛水嵩峯霄漢外百官西望涕難勝

保扶明主自春宮萬國昇平出至公顧命一時聊共政
恩齊千古遂同風外家恩數仍長信原廟蒸嘗即治隆
欲敘聖功歌挽者乾坤難入畫圖中

韓樞密夫人挽詞二首

奕葉貂蟬後宗姻樂靜閒從夫登兩地看子入三山舊
像瞻揄闕遺音想佩環百年川閱水不復更西還
天上開華屋丘山忽返真内人歸賵盛挽者轉哀新鸞
詔初乾墨魚軒已暗塵藹然多德善論次有蒼珉

俞公達待制挽詞二首

詞場英妙氣如虹出入青雲見事功流馬木牛通蜀漕
葛巾羽扇破渠戎風生使者旌旄上春在將軍俎豆中
詔墨未乾人奄忽傷心江漢日傾東
一麾出守著威名凶計西來上爲驚玉帳笑談成昨夢
錦囊書札見平生衣冠漸散紅蓮府鎧馬還歸細柳營

可道風流回首盡芝蘭庭下盛朝榮

陳承事挽詞

明時就養寄淮壖忽歎艅艎以柩旋八尺衣冠成繪事百年風誼列幽鐫銘旌暮暗黃梅雨鄉路秋横碧玉天遥想葬期豪傑會高車連軫駐新阡

永壽縣君挽詞二首

廷尉蒙恩後蘭臺就養初大椿宜更壽流水遽焉如鸞錦封花誥蛛絲網板輿百年誰考德琬琰在幽墟

明世辭隆養哀榮道路傳賻喪從上宰歌挽出群仙素幔傷秋泛青缸慘夜船玉峰歸葬處木拱鳫連天

曾子固哀詞

皇受命而熙洽兮實千祀而一時協氣欝彰而四塞兮與盛德其俱升麟鳳出而旁午兮猶氤氳而扶輿篤生我公兮以文章為世師公神禹之苗裔兮肇子爵而鄫封逮去邑而為氏兮季葉汨其南征祖騫翔而績著兮考踡跼而文鳴公既生而多艱兮踵祖武而好修既輕車又良御兮遂大放乎厥詞發天人之奧秘兮約六藝而成章元氣含而未泄兮洞芒芴而窅冥挽天河而一瀉兮物應手而華昌揖揚馬使先路兮咸告公曰不敢彼崔蔡之紛紛兮孰云窺其藩翰軶遲遲而去遠兮固讕

修以跤亶是古盤礴而上征兮遽相羊而補外皇揆公之
忠誠兮即商墟而賜環紬史諜乎東觀兮裁誥命乎西
垣典章絕而復作兮世爭覩而快先正經緯乎終古兮
配維斗而昭然變化詭而難常兮雖司命其或昧忽遭
艱而去國兮遂銜哀而即世述作紛其具存兮悵爽靈
之焉詣信百年不斯須兮逍雷滅而焱逝天不憖遺一
老兮固搢紳之所傷矧不肖以薄技兮早獲進於門墻
路貫江而修阻兮曾莫奠乎酒漿悲塤篪而茀鬱兮聊
自託於斯文

蔡氏哀詞

惟夫人之高誼兮真一時之女英既富有此好德兮又申之以令儀帶幽蕙之縹緲兮佩明月之陸離人自操舍之不一兮雅獨取善以自持何報施之或忒兮罹禍艱於不虞顏色炫而未暮兮所天忽以殞徂痛平素之偕處兮忍此奄奄而嫠屠瀝哀血以自誓兮甘餌毒而捐軀佩珠玉以死真兮固衆女之所嗤咼卓越以不顧兮棄性命其如遺美不可強有兮信天資之所開要反心以内省兮豈或售乎人知嗟三晨之未浹兮遂俱遊而莫留死者有知兮羌䰟魄以並遊日黄昏而不見兮虛室窈其無人惟哀風以歸來兮動素幔之襜襜何平

生之款密兮遽音聲之不可尋儼遺跡以在目兮紛百
憂而攻心豈至理不吾喻兮如意厚而悲深撫雙襯以
增慟兮涕清血而洒襟已矣哉人生有死兮自前古而
既然精魄忽其不駐兮惟修名之可延忍録録以寓世
兮信烈者之所羞儻佳志之獲申兮雖奄忽其焉悼

時宣義挽詞

奮發多難裏哀榮厚夜中妙年推正行未路見陰功風
雨雙龍合山川弔鶴空懸知青史上又載一于公

中書侍郎挽詞二首

崛起商巖後清忠士論歸法知商鞅弊議折董宏非遷

謫生華髮騫騰上紫微又騎箕尾去朝野涕空揮

守道無夷險如公實寡仇望從烏府重官到鳳池休二品追褒峻千金賻恤優搢紳紛有恨王駿不封侯

呂與叔挽章四首

舉舉西州士來爲邦國華藝文左爲推衙自吾家正有高山仰俄成逝水嗟賢人冬有數不爲龍蛇

數日音容隔人琴遂已虛門蓮應有爲國史可無書室懸蛛網遺編走蠹魚定無封禪草平日笑相如

追惟獻歲發春間和我新詩憶故山今日始知詩是讖魂兮應已度函關

風流雲散了無餘天祿空存舊直廬小吏獨來開鎖鑰
案頭塵滿按殘書

東平夫人挽章 錢穆夫人

粗閲風流盛王家地勢雄室中蘭作佩庭下玉成叢啼
鳥悲春檻荒原入夜宮遺芳得鴻筆論次詔無窮

開府李公挽章

新國封章數論交意氣真先朝貴公子當代老成人月
動融尊酒花催鄭驛賓誰知古原上馬鬣一朝新
戚里蕘著舊哀榮世未如襚加三事袞奠致兩宮輿鹵
簿前衢隘歌鍾後院虛英風知不墜芝玉茂庭除

孫莘老挽詞四首

同功一體盡調元，獨抱沉痾反故園。壺遂暮年非不遇，人生到此可忘言。

青春芸閣妙文詞，進讀金華鬢若絲。轉守七州多異政，奉常處處有房祠。

月旦嘗居第一評，立朝風采照公卿。門生故吏知多少，盡向碑陰刻姓名。

華屋丘山可柰何，百年光景一投梭。故人唯有羊曇在，慟哭西州不忍歌。

陳用之學士挽詞

禮經三百鬢毛班追述先儒伯仲間誰請尚書重給札
盡抄遺藁入名山
岧嶢芸閣上參天直舍相依欲二年願寫此情歌挽者
淚霑毫素不成篇
雲臺觀者候昏明奎璧躔中失二星上界真人重離別
陰風一夜攪青冥
牢落公車待詔時白頭掌故更捿捿一生勤苦成何事
只得銘旌數尺題

滕達道挽詞

早歲戎冠侍冕旒白頭淹卹外諸侯篋中尚有東封草

塞下曾無北顧憂心繫漢廷長入夢氣呑胡虜不防秋經綸未了埋黃土精爽還應屬斗牛

江南江北奉周旋合散如雲二十年春郡勝遊花蔽馬夜山清話雨連天共驚萬里長城壞獨把千金寶劍懸平日書題多散亂呼兒尋聚一潸然

自作挽詞 昔鮑照陶潛自作哀挽其詞哀讀予此章乃知前作之未哀也

嬰釁徙窮荒茹哀與世辭官來録我槖吏來驗我屍藤束木皮棺槀葬路傍陂家鄉在萬里妻子天一涯孤魂不敢歸惴惴猶在茲昔忝柱下史通籍黃金閨奇禍一朝作飄零至於斯弱采堪事返骨定何時脩途繚山

海豈免從閼維荼毒復荼毒彼蒼那得知歲晚瘴江急鳥獸鳥聲悲空濛寒雨零慘淡陰風吹殯宮生蒼蘚紙錢掛空枝無人設薄奠誰與飯黄緇亦無挽歌者空有挽歌辭

淮海集卷第四十

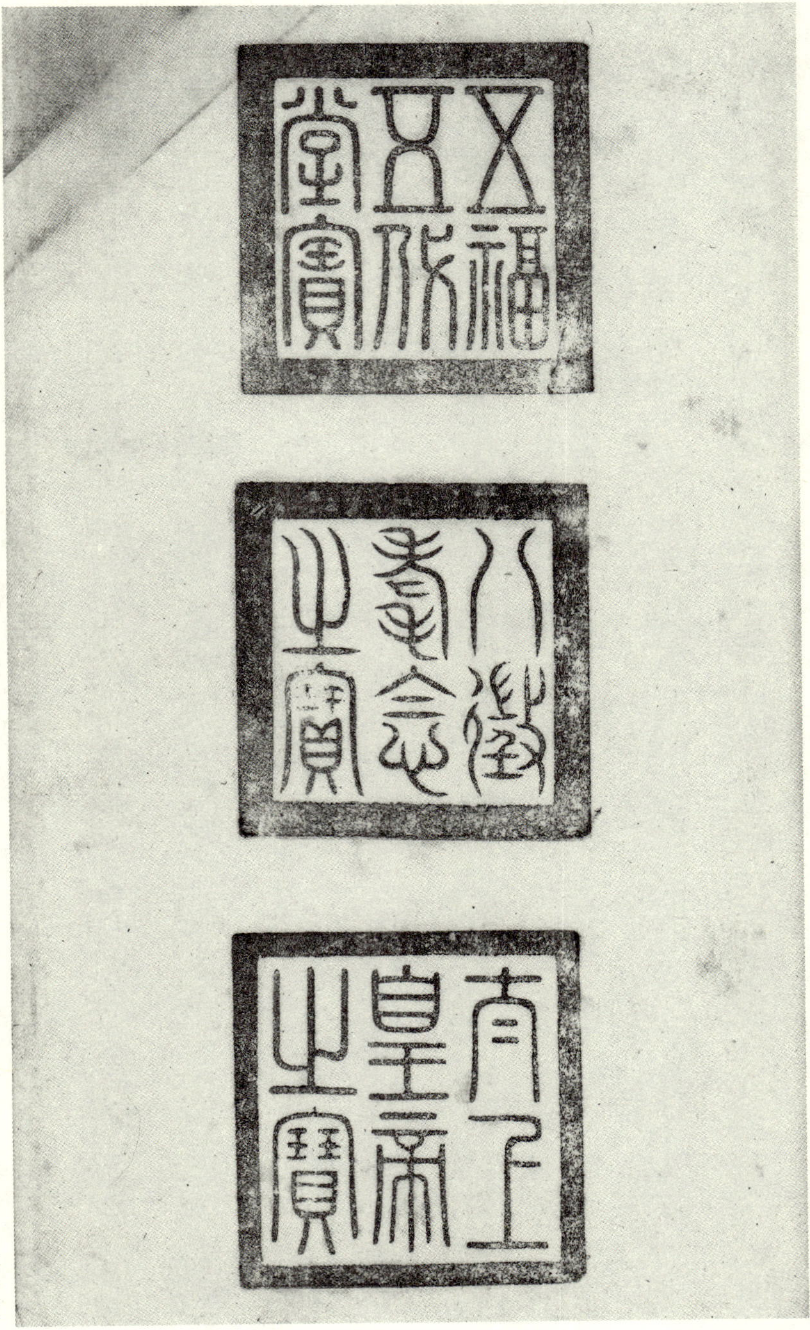
五福五代堂寶
八徵耄念之寶
太上皇帝之寶

（宋）秦觀 撰

宋本淮海集

第五册

國家圖書館出版社

第五册目録

淮海後集六卷

卷一　詩

卷二　詩

卷三　詩

卷四　詩

卷五　雜文

卷六　雜文

淮海居士長短句三卷

卷上

卷中

卷下

五福五代堂寶

八徵耄念之寶

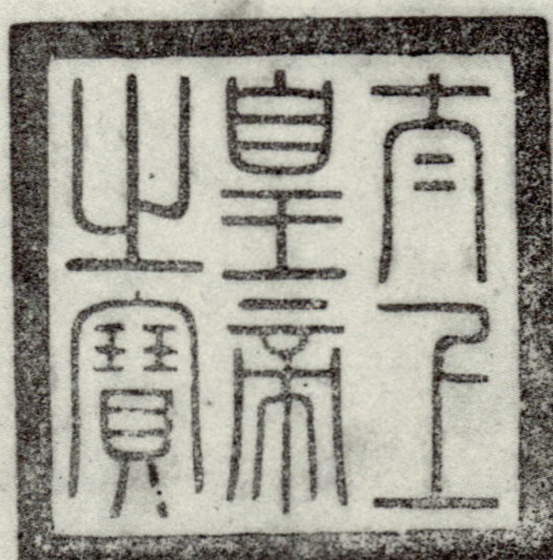
太上皇帝之寶

淮海後集卷第一 詩

秦觀 少游

進南郊慶成詩并表

右臣伏覩皇帝陛下肇修典禮冬日之至親有事於南郊仍復祖宗故事以皇地祇合祭前期之日陰雲蔽空將祀之夕月纏畢宿詩云月離于畢俾滂沲矣於法當雨而是夜開霽特甚晏溫星月昭明禮畢之明日雨雪乃作朝市郊野相告欣然頌嘆之聲形于中外非二聖有作上當天心神祇顧享何以逮此臣雖踈賤通籍祕省預見熙事不勝犬馬區區之情輙將輿人之頌撰成

郊禮慶成五言二十韻詩一首隨狀上進于亶寢嚴宣
無任瞻天望聖激切屏營之至
於赫龍飛後中區八月秋合嚴天地祀遠繼祖宗休熙
事將興舉彝章預講論紛然曲臺議斷自太任謀宗伯
方承命元龜遂生獻三錢封内幣五瑞輯諸侯路寢前
齋玉清宫復射牛長迎南至日圓即自然丘扃蹕三千
劒千霄十二樓鉤陳嚴御座太一奉宸遊好雨隨閶闔
生陽不待鄒浮雲依斗散華月亘天流宵被黃裀[illegible][illegible]
空曲蓋收堪輿同顧饗河嶽盡懷柔麾日初[illegible][illegible][illegible]
不滿旒回鑾龍入殿傳詔鶴爲郵崇慶天難[illegible][illegible][illegible]

不憂衣冠千玉簡宇宙一金甌可但豐年屢當知世德
求懃無班馬手作頌配商周

幽眠

幽眠起常晚冬晷復不長中間數十刻倏如鶩燕翔晨
滄粗云畢申鼓鳴相望忽忽竟何就念之動中腸天地
一逆旅死生猶轉蔏暫來旋云去遲速乃所當較計亦
何補徒然非慨慷不如聽兩行一槩付酒觴北風吹老
槐白日轉紙窗布衾一覺睡身世成渺茫宿莽冬不衰
蘭茝幽更芳無庸傷局促速此鬢髮霜

越王

越王念吳役，寢興常不安。有臣曰種蠡，貫與同難艱。終酬會稽恥，列國不敢干。智者見未兆，愚夫暗前轍。范公拂衣去，扁舟五湖間。清輝照四海，秋月耿雲端。種也竟不悟，處之若無難。屬鏤一朝至，身與名俱殘。兔走獵狗悲，鳥盡良弓閑。自古身不退，多為世所歎。

隕星石

蕭然古丘上，有石傳隕星。胡為霄漢間，墜地成此精。雖有堅白姿，塊然誰汝靈。犬眠牛礪角，終日蒙羶腥。疇昔同列者，到今司賞刑。森然事芒角，次第羅空青。俛仰一氣中，萬化無常經。安知風雲會，不復歸青冥。

山陽阻淺

一日行一尺十日行一丈豈不歎淹留所幸無波浪悲風動深夜原野眇林莽青天行蟾蜍枯水轉魍魎此時蓬茅下去心劇於饔棄置勿復論通塞如反掌

次韻參寥華老

迅風薄高林萬象號虎豹紛披枳與棘尔復鼓狂鬧我垣既已頹我棟又以撓豈無一木枝橫力難與較黎明忽自罷晴日射魚罾草死水失狂瀾衰木回故貌勞生眞（一作共）夢事往趨如睡覺炊黍楚黄鸝吾其理歸棹

送洪景之循州參軍

寒梅不自重輒花桃李先矯枉有佳菊最後衆芳妍各
因一時美難以相嗤憐物理固若是士林亦宜然夫子
南國俊聲猷推妙年數奇晚方偶參軍古龍川龍川雖
云遠風物號清鮮羅浮不相下顛頑巉荒天雲鬢二三
子聊足奉周旋行矣試老拳歸歟遠翔騫

茶

茶實嘉木英其香乃天育芳不愧杜蘅清堪掺椒菊上
客集堂葵圓月採奩盌玉鼎注漫流金碾響文竹侵尋
發美鬯猗狔生乳粟經時不銷歇衣袂帶紛郁幸蒙巾
笥藏苦厭龍蘭續願君斤異類使我全芬馥

茶臼

幽人躭茗飲刳木事擣撞巧制合[illegible]　形雅音侔柷椌虛室困亭午松然明鼎窻呼奴碎圓月擣首聞錚鏦茶仙賴君得睡魔資爾降所宜玉兔擣不必力士扛願借黃金碾自比白玉釭彼美制作妙俗物難與雙

石魚

佛宮琢琳瑯懸魚警群聰緩扣集方袍急拊趨百工雖無筍簴器自協徵與宮犂然當人心邈有炎氏風山泉自疏數珮玉相玲瓏朝昏間鍾鼓清響傳無窮惟有寶隨山於音獲圓通一聞如得解石聲亦投弓

劉公幹

鄴中多賢豪公幹氣飄逸弱歲頗徊徨飄零依金室君王事遨宴下馬列琴瑟豪吹挾哀彈娛歡非一日當年侍賡酬珠玉在揮筆五字一何工妙絕冠儔匹所得雖經寄未得偏人失

贈醫者鄒放

百工皆聖作惟醫有書傳緒餘起人死妙處實通天鄒子本淮海弱齡知討研岐扁逢卷中遂知百病先往歲遊京室公侯紛薦延國工不敢妬遣兒求執鞭晚棄本州役青衫鬢蕭然臨衢開大肆旁午送令爲戲嗣子頗不

凡丈场早周旋行期拾青紫善積神所憐

贈張潛道

張生何爲者落魄不自拘獨攜三尺琴笑别妻與孥一
來泊吾里忽已月再虚朝遊故人館暮止佛子廬雖無
食羹餘所樂常晏如我欲有所進生聞勿煩紆君子閑
有道不專塊然居無道秪深適鳴戲亦已愚願生脱塵
鞅從我滄海隅

荷花

方塘收雨脚落日半遙岑芙蕖淨娟娟麗服撫翠今無
言意自遠欲渡秋水深緬懷平生人對此詎可尋弄芳

惜晼晚酒至誰與斟天涯有歸雲聊寄相思心心閑獲
清賞芙蕖一何綺美人艷新粧斂衽照秋水端如蕩子
妻顧自良家子黄金選燕趙揺落對江沚薄暮風雨來
獨立淚如洗望君君詎知傾宮定誰似

酬曾逢原參寥上人見寄山陽作

倦客當老秋於忽少佳意孰云塵滓地劉阮肯俱至一
披清骨毛冉見失身世有如執盛熱倏月濯涼吹又如
觀巨梓却覬蕭葦細十辰同遨遊不覺日車逝嗟子遜
空虚終日面林翳聞人足音喜況乃道所契方念衣袖
大明月忽我畀眷言何以酬[illegible]同所詣

吴興道中

黽勉華門下十年守一方胡爲御舟者挽我置此傍青山不肯盡流水故意長雖云道理遠瓦樽有酒漿

無題二首

其一

君子有常度所遭能自如不與死生變豈爲憂患渝西伯囚演易馬遷罪成書性剛趣和樂淺淺非丈夫

其二

世事如浮雲飄忽不相待欻然化蒼狗俄頃成章蓋達觀聽兩行昧者乃多態舍旃勿重陸百年等銷壞

喜雨得城字

陰陽有常職代御不可并一氣忒錯繆愆伏相寇兵惟時四月交南國厭久晴風師挾帝令呼號肆徂征雲師畏推逐蓄意不敢爭雨師曠厥官所苟朝夕生黃塵暗如霧掩彼日月明帝眷一昔回旱議沮莫行番然雲冒澤夜半來雨聲黎明縱遐眺溝澮各已盈青秧散廣畝白水涵孤城耕夫欣有託水鳥飛且鳴乃知化工妙慭然信難名行矣耘我穡歲終訏坻京

東城被盜得丗字

野人無機心觸事少防衛所至輒酣寢屢墮穿窬計孤

亭夜深墨風死雨初霽有盜穴壁來攘取逮余袂微恩
不敵怒弱力鼓虛銳起搏且復呼可否誰量執誰云同
室閭函丈莫相繼兩奴眠牖旁矯首但睥睨棄之倚柱
休盜亦從此逝慚無牛缺賢幸脫燕人斃云弓豈須求
失馬不必涕黎明成感歎事往若異世畏貫號深藏無
閎稱善閉君子勿我誇得喪求無際

夢伯收文公

昨夜夢故人心顏少歡趣自　棄有司却言歸山路君
王下明詔群英翕爭赴焦鵬共揮翮跛鱉亦騁步擾擾
天地間飛鳥不知數何意獨蕭條命與時相忤空復蔽

馬牛不爲匠人顧昔爲上中花行待東風煦今爲簷下草遠矣霑秋露老母鬢成絲寒妻被無絮歲莫多嚴風絺綌將焉度覺來不復見撫枕淚如注安得萬頃波活此舟中鮒

送佛印

抱包初捨蔚頭藍江月松風處處參他日惠林爲上首幾年彌勒作同龕真珠撒帳開新座飛鳥銜花繞舊庵雲散虎溪蓮社友獨依香火思何堪

次韻公闢會流觴亭

偷引湖光一派飛詠觴還却似當時吴歌送酒隨流急

越艷浮花轉曲遲山廟早因前守徹冰盤元是故王遺
年年禊飲今非昔不到蘭亭到北池

次韻公闢會蓬萊閣

林聲摵摵動秋風共躡丹梯上卧龍路隔西陵三兩水
門臨南鎮一千峯湖吞碧落詩爭發塔湧青冥畫幾
重非是登高能賦客可憐猿鶴自相容

送羅正之兩浙提刑

豈爲鱸魚憶故丘東南昏墊賴良謀一封暮別雲間闕
三組秋歸海上州子政暫爲都水使千秋終作富民侯
贈君一語君應笑競注江河本不流

淮海後集卷第一

淮海後集卷第二　詩

秦觀　少游

秋夜病起懷端叔作詩寄之

寢瘵嘗老秋入夜庭軒空天光脆如洗月色清無縫風飈疾突輕露氣霏霏重簷花伴人餘蠹燭窺孤諷緬惟情所親佳辰誰與共夫子淮海英材大難爲用秉心既絕俗發語自驚衆麈尾扣球琳筆端攢蝃蝀雄深追揚馬妙麗該沈宋浮沈任朝野魚鳥狎鯤鳳與時具楚越於我實伯仲尔來居邑鄰頗便書札貢上慿鴻鴈傳下託鯉魚送二物或愆時已辱移文訟人生無根柢泛若

淩波對昧者復汲汲晨暝趨一鬨陰持含沙毒射影期
必中自匿嫫母容對客施錦幪溘然一朝逝萬事俱成
夢形骸猶汝辭利勢猶君勵思之可太息復之爲長慟
所以古達人脫身事高縱我生尤不敏胷腹常空洞彊
顏入規模垂耳受羈鞚行謀買牟栈名理就析衷但恐
狂接輿煩君更嘲弄

送孫誠之尉北海

吾鄉如覆盂地據揚楚脊環以萬頃湖黏天四無壁巉
嬉戲神珠疋晝飛霹靂出千木無罷異姿靈氣殊鬱積所
以生群材名抱荊山璧小爲百夫防大爲万人敵夫子少

邁倫喑嗚咀金石奏賦明光宮玉座瞻咫尺翻身青雲霄十載迫窮厄焚舟更一吼戰得尉滄海北五月乘書龍簫鼓事遠適天橫齊山青兩帶楚水黒勿云晚方仕西十乃古昔勿云名位卑九十夕自此擊幽求尉朝邑鬢髮森已白元振尉通泉律令非所即一朝會風雲顧眄立四極行矣壯舊圖勉逸闕文

抱甕

搰搰抱甕人汪乎洽其内仲尼爲所輕子貢無以對捨器欲還樸爲量固已隘苟得渾沌真寧羞事機械

讀列子

咄咄兩小兒多言空爾爲後之日無定不覺忽有期尺捶探蒼濵俱令傍者嗤誰謂不能決孔丘乃真知

和顯之長老

禪子觀因緣寸晷無復餘講人治經論艾夜猶未除冷風奏哀松寒月挂碧虛此意了不諭悲哉同瞖如

清夜

子夜天無雲稀星耿頹碧茫茫行役者對此悶不息胡爲蝸角端相與競尋尺勸君歸去來飛空鳥無跡

南池

汎汎池中鳧上下與水俱不與水爭力所以全其軀遇

物貴含垢修身戒明汙胡能若雲月浪自驚群愚

和王定國

崢嶸歲月徂物色芥於邑歡言公子至坐失百憂集宵箔蕙爐煙横寒炮玉脂泣勉旃逮南圖荷華行滿隰

宿金山

山南山北江水流半空金碧隨雲浮我來仍值風日好十月未寒如曉秋山僧引客尋蒼翠歷卷參差到平地萬里風來拂骨清却憶人間如夢寐夜深無風月入扉相對老人如槁枝流水與天爭入海共笑此心誰得知下山却向中泠望眷憶當時在屏幃老母思兒且欲歸

回首雲峯已天上

別賈耘老

若有人兮雲之濵服火齊兮冠切雲有才不爲世所掄
盡入詩句爲奇新忘歸繁弱不浪陳發必中的疑有神
目關飛鳥縎蒼鱗俛仰自娛忘賤貧繄我與君素參辰
孰爲一見同天倫共指飛光易沉淪莫若痛飲還我眞
況有内子賢文君終日叫呼不怒嗔酒酣往往出前珍
瓦甌竹筯羞青芹左列文史右紅裙樽前不覺徂清晨
念我行當西道秦挐舟來別非所欣欲託毫素通殷勤
郢匠旁矚難揮斤人生百齡同臂伸斷梗流萍暫相親

行行飲酒且勿云丈夫萬里猶比鄰

李端叔見寄次韻

君文豪膽無與儔使我吟諷忘離憂浩如沅湘起陽侯
翻星轉日吞數州華章藻句饒風力頃刻朱紅迷畛域
一班縱復爲管窺萬派終難以蠡測區區文墨倦高情
解鞅還游恍惚庭平檻新水六尺篁臥視雲物行空青
伊我籃輿抵京縣滯著黃埃負初願君家只在御城東
彌月不能三兩見求仙未若醉中真蟻鬭蛾飛愁殺人
清都夢斷理歸棹回首一樹瓊枝新歸來草木春風換
世事蝟毛那可筭幸謝故人頻寄書莫笑元郎自呼漫

陳令舉妙奴詩

西湖水滑多嬌嬙妙奴十二正芴芳肌膚皆白髮腳長
含語未發先有香溪上夜燕侍簪裳皎如華月墮滄浪
音聲入雲能斷腸不許北客辭酒漿主人藹藹邦之良
少年射策謁未央俊詞偉氣森開張玉杓貫斗生怒芒
天欲文采老更昌故使斂翮窺群翔五十僅補尚書郎
浩歌騎牛倚倡佯東風戲雨花草狂二溪淡塗黛光
妙奴勿倦侑羽觴主人正欲游醉鄉

自警

古人去後音容寂何處茫茫尋舊迹君看青草遍北邙山

骷髏猶來丘壟積那堪此地日黃昏長途萬里傷行客
只知恩愛動傷情出且悟區區頭已白莫嫌天地少含弘
自是人心多褊窄爭名競利走如狂復被利名生怨隙
貪聲戀色鎮如癡終被聲色迷阡陌休言七十古稀有
最苦如今難半百聞道蓬宮仙子閑紅塵不染無瑕謫
日月遲遲異短明三歲年秀麗皆仙格女蘿覆石蔓黃花
芝草琅玕知幾及桃源長占四時春漾漾華池真水碧
乘槎擬欲扣金扃巨浪紅波依舊隔歸來芳舍與誰儔
老鶴松間三四隻唳天聲動彩雲飛對我時時振長翮
驂鸞駕未遇且悠悠盡日琴書還有適紛華任使投吾前

爭柰此心終匪石拜命僕今雖謂榮低頭未免拾青
從茲俗態兩相忘笑指青山歸路僻同人有志覔長生
運氣休糧徒有益須知下手向無爲莫學迷徒頼針灸

陪李公擇觀金地佛牙

薄伽梵相含空虛化人分段同凡與尔來示滅二千歲
真骨萬里傳中區錢塘有尼號法照得自禁掖藏金鋪
欲因此勝高構閣假設象似開群愚偶從好事奎雲上
持出瞻玩相歡娛靈牙寶色玉不如上有無數光明珠
莊嚴一出御帑蜿蜒繡袋榮磾碌是時賓客盡上士
回向已登十地初磬勤稱讚出歎叩坐人顧眄驚俗汚

因悲人生信如夢浪逐聲勢霜髯久須一源清淨誰復
無枉入諸趣更崎嶇顧因今日詣真際古松白日常蕭疎
乃知金山妙難測餘潤普及霑凡此况復老尼亦于辯
朱甍碧瓦非難圖行看岹嶢倚青嶂翁嫗頌說傾三吴

雪浪石

漢庭卿士如雲屯結綬彈冠朝至尊登高履危足在外
神色不變惟伯昏金華掉頭不肯住乞身欲老江南村
天恩許兼兩學士將兵百萬守北門居士彊名曰天元
寤寐山水勞心魂高齋引泉注奇石迅若飛浪來雲根
朔南修好八十載兵法雖妙何足論夜闌番漢人馬靜

想見雉堞低金盆報罷五更人吏散坐調一氣白元存

和蔡天啓贈文潛之什

蔡侯飽學困千金濯足清江起南土劇談頗似燕客豪快奪莊雎如墜雨東城橋　未足論栢直何爲口方乳蔣侯山中伴香火三年不厭長蔬苦平生瑰瑋有誰同要得張侯三日語書閑以那自運覺忙時清不用聞鷄舞桓榮歡喜見車馬書冊辛勤立門户要當食肉似班超猛虎何嘗窺案俎

早春

黄金蘂蘂滿垂楊回有春寒到晝堂酒力漸銷歌扇怯

又兼飛雪帶梅香

赴杭倅至汴上作

俯仰觚稜十載間扁舟江海得身閑平生孤負僧牀睡
准擬如今處處還

一

無題

掃地燒香閑閤眠簟紋如水帳如煙客來夢覺知何處
挂起西窻浪接天 一

蘇子瞻記江南所題詩本不全余嘗見之記其五
絶今以補子瞻之遺 東坡跋并三絶見正集第十卷擬織錦詩注下

其一

紅窗小泣低聲怨永夕春風斗帳空中泪落花飛絮亂曉聞鶯啼破夢忽忽

其二

晞草露如郎倖薄亂花飛似妾情多歸鴻死處彈珠淚語鷰閑時斂翠蛾

其三

琴絃斷續愁兼恨嶺水分流西復東深院小扉紅日落繡窗閑倚更誰同

其四

柔橫霽色天沉水鳥宿寒枝竹瑣煙含衣惹舊星香濃夜半

淚凝殘燭盡堂前

其五

寒信霜風似葉黃泠燈殘月照空牀看君記取憑傳文錦字字愁縈惹斷腸

淮海後集卷第二

淮海後集卷第三　詩

秦觀　少游

次韻孔彥常舍人曝書

上帝圖書府傳觀詔特容嘉賓羞佩玉盛饌紫駝峯散

帙牙籤亂開函錦襲重君羹如可請願備北堂供

次韻華老

妙齡隨計日紺髮度關年較藝先豪俊飛聲動眇綿祕

書窺甲乙寄室詣溫宣已叶半千運仍親尺五天御香

春晚炷宮蠟夜深燃漢殿螭頭筆岐藩幕下蓮孔鸞人

共貴蘭蕙世皆憐附尾方瞠若提刀獨嚮然皁囊封細

札青簡續遺編壁府深難造龍媒雋莫先大農參奏計
宗伯與興賢王鉉行真即金甌忽浪傳兩輪若上駕百
丈剡中韋莊持瀉唐老淹回賈傳還星霜餓九換金竹
遽三遷鼓吹昊雲外旌旛楚水壖經綸殊未倦憂患復
相連惡草空搖毒群蝸謾汚涎松鶴終不易雨露竟無
倫憔悴千株橘荒涼二頃田幾書借船帖屢廣絕交篇
禪譽推龐蘊親評主閔騫懶因閑劇極樂向靜中全歲
月黃塵裏鶯花白髮齊削冰臺清照底玉海湛無邊身世
猶飛隼功名眇蛻蟬蕉心難固待楮葉謾勞鐫衍續清
都夢還隨濁世緣泉虬淹巳久風翮去應便預想朝元

處簪裾立萬仙

送陳太初道録

先生簪紱後世系本綿瓜駐馬生枯骨回車濟病虵帶雲眠酒市和月醉漁家落日千山路西風一枕霞幾年流俗笑一旦五侯誇碁惜春深日琴憎雨後蛙背因書字曲髮爲注經華地聘東淮水天回北斗車新宫黄道近舊隱白雲遐顧我身多累逢君意謾誇空提方士劒未上客星槎何日同歸去重飛九轉砂

贈蘇子瞻

嘆息蘇子瞻聲名絶後先衣冠傳盛事兄弟固多賢感

慨詩三百流離路八千直心羞媚竈忠力欲回天縲紲終非罪江湖祇自憐饑寒常併日疾病更連年明主無終棄西州稍内遷奏言深意苦感涕人傳前席頻宣室非熊起渭川君臣悦相遇顧上角招篇

次韻安州晩行寄傳師

投暮安州北蒼煙亂眼昏茅茨人外路砧杵月邊村野水飛雲薄空林噪雀繁幾人堪此樂逢客莫輕論

題五柳亭

結構依流水新題五柳亭登臨有遺味攀折不勝情闌岸閭闠鼓遠軒舟舫横

觀寶林塔張燈次胡瑗韻

飛來峯上塔然密奉慈觀互照三　家分輝七寶欄勢聳金界迥影蘸玉奩寒次第邊烽舉高低祭燭攢虹旌排陣堞火傘御靈官魏乘珠千顆隋帆錦萬端華數連藏海光集匝宮壇冏冏連青昊熒熒逼翠巒月卿秋抒思星將夜濡翰繼聽鈞天奏尤知屬和難

還自湯泉十四韻

歲晚倦城郭聯驂度業義天黃雲脚亂村黑鳥翎訛潦水侵生路晴天落慢坡澄江練不卷温井鑑新磨漁火分星遠沙鷗散點多覇祠題玉筯龍窟受金波琬琰存

莫事兒童記楚歌孤龕瘦居士雙塔盞頭隨飛鼠鳴深
兜胡蜂結巧窠晚參圓白兒昏梵禮青螺　馭沉荒甃
仙春沒淺莎杖藜從莫逆談笑入無何滲澹白連霧藹
騷風轉阿華清俄夢斷回首失煙蘿

辦才法師嘗以詩見寄繼聞示寂追次其韻

遙聞隻履去翛然詩翰纔收數月前江海盡頭人滅度
亂山深處塔孤圓憶登夜閣天連鴈同看秋崖月破煙
尚有衆生未成佛肯趨欲界入諸禪

次韻公闢州宅月夜偶成

其一

新秋過雨月如霜緩足蓬萊徹上方翠木玲瓏藏寶界

白煙濃淡鎖華堂書名越艷誰與發角動單于自感傷

山似卧龍天似水却疑身在海中央

其二

繚繞千重雨後涼月含秋色上東方風催絡緯歸金井

月轉檀欒蔭畫堂游目騁懷佳興發感時撫事壯心傷

歸來枕簟清無夢卧看明星到未央

次韻公闢即席呈太虛

與君鄰並共煙霞乘興時時過我家更漏一新聞曉角

門闌數級看秋花湖山對值全如買風月相期不用賒

賴有醉毫吟更苦他年分作句圖誇

次韻公關將受代書蓬萊閣

城連湖岸水爲關旦暮樵風自往還龜負寶林新佛地
龍蟠使宅老仙山平生仕宦今何得終日登臨獨未閑
歲滿徘徊難遽別就中瀟洒異人間

次韻公關聞角有感

一聽胡笳動越吟聲　地底氣逾深千宮月色單于曲
萬里天光魏闕心秉燭何人猶把盞挑燈有女正穿針
早寒時節黄昏後更逐西風應遠砧

寄公關

憶昔都門手一攜眷余初向苧蘿啼夢回金殿風光別
吟到銀河月影低舞急錦腰迎十八酒醒玉盞照東西
何時得遂扁舟去邂逅從君訪剡溪

呈公闢

東歸行路歎賢哉碧落新除寵上才自得林塘隨晝去
吳山花鳥入詩來唱酬自有微之在談笑應容逸少陪
除此兩翁相見外不知三徑爲誰開

奉和莘老

童子何知幸最深又班籍湜奉登臨挾經屢造芝蘭室
揮麈常聆金玉音黃卷香焚春曉晚絳紗人散夜蕭森

明朝只恐絲綸下回首青雲萬里心

中秋口號 并引 一云雲山閣白語

伏以四難并得既爲尊俎之佳期五福具膺實號搢紳之盛事矧中秋之届候宜公燕之交歡恭惟判府大資身遇聖神家傳將相時應半千之運論歸尺五之天姓名久在於金甌方面暫分於玉節浮階飛閣引南國之佳人豪竹哀絲奏西園之清夜

雲山簷楯接低空公宴初開氣鬱葱照海旌旛秋色裏激天鼓吹月明中香槽旋滴珠千顆歌扇鸞團玉一叢二十四橋人望處台星正在廣寒宫

致政通議口號 并引一作秋燕口號

竊以五福具膺實搢紳之盛事四難并得亦尊俎之佳期恭惟致政通議馬鶴英姿鼎槐華胄身見六朝之盛位登兩省之崇北陌東阡時命青牛之駕左圖右史日從赤松之遊判府左丞神嶽殊鍾星躔異禀方面雖分於玉節姓名已覆於金甌舉白飛觴極水陸四方之饌彈絲擊石盡賓主一時之歡

秋空盡隼照新晴符隱庵藺小隊停玉斝金醪通繾綣

鳳笙龍管入青冥靚糚釃酒花侵席寶獸呀香霧滿庭

太史應占豫州分上台星近老人星

口號

美酒忘憂之物流光過隙之駒不稱人心十事常居八九得開口笑一月亦無二三莫思身外無窮且鬭尊前見在功名富貴何異楚人之弓城郭人民問取遼東之鶴付與香鈿畫鼓盡歡美景良辰欲奏長謡聊陳短韻

平原居士今無影鸚鵡空洲誰舉杯猶有漁陽摻撾鼓爲君醉後作輕雷

悼王子開五首

其一

我昔官旁子長懷忠穆賢里無行馬第山有卧牛阡當

代三公後惟君五福全桐棺遠歸祔追[illegible]幾潸然

其二

早爾金閨彦頎然玉筍班周旋三友益零落十年間轞轞靈輀動悠揚素旐還暮年還抱愛應辨追攀

其三

蕭散竹林風平生約略同官班嵇叔夜年輩晉安豐民詠濂須政朝推胸臆功九原無復作埋玉恨何窮

其四

南浦維舟訪東堂抵榻眠後期猶指日輕別遂終天墨妙今初貴詩名久已傳清風如未墜諸子更翩翩

其五

已矣知無憾賢愚共此途白駒馳白日黄髮掩黄壚和氏終歸趙干將不葬吴摯痾如可彊猶擬奠生芻

淮海後集卷第三

淮海後集卷第四　詩

秦觀　少游

秋興九首

擬韓退之

逍遥北窻下百事遠客慮無端葉間蟬催促時節去愁起如亂絲縈纏不知緒日月豈得已還復役朝暮人生均有得悲歎我不悟春愁自天時感憤亦真趣

擬孟郊

曉風有暴信暮蟬無好聲曉風與暮蟬自與時節爭獨客辭故鄉推車謁梁城梁城道迢遰區區役吾生不如

歸舊山藜藿安性情

擬韋應物

坐投林下石秋聲出疎林林間鳥驚棲豈獨傷客心物
亦有代謝此理共古今鄰父縮新醅林下邀同斟癡見
踏吳歌婭姹足訛音日落相攜手涼風快虛襟

擬李賀

魚鱗甃空排嫩碧露桂梢寒挂團壁白蘋風起吹北窻
尺鯉沉沒斷消息燕子將鶵欲歸去沈郎病骨驚遲暮
懷愁茫茫寄何處萬里江南芳草路

擬李白

芙蓉露濃紅壓枝幽禽感秋花畔啼玉人一去未回馬梁邊燕子三見歸江頭白蘋老波底尺書不來空相望斜吹疎雨濕秋江霜風暗引芙蕖香石上菖蒲三尺長綠頭鴨兒棲萍草採蓮女郎笑花老木蘭船上動江水不覺鴛鴦帶波起

擬玉川子

南州有病客起卧北窻下玉兔啣光照清夜故人別我京洛遊不寄一行三改秋秋色變冷客裘薄漸覺衣袂寒颼颼作詩欲寄君未語先有愁不如呼童起危坐北窻下一杯寬我千日憂眼前俗事何擾擾此夕盡向杯

中休何必懷黄金印兮爵通侯

擬杜子美

紫領寬袍漉酒巾江頭蕭散作閑人悲風有意催林葉
落日無情下水濱車馬憧憧諸道路市朝袞袞換塵
覓錢稚子啼紅頰不信山翁篋罰貧

擬杜牧之

鼓聲夜戰北窗風霜葉鋪堦疊亂紅一段新愁驚攪上
幾聲悲雁落雲中眼前時節看馳馬日下隼羣斷蓬

擬白樂天

弟妹別來勞夢寐杳無消息過江東

因霜葉辭林去的當山翁未覺秋北里酒錢煩屢索

南州詩債懶頻酬欲歌金縷着紅粉擬插黃花避白頭

底事登臨好時節等閑收拾許多愁

金山晚眺

西津江口月初弦水氣昏昏上接天清渚白沙茫不辨

只應燈火是漁船

病中

疎簾薄幔對青燈鸜鵒喧喧自轉更風雨瀰漫人卧病

地爐湯鼎更悲鳴

聞鴉懷邵仲恭

楚澤吳天去未遲煩君且傍蒜山飛白袍居士如相問
爲說淄塵欲滿衣

冬蚊

蝥蠆蜂蠆罪一倫未如蚊子重堪嗔萬枝黃落風如射
猶自傳呼欲噬人（文忠公云蚊子最可憎其是先要喝後來咬人）

白馬寺晚泊

濛濛晚雨暗回塘遠樹依微不辨行人物漸稀疎磬斷
綠蒲叢底宿鴛鴦

雪上感懷

七年三過白蘋洲長與諸豪載酒游舊事欲尋無處問

雨荷風蓼不勝秋

和程給事贈虞道判六首

其一

刀圭雲母具晨飧門對三層步𣥂壇夜考鶴經分七九

曉占歲氣辨黃丹

其二

火棗交梨近可飡不須地肺及天壇龜藏坎海毛皆綠

鳳宿離宮色自丹

其三

紫府沉沉掩夜關竹陰清掃月中壇歲星偷得桃枝碧

董奉栽成李子丹

其四

囊中玉色已經飡醉拂絲桐坐古壇應笑倦游塵滓客
鬢毛蕭颯事鉛丹

其五

漢武遊心縹緲間文成五利盡登壇何如屈曲韓夫子
不羨神君白玉丹

其六

使君本住道家山時訪元都太古壇陰惠已能追許令
治功不獨過韋丹

瀛州閑題

清酒一盃甜似蜜，美人雙鬢黑如鴉。莫誇春色欺秋色，未信桃花勝菊花。

春詞絶句五首

其一

蒲萄裀暖蕙薰微，紅日窺軒睡覺時。人倦披衣雙燕出，青絲披罥木蘭枝。

其二

弱雲亭午弄春嬌，高柳無風垂裊條。懶讀夜書搔短髮，隔垣時聽賣餳簫。

其三

都城春富百花披長憶人歸駐馬時淺色御黃應好在
爲誰還發去年枝

其四

風驅白雨洗園林蔽地飛花一寸深狂紫浪紅俱已矣
老春雖在亦何心

其五

顛毛漸脫風情少匣劔空存俠氣銷人遠地偏無酒肉
春深花鳥謾相撩

秋詞二首

其一

雲意低空不更飛班班紅葉欲辭枝秋光未老仍微暖

恰似梅花結子時

其二

無數青林繞玉階夕陽紅淺過牆來西風莫道無情思

未放芙蓉取次開

齊逸亭

餘發郎君更不歸故亭蕪荒當時玉笙金管渾如夢

只有梅花三四枝

春日

殘臘渺茫雲外日新春彷彿雪中來雪霜便覺都無力

只見桃花次第開

雪中寄丹元子

陰風一夜攪青冥風定紛紛雪片零想見玉清真境上

白虛光裏誦黃庭

宿乾明方丈

漫天白雪無端現佛室夜交烏兎啼相逢解頤足自慰

勿語俗子念心攜

新開湖送孫誠之有龍見于東北因成絕句

狂客走影暗悠悠齒昔自吹風五一月秋黃綬不爲無氣槩

蒼龍垂尾送行舟

呈李公擇

青篾擘處銀鉤斷紅袂分時玉筯懸雲脚漸收風色緊
半規斜日射歸船

落日馬上

日落荒阡白霧深紫騮嘶顧出疎林回頭已失來時路
杳杳金盤墮翠岑

次韻參寥三首

其一

武陵漁子入花源但見秦人不得仙會有黃鸝鳴翠柳

何妨白眼望青天

其二

長安仕路與雲齊，倦僕羸驂不可躋。但得玄暉曾折簡，何須平子更安題。

其三

且折花枝醉復醒，人間時節易崢嶸。屠龍肯自羞無用，畫虎從人笑不成。

和書天慶觀賀從監堂三首

其一

老仙舊地枕東城，古木參天鬱晝聲。我亦願爲方外友

風流何必並時生

其二

史君平昔慕玄清一到祠堂意一新户外黄冠應指點

公應便是謫仙人

其三

衣缽蕭條氣久清豪家門館未嘗行朱甍碧瓦何從得

疑有陰兵夜助成

和晝觀妙菴

龍瑞宫中種玉人誅茅結室傍秋雲自言洞裏山川別

此處千分未一分

早春題僧舍

東園紫梅初破蕾北澗渌水方通流歸去一春花月夢定應多在此中遊

盆池釣翁

誰刻仙材作釣翁尺池終日釣微風令人却憶鴟夷子散髮五湖狂醉中

賞酴醾有感

春來百物不入眼唯見此花堪斷腸借問斷腸緣底事羅衣曾似此花香

淮海後集卷第四

淮海後集卷第五　雜文

秦觀　少游

代蘄州守謝上表

愚罪著明當從萬死聖恩寬大尚假一麾顧惟昧冒之深第積戰兢之至伏念臣不學無術寡偶少徒荷先帝之誤知緜常負而擢用始欲悉力而舉職莫知長慮以佐時自取悔尤至煩揮黜責其妄作便可屏之遠方惻其知非猶當投於散地敢圖生死而肉骨尚容宣化以承流況臣粵自去冬嘗陳愚懇願歸使節求綰郡章雖此左遷正符宿願恩既深而逾望感亦極而難言此蓋

伏遇皇帝陛下大德海涵至仁天覆謂災眚之可赦以過失爲當憐寬其未棄之誅開以自新之路辨之不早嗟巳追於桑榆來者可追幸未塡於溝壑誓捐軀幹上報恩私

代程給事乞祝聖表

本州管内舊有應天寺者造於宋元徽中其地據寶林山巔南直秦望北負卧龍蕺山挾其左鑑水遶其前園視井邑如閲圖畫越之形勝十得六七比於熙寧十年八月遇火金石土木之觀一夕殆盡樓觀宫室化爲丘墟父老過之倘徉悼歎若失所依憑者因相率詣州自

陳顒以私錢修復故寺本州尋具其事上聞仍乞易爲
丁方冢朝廷報可賜號寶林禪院於是郡之衣冠緇素
無不悅豫鼓舞以謀報上因大出力財爭先請奮浮圖
棟宇次第告成曾未踰年已復舊觀蓋所據之地勝故
興也易所遭之時盛故成也速不然何以至是哉謹按
寶林禪院其地本名龜山前世文士見於篇章上有鰻
井常[illegible]旱禱雨輒應臣等竊以爲龜神物也有先事之智
而壽踰千歲鰻龍類也有施澤之仁而功被萬物位正
南方與時相見勢出人境足以有臨稽之於名効之於
物參之於方位考之於形勢而酌之於民情理從事順

寶宜永為頌祝陛下聖壽之地臣等自今後每遇同天節只於本院啓建道場及禱祠雨澤吉祥齋供其餘官中道場並不令於本院啓建夫下達士民之願上報君父之恩臣子之職也臣等荷國厚恩無以荅生成之萬一庶幾因緣塔廟少伸犬馬之誠仰瞻闕庭不勝大願

伏望聖慈特賜俞允

坤成節功德文疏

寶曆開祥爰屬補天之運金行御氣適當夢帝之期躬詣精廬妙修勝會致上方香積之飯閱西土貝多之文庶憑調御之緣少効華封之祝太皇太后伏願睿圖纘

固宸業增隆日月無私永照臨於下土風雲不間長慶會於中天

代荅范相公啓 堯夫

蓋兼文武道備天人始列周行綽有棟梁之器及參大政藹爲社稷之臣果振家聲遂當國相昔韋平嗣典於西漢袁楊繼起於東京張公錫廷賞之名陸氏取象先之意雖云華族未必熙朝然猶前史以爲美談當世謂之榮事固未有百年遇太平之運四世膺爰立之求以今言之一何盛也某夙登門仞嘗頌威容念班謁以無由第承風而竊抃

賀孫中丞啓 和甫

光奉明恩進陞中憲伏惟慶慰恭惟中丞侍郎受天間氣為世真儒力足以扶顛持危器足以致遠任重巍然如衣服之有冠冕卓爾若鳥魚之有鳳鯤三朝充諫諍之官奮身不顧七郡任藩宣之寄為民所思動静不失其時遜逆必求諸道比支物望簡在上心粤自貳卿遂登執法嚴霜被野既知松栢之後凋猛獸居山將見藜藿之不采某叨拘符節久遠門闌

賀吏部傅侍郎啓

光膺帝命進貳天官云云某官道術淵微器猷宏博更

險夷而不測其操踐中外而不易其心漢節初歸常持書宏之妄楚郊卧治尤推汲黯之忠方傳報政之成已聽除書之下亟辭右輔復踐中臺邦人遮轍以願留朝士舉酒而相賀吏曹三綜既知水監之無私王體一謀當見鈞衡之益重某屬驅軺傳阻造門闌

代何提舉賀范樞密啓

光膺睿命進貳中樞碩輔登崇溥天均慶竊以天運無積蓋由八柱之仰成歲功不虧亦自四時而分治矧媧皇補天之際當商老和羹之初儻非心德之素同難冀事功之必立伏惟某官器兼文武學備天人雖小善而

必爲臨大節而不奪入參臺省著聞折檻之風外揔戎機寖罷爭桑之釁負謗傷而精神益勵處閑散而聞望愈隆逮神聖之纂臨屬風雲之感會念昔仁祖虛懷於慶曆之間惟時先公奏對於天章之下謂道可行於反掌而世亦至於容刀盛世難逢事空傳於故老嗣賢復出天實慰於斯民既被召以旋歸遂干霄而直上千尋廣廈欣然慰多士之心萬里長城足以制四夷之命某夙登門仞久曠書勝方從沙汰之餘未卜棲翔之所側聞進拜倍切驩愉巖石雖瞻尚鬱搢紳之論衮衣遂有方疇區夏之情

賀門下呂僕射啓 微仲

伏審光奉明恩進陞左輔伏惟慶慰恭以某官當世大儒斯民先覺毀譽莫爲之損益窮通靡得而變渝北斗如高山深林人何可測巨源若渾金璞玉器孰能名卓乎在搢紳之中屹然有公輔之望果踐西臺之峻遂躋端揆之崇邸音喧騰士類交慶納忠有素詎須德裕之六歲應變無方不止姚崇之十事

謝潁州呂吏部啓

叨奉宸恩謬當藩郡境預四鄰之末潤霑九里之餘憑几上書未進河南之牘朵雲號體俄蒙郇國之函仰荷

謙沖退增悚愧恭以其官器周事變學造淵微出四世五公之門遇千載一時之運文辭則操觚立就政事則投刃皆虛荀氏八龍盡繼高陽之美河東三鳳尤推鸑鷟之奇會公旦之相周俾伯禽而侯魯布宣詔令已成師帥之功近省君親行陟股肱之任某承風茲久覲德未遑企頌之懷敷宣罔旣

荅丁彥良書

某啓辱書及詩備悉雅旨且承邇來爲況甚休以慰以慰竊味詩之大意率多辛酸耿愴之旨君生長儒貴而喜作寒士語何耶因知詩非能窮人時窮然後工得

并政欲以此合古人語乎兼審薄挂吏議小累一不足以語遠猷毋甚怏怏也知罷官里閭慕義嗜學是亦所以增其志尚爾白玉微瑕千丈松磥砢不害他日爲大器斯逸之士自有御之者幸順時自愛區區不宣某再拜

與許州范相公

某再拜安撫相公閤下某淮海一介之士行能無取比因緣科第獲列仕版又屬朝廷復置賢科而一二巨猥以充賦名實乖戾果致多言相公當國憐其孤單不即聞罷使得自便引疾而歸僥倖深矣比遇相公均逸藩輔而某承乏之地實在節制之下疵賤無介紹不敢

以書自通眷眷私懷何以去喻豈圖相公過有採聽首賜論薦使備著述之科檄書初至發函伏讀且喜且懼蓋相公於某昔既有保全之賜今有論薦之恩顧惟狂愚何以辱此屬拘官守不獲進謝門闌又不敢具啓事以叙悃愊區區俗禮非國士所以報知己者也惟相公裁察

祭監稅主簿文

維年月日具銜姓名謹以清酌庶羞之奠致祭于殁故監稅主簿之靈嗚呼賢才懿德宜顯周行以君德厚宜享壽康仕既未達人其去亡顧天人理之莫究茲僚友之

永傷嗚呼西風蕭颯長夜淒凉靈車戒道丹旐飛揚有
聲在俎有酒盈觴臨岐伸奠歸安故鄉尚饗

淮海後集卷第五

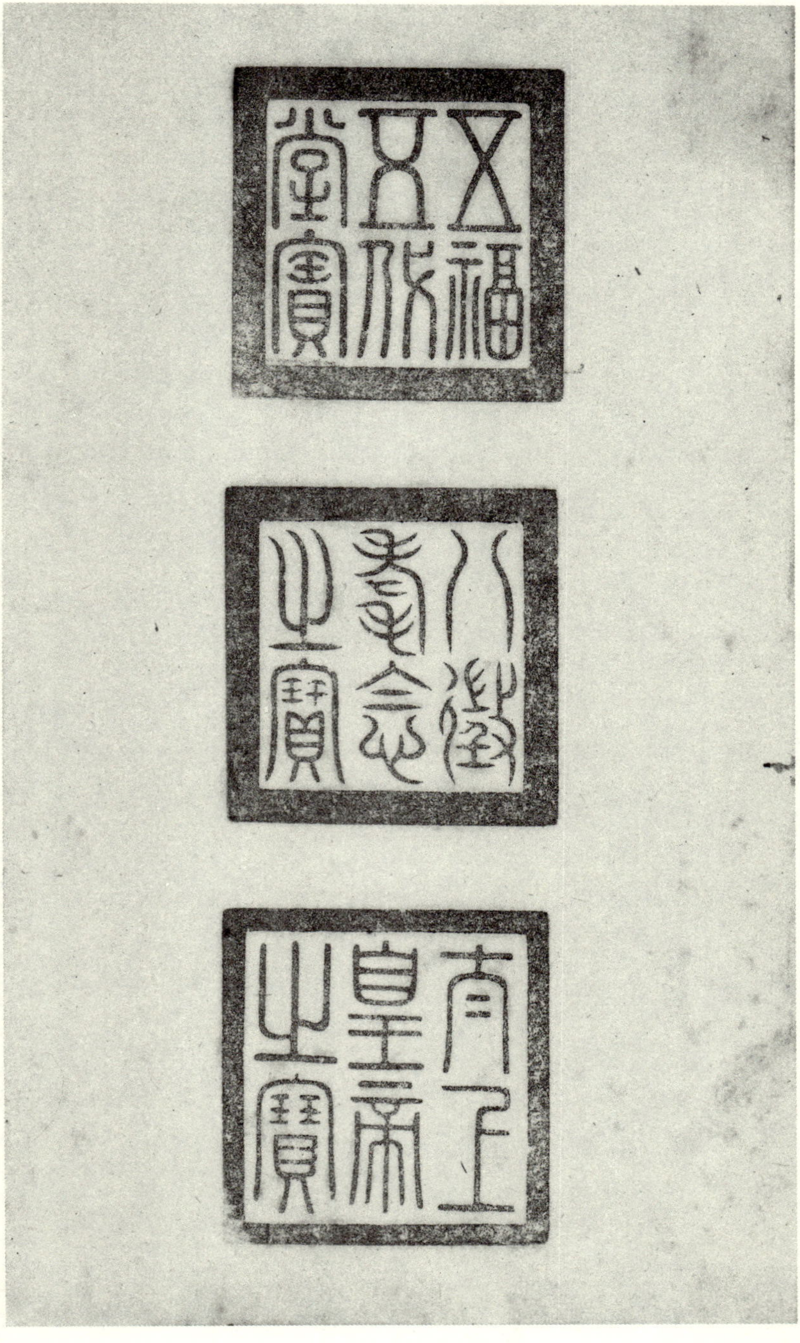
五福五代堂寶
八徵耄念之寶
太上皇帝之寶

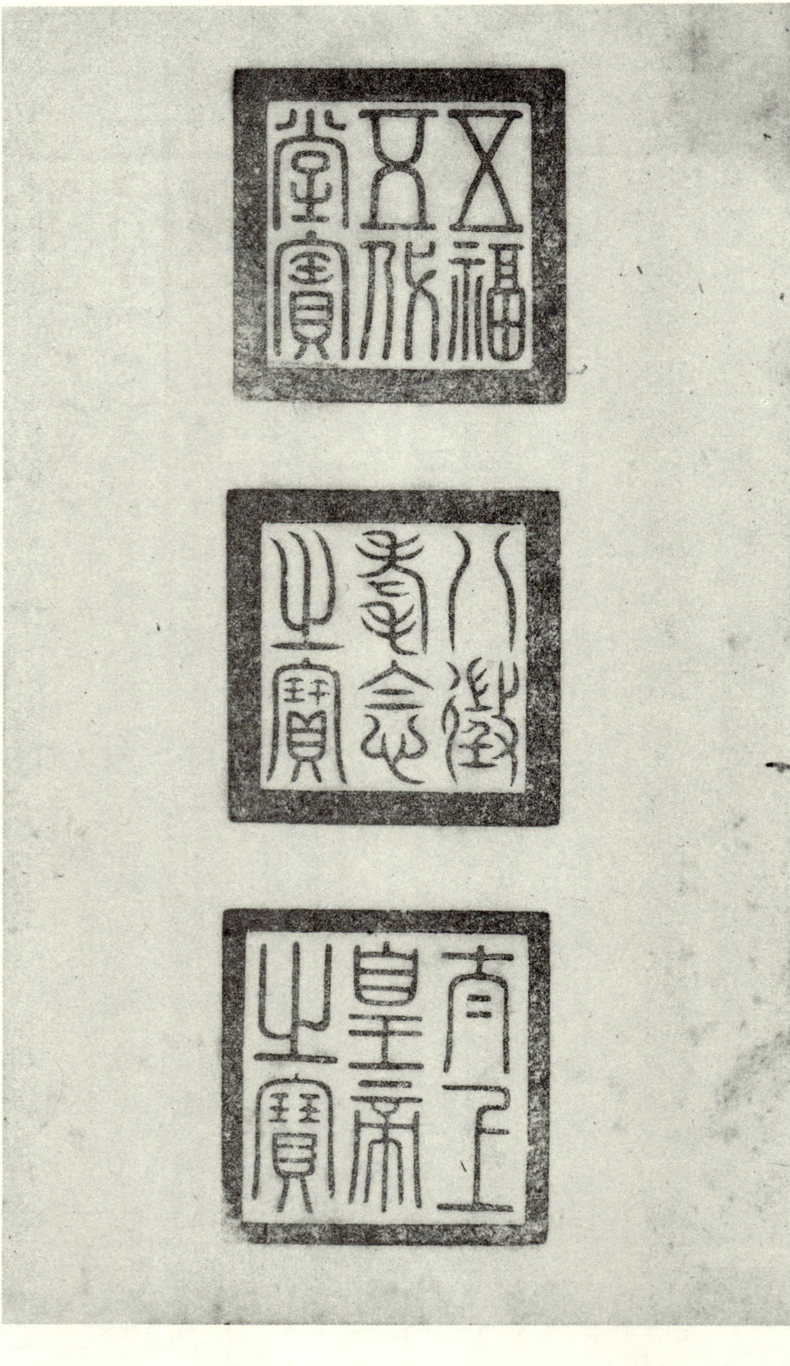
五福五代堂寶
八徵耄念之寶
太上皇帝之寶

淮海後集卷第六 雜文

秦觀 少游

雜說

唐杜淦江夏人也自罷漢陰令居泗水上烈日笠首親督耕夫一年而食足二年而衣食兩餘三年而屋室完新六畜肥繁器用皆備自墾荒起家十五年爲富家翁不假一人之力一毫之助彼嘗謂人曰夫忍恥入仕不困妻子衣食者幾希彼忍恥我勞力皆衣食耳顧我何如由功名之士觀之則誠爲拘繫跼促人也若夫恬於進取安分絜已

者蓋有取焉爾

通事説

文以説理爲上序事爲次古人皆備而有之後世知説理者或失於略事而善序事者或失於悖理皆過也蓋能説理者始可以通經善序事者始可以修史

蠶書

子閑居婦善蠶從婦論蠶作蠶書考之禹貢揚梁幽雍不貢繭物兗篚織文徐篚玄纖縞荊篚玄纁璣組豫篚纖纊青篚檿絲皆繭物也而桑土

蠶獨言於兗然則九州蠶事兗爲最乎予游濟河之間見蠶者豫事時作一婦不蠶比屋詈之故知兗人可爲蠶師今予所書有與吳中蠶家不同者皆得兗人也

種變

臘之日聚蠶種沃以牛溲浴于川毋傷其藉迺縣之始雷卧之五日色青六日白七日蠶已蠶尚卧而不傷

時食

蠶生明日桑或柘葉風戾以食之寸二十分晝夜五食九日不食一日一夜謂之初眠又七日再眠如初既食葉寸十分晝夜六食又七日三眠如再又七日若五日

不食二日謂之大眠食半葉晝夜八食又三日健食乃食全葉晝夜十食不三日遂繭凡眠已初食布葉勿擲擲則蠶驚毋食二葉

制居

種變方尺及乎將繭乃方四丈織萑葦範以蒼莨竹長七尺廣五尺以爲筐建四木宮梁之以爲槌縣筐中間九寸凡槌十縣以居食蠶時分其居糞其葉餘必時去之萑葉爲籬勿密屈其葉之長二尺者自後芵之爲簇以居繭蠶凡繭七日而採之居蠶欲溫居繭欲涼故以萑蒲爲寒之以風以緩蛾變

化治

常令煮繭之鼎湯如蟹眼必以筯其緒附于先引謂之餵頭毋過三系則系麁不及則脆其審舉之凡系自鼎道錢眼升於鏁星星應車動以過添梯乃至於車

錢眼

爲版長過鼎面廣三寸厚九黍中其厚插大錢一出其端横之鼎耳後鎮以石緒總錢眼而上之謂之錢眼

鎖星

爲三蘆管管長四寸樞以圓木建兩竹夾鼎耳縛樞於竹中管之轉以車下直錢眼謂之鎖星

添梯

車之左端置環繩其前尺有五寸當車牀左足之上建柄長寸有半匼柄爲鼓鼓生其寅以受環繩繩應車運如環無端鼓因以旋鼓上爲魚魚半出鼓其出之中建柄半寸上承添梯添梯者二尺五寸片竹也其上揉竹爲鉤以防系竅左端以應柄對鼓爲耳方其穿以閑添梯故車運以牽環繩繩簇鼓鼓以舞魚魚振添梯故系不過偏

車

制車如轆轤必活其兩輻以利脫系

禱神

卧種之日升香以禱天駟先蠶也割鷄設醴以禱婦人寓氏公主蓋蠶神也毋治堰毋誅草毋沃灰毋室入外人四者神實惡之

戎治

唐史載于闐初無桑丐鄰國不肯出其王即求直婚許之將迎乃告曰國無帛可持蠶自爲衣女聞置蠶帽絮中關守不敢驗自是始有蠶女刻石約無殺蠶蛾飛盡乃得治繭言蠶爲衣則治繭可爲絲矣世傳繭之未蛾而窾者不可爲絲頃見鄰家誤以竅繭雜全繭治之皆

成系焉疑蛾蛻之繭也欲以爲絲而其中空不復可治嗚呼世有知于閩治絲法者肯以教人則貸蠶之死可勝計哉予作蠶書言蠶有功而不免故録唐史所載以俟博物者

書丁孝良明堂議後

祀國事之大者歷世洪儒碩生議論考訂往往自相違戾丁侯以世家子早假蔭以官少年殫學援質有根柢訶詆前載惜乎未能以此獻諸朝得付有司禮官博士相與校正以備一代闕文君不能姑愛惜遵養以待太

録龍井辯才事

熙寧九年秀州嘉興縣令陶彖有子得疾甚異形色語笑非復平人令患之乃大出錢財聘謁巫覡厭勝百方終莫能治是歲辯才法師元淨適以事至秀法師高僧也隱於錢塘之天竺山傳天台教學者數百人又特善呪水疾病者飲其所呪水輒愈吳人尊事之令素聞其名即馳詣師具狀告曰兒始得疾時見一女子自外來相調笑久之俱去稍行至水濱遺詩曰生爲木卯人死作幽獨鬼泉門長夜開衾幃待君至自是屢來且有言曰仲冬之月二七之間月盈之夕車馬來迎今去妖期逼矣未知所處願賜哀憐師乃許諾因杖策從至其家

除地爲壇設觀音像於中央取楊枝霑水灑而呪之三
遶壇而去是夜見寢安然不復如他時矣明日復來結
跏趺座引見問曰汝居何地而來至此答曰會稽之東
下山之陽是吾之宅古木蒼蒼師又問汝姓誰氏荅曰
吴王山上無人處幾度臨風學舞腰師曰汝柳姓乎乃
赧然而笑師良久呵曰汝無始已來迷己逐物爲物所
轉溺於淫邪流浪千劫不自解脫入魔趣中横生灾害
延及無辜汝今當知魔即非魔魔即法界我今爲汝宣
說首楞嚴祕密神呪汝當諦聽痛自悔恨訟既往過愆
返本來清淨覺性於是號泣不復有去是夜謂兒曰我

寸之功汝父之處無以加焉吾亟將去矣後二日復來曰久與子遊情不能遽捨然[illegible]盞[illegible]為別因相對引滿既罷作詩一章曰仲冬之二十[illegible]是夜時江下無緣與子期今日臨岐一盃酒共君子言遂相辭遂去不復見予聞其事久矣元豐三年見辨才於龍井山問之信然

書王氏齋壁

皇祐元年余先大父赴官南康道出九江余實生焉滿歲受代猶寓止僧舍未幾代者卒叔贍之先君來領其職事通家相好也至和元年叔贍始生於南康後十年迎老母來為汝南學官也而叔贍亦奉太夫人間居於郡之西

郭時余之先大父母先人皆捐館而叔贍之先君亦沒於瀘州皇祐逮今四十一年中間豐瘁得喪死生休戚不可悉記獨兩家之孤各奉其母相遭于此甚可悲也

題彭景山傳神

内殿崇班致仕彭崇仁字京山胷中有韜略好事精密所至士大夫翕然稱之年四十不幸喪明家居無餘而目不可治如老驥伏櫪志未嘗不在千里聞北風則耳聳然自道觀之物無幸不幸以得喪觀之豈異世有所負耶然人之有德慧智術者常存乎疢疾惟深也能拔剝萬象而見已安知景山不得之沉冥中耶

淮海閒居集序

元豐七年冬余將西赴京師索文藁於囊中得數百篇辭鄙而悖於理者輒删去之其可存者古律體詩百十有二雜文四十有九從遊之詩附見者五十有六合二百一十七篇次爲十卷號淮海閒居集云

清和先生傳

清和先生姓甘名液字子美其先本出於后稷氏有粒食之功其後播棄或居於野遂爲田氏田爲大族布於天下至夏末世衰有神農之後利其資率其徒徃俘於田而歸其倔彊不降者與彊而不釋甲者皆爲城旦夫

賴公孫杵臼審其輕重不盡碎其族徙之陳倉與麥氏谷氏鄰居其輕者猶爲白粲與鬼薪仵已而逃乎河内又移于曲沃曲沃之民悉化焉曲沃之地近於甘古甘公之邑也故先生之生以甘爲氏始居於曹受封於鄭及長器度汪汪澄之不清撓之不濁有醞藉涵泳經籍百家諸子之言無不濫觴孟子稱伯夷清下惠和先生自謂不夷不惠居二者之間而兼有其德因自號曰清和先生云士大夫喜與之游詩歌曲引往往稱道之至於牛童馬卒閭巷倡優一口莫不羨之以是名漸徹於天子一召見與語竟日熟味其旨愛其淳正可以鎮

澆薄之徒不覺膝之前席曰是屢見於上雖郊廟祠祀之禮先生無不預其選素與金城賈氏及丞庖子善上皆禮之每召見先生有司不請而以二子俱見上不以爲疑或爲之作樂盛饌以待之歡甚至於頭沒杯案先生旣見寵遇子孫支庶出爲郡國二千石往往皆是至於十室之邑百人之聚先生之族無不在焉昔最著聞者中山宜城溢浦皆良子弟也然皆好賓客所居冠蓋駢集賓客號呶出入無節交易之所在委積由是上疑其濁小人或乘間以賄入欲以逢上意而取寵一日上問先生曰君門如市何也先生曰臣門如市臣心如水

上曰清和先生今乃信其清和矣益厚遇之由是士大夫愈從先生游鄉黨賓友之會咸曰無甘公而不樂既至則一坐盡傾莫不注揖然先生遇事多不自持以待人斟酌而後行嘗自稱沽之哉沽之哉我待價者也人或召之不問貴賤至於斗筲之量挈瓶之智或虛己來者從之如流布衣寒士一與之遇如挾纊惟不喜釋氏而僧之徒好先生者亦竊與先生游焉至於學道隱居之士多喜見先生以自晦然先生愛移人性情激發其膽氣解釋其憂憤可謂能令公喜能令公怒者邪 王公卿士如灌夫季布李景儉桓彬之徒坐與先生爲黨而

極衆者不可勝數其相歡而奉先生者或至於破家敗產而不悔以是禮法之士疾之如讐如丞相朱子元執金吾劉文叔郭解長孫登皆不悅未嘗與先生語時又以其士行或久多中道而變不承於初咸毀之曰甘氏孽子始以詐得終當以詐敗矣久之或有言先生性不自持無大臣輔政之體置之左右未嘗有沃心之益或虞以虛閑廢事上由此亦漸疎之會徐邈稱先生爲聖人上惡其朋比大怒遂命有司以光祿大夫秩就封宗廟祭祀未嘗見遂終於鄭仕於郡國者皆不奪其官初先生既失寵其交游往往謝絕甚者至於毀棄素行以

賣直自售惟吏部尚書畢卓北海相孔融彭城劉伯倫篤好如舊融嘗上書辨先生之無罪上益怒融由此亦得罪而倫又爲之頌與當世爲有故不著今掇其行事大要著著于篇

太史公曰先生之名見於詩書者多矣而未有至公之論也譽之者美逾其實毀之者惡溢其真若先生激發壯氣解釋憂憤使布衣寒士樂而忘其窮不亦薰然慈仁君子之政歟至久而多變此亦中賢之疵也孔子稱有始有卒者其惟聖人乎先生何誅焉予嘗過中山慨然想先生之風聲恨不及見也乃爲之傳以記

法雲寺長老然香會疏文

竊以香者妙通法性宣動聞機大則香積如來令天人而入律次則香嚴童子得羅漢而證圓通覺至惟之清嚴破塵累之濁穢肆求善友同結勝緣漸沉水之奩圓斥囊膏之昏鈍規模既遠誓願尤長若秣若圓得無礙法非煙非火轉一不退輪偶就印以成文常干空而作蓋無前後去來之際有解脫知見之因曄乎若光明之雲佳哉如鬱葱之氣反聞聞性八百之功德以成自覺覺他億萬之河沙斯遍

越州請立程給事祠堂狀

浙水之東七州獨越爲都會凡七州之軍事督焉其地西帶江北被海多雄山傑澤有桑麻魚稻藤蒻竹箭之饒土沃而流水清而不迫非舟車足力所會故其民喜耕耨勤織紝尊本而薄末狡獪詆欺之弊視他州爲少然以險阻之故豪彊惡少跌宕不逞之民一失其業則往往什聚伍行剽攘攻劫於江海之上不時去之則蔓延而成大盜矣爲太守者若審知風俗之厚刑政並修則一方可以揖麾而治不然雖憊力勞心猶無益也熙寧十年詔以給事中集賢殿修撰廣平程公知軍州事公素以治行稱天下越人無不踴躍竦企願見公之所

爲及至政尚簡肅不爲苟且苛細之事事至而後必行亦無所假借發隱擿伏敏捷如神每得所謂豪猾惡少跌宕不逞之民草斬而獸逐之至斷絶乃已於是距吳際閩楚千里肅然盜賊不敢發川行途止如即其家獄訟衰息風雨時至仍歲大穰乃禮賢後仁老孤簡練士卒繕修宮寺至於郵亭刻漏爲之一新頹廢偃僵斬然俱起然後知公之才所遇縱橫無窮其所厭伏東西逆銷變故於未形者多矣非特越人受其賜也使行且大用於朝推其道於天下則其所就者又可量耶先是太子少保南陽趙公有惠政於越既去而公承其後故議

者謂近世越州之政未有如二公者南陽公嘗命畫史圖太子少師天水趙公并公與已游從之像號三老圖而越之好事者遂作三老堂以寘之元豐二年公還朝郡之衣冠緇黃耆艾之士若干人乞留於部使者三爲之上不報因相與泣曰公去矣其像雖存於三老堂然吾人之心未厭也聞公嘗帥洪福廣三郡三郡皆有生祠豈越獨無有今寶林院者公之所興建也若即其地爲堂立公之像如三郡故事以慰吾人之思不亦可乎衆曰然於是又以狀白使者請立公之祠堂焉是時某適自淮南來省親將還越人謂某曰吾州吏饑歉札瘥

之後程公實撫養而教誨之去年冬福州太守司諫孫公嘗道于此具見其事今祠堂成有日矣謀爲記宜莫如孫公者閩子與孫公鄉里且門人也盍謀屬以爲我請乎某既歎程公之政有以媚于民又嘉越人能大其施而推報之也乃爲論次其事并州之風俗具而載之以備孫公之采擇焉

精騎集序

予少時讀書一見輒能誦暗疏之亦不甚失然負此自放喜從滑稽飲酒者游旬朔之間把卷無幾日故雖有彊記之力而常廢於不勤比數年來頗發憤自懲艾悔

前所爲而聰明衰耗殆不如曩時十一二每閱一事必尋繹數終掩卷茫然輒復不省故雖然有勤苦之勞而常廢於善忘嗟夫敗吾業者常此二物也比讀齊史見孫搴荅邢詞云我精騎三千足敵君羸卒數萬心善其説因取經傳子史事之可爲文用者得若干條勤爲若干卷題曰精騎集云噫少而不勤無如之何矣長而善忘庶幾以此補之

故龍圖閣直學士中大夫知成都軍府事管内
勸農使充成都府利州路兵馬鈐轄上護軍隴
西郡開國侯食邑一千一百户食實封三百户

賜紫金魚袋李公行狀　曾祖諱宗誼故不仕

祖諱知至故不仕　父諱兼故任江寧府溧水縣尉累贈特進

南康軍建昌縣李常字公擇年六十四李氏宗出唐宗室鄆公諱遠祖濤五代時號稱名臣仕皇朝爲兵部尚書封莒國公莒公少時　仕於湖南氏有一子留江南公其裔孫也故今爲南康建昌人公少警悟好學彊記爲文章捷敏初若不經意而比成粲然富深遠皇祐中登進士甲科授防禦推官權　江州軍事判官丁昌源郡太夫人憂解官又丁光禄公憂服闋權宣州觀察推官

監漣水軍轉般倉改大理寺丞知洪州奉新縣未行用
韓公獻肅薦爲三司檢法官神宗即位詔大臣舉館職
貫宣公以公應詔召試學士院除秘閣校理編校史館
書籍兼太常博士兼史館檢討置三司條例司檢詳官
看詳中書條例權判尚書考功改右正言同管勾國子
監公事是時王荆公輔政始作新法諫官御史論不合
者輒斥去公上疏力抵其非以爲始建三司條例司雖
致天下之議而善士猶或與之至於均輸之論興青苗
之法立公然取息傳會經旨以爲無嫌則天下固已大
駭而善士亦不復與矣時荆公之子雱與六溫陵呂惠卿

皆與聞國論凡朝廷之事三人者参然後得行公言陛下與大臣議某事安石不可則移而不行安石造膝議某事安石承詔頒焉呂惠卿獻疑則反之詔用某人安石惠卿之所可否不説則又罷之孔子曰禄去公室政在大夫陪臣執國命今皆不似之耶而其論青苗尤爲激切至十餘上不已於是落職通判滑州歳餘復職知鄂州徙知湖州遷尚書祠部員外郎賜五品服徙知齊州州故多盜公至痛懲艾之論報無虛日盜猶不止他日得黠盜察其可用刺爲兵使直事鈴下間以盜發輒得而不衰止之故曰此縣富家爲之囊使盜自相推

爲甲乙官吏巡捕及門𨷂一人以首則免矣公曰吾得
之矣乃令得藏盜之家皆發屋破柱盜賊遂清始公在
武昌吳興政尚寬簡日與賓客縱酒笑詠吏民安樂之
郡以大治於是世知公之才所值無不可也屬決河灌
山東諸郡公捍禦有術部使者以聞降詔書獎諭徙淮
南西路提點刑獄遷尚書度支員外郎坐厚善直史館
蘇公軾得其詩文不以告罰金遷寄祿格行換朝散郎遷
朝請郎試太常少卿公去國十五年至是還朝士大夫
喜見於色以謂正人復用也以[illegible]職事對稱旨面賜三品
服未幾試禮部侍郎文昌府成畢駕臨幸恩遷朝奉大

奉恩遷朝散大夫上即位晉西恩遷朝請大夫試吏部侍郎遷朝議大夫俄試戶部尚書詔百官轉對公以七事上應詔一曰崇廉恥二曰存貢舉三曰別守宰四曰去贓貪五曰慎疑獄六曰擇師儒七曰修役法皆當時急務而其言役法尤合公論又取差免二法折衷爲書上之以爲法無新陳便民者良法也論無彼己可久者確論也又曰貧富俱出貲則貧者之所難堪使富者出貲貧者出力庶乎其可也大略如此遷中大夫除御史中丞兼侍讀加龍圖閣直學士初元豐河決小吳神宗以河勢方趨西北難以力回詔勿復塞須其自定增立隄防

而或者以謂非悠遠之策請開澶淵游河分殺水勢又
欲自蘇村口截爲隄導還故處詔遣公視之還奏非便
又遣吏部侍郎范公百禄給事中趙公君錫覆視奏與
公合而或者猶執前議銳於興役　朝廷疑之至是公
申論其弊章六七上而其役竟罷　又請分詩賦經義
爲兩科以盡取士之法别自致因人爲兩塗以究省官之
術其忠言讜論蓋不可以一二舉至於因時秉間導迎
和氣者多密以啓聞故莫得而知也俄守兵部尚書固
辭不受懇求外補章屢上遂出知鄧州數月徙成都府
行及陜府閿鄉縣暴卒於傳舍實元祐五年十二月二日

也累勳至上護軍隴西郡侯公風度凝遠與人有恩意而遇事彊毅不爲苟合初善王荆公荆公當國冀其爲助而詆之乃力於他人荆公嘗遣雱喻意曰所爭者國事少存朋友之義公曰大義滅親況朋友乎自存益確士論以此歸之少時讀書於廬山五老峯下白石菴之僧舍後身雖出仕宦而書藏於山中如故每得異書輒益之至九千餘卷山中之人號李氏山房仲兄布蚤卒事其嫂張敬甚撫其子秉彛如己子自奉清約所俸入多少以賙親族捐館之日無贏貲朝廷聞之常賻外特賜五十萬有文集若干卷藏于家初娶狄氏襄陽遵度

主簿之女蚤卒贈某縣封遵度亦俊傑士寶元慶曆間以文章顯名再娶魏氏光祿卿琰之女亦蚤卒贈遂寧縣君又娶遂寧之弟封安康郡君子男四人長曰攄揚州江都縣尉蚤卒次曰邊承奉郎次曰遂承務郎次曰迢承務郎女三人長適鄂州長壽縣主簿孫端次適郊祀齋郎丘揖次適進士黃叔敖諸孤自閬鄉扶柩南歸而公之伯兄時爲江南西路轉運使遂以其年十月丙午葬公于南康軍建昌縣千秋之原前期諸孤請狀公之行治而公之美實多難以具著著其出處始終之大者以告諸史氏謹狀

淮海後集卷第六終

秦學士淮海集前後四十六卷、文字偏旁間有訛讀者病焉尋以蜀本校之十纔得一二或者謂初蜀本入板也遂與同事諸公商搉參考增補字六十有五去衍字二十有四易誤字三百有奇訂正偏旁至不可勝計其文之不敢臆決者存之其字之璅〻如齊爲齋覃爲羣教而从孝戲而从虚眞不从匕戚不从戊此類甚多不可悉改乃以其法授同事諸公俟他日重刻則正之長短句三卷非止點畫訛也落紅万點愁如海以落爲飛兩行芙蓉淚不乾以

行爲雨打皆合訂正又其間有下俚不經語幾於筆墨勸淫疑非學士所作然又不敢輒删去亦併以貽好事者紹熙壬子上巳從事郎軍學教授

明雩跋

君以理學名家而留意字畫攸此書遂爲善本尚根其楷板不悉改竄然知書者亦可以類

陽姜渋鄧　楷書于郡齋

淮海居士長短句上

秦觀 少游

望海潮四首

星分牛斗疆連淮海揚州萬井提封花發路香鶯啼人起珠簾十里東風豪俊氣如虹曳照春金紫飛蓋相從巷入垂楊畫橋南北翠烟中

追思故國繁雄有迷樓挂斗月觀橫空紋錦製帆明珠濺雨寧論爵馬魚龍往事逐孤鴻但亂雲流水縈帶離宫最好揮毫萬字一飲拚千鍾

其二

秦峰蒼翠耶溪瀟洒千巖萬壑爭流鴛瓦雉城譙門畫
戟蓬萊燕閣三休天際識歸舟泛五湖煙月西子同遊
茂草臺荒苧蘿村冷起閑愁
何人覽古凝眸悵朱顏易失翠被難留梅市舊書蘭亭
古墨依稀風韻生秋狂客鑑湖頭有百年臺沼終日夷
猶最好金龜換酒相與醉滄洲

其三

梅英疎淡水澌溶洩東風暗換年華金谷俊遊銅駝巷
陌新晴細履平沙長記誤隨車正絮翻蝶舞芳思交加
柳下桃蹊亂分春色到人家

西園夜飲鳴笳有華燈礙月飛蓋妨花蘭苑未空行人漸老重來是事堪嗟烟暝酒旗斜但倚樓極目時見棲鴉無奈歸心暗隨流水到天涯

其四

奴如飛絮郎如流水相沾便肯相隨微月户庭殘燈簾幕怱怱共惜佳期纔話暫分攜早抱人嬌咽雙淚紅垂畫舸難停翠幃輕別兩依依

別來怎表相思有分香帕子合數松兒紅粉脆痕青牋嫩約丁寧莫遣人知成病也因誰更自言秋杪親去無疑但恐生時注著合有分于飛

沁園春

宿靄迷空膩雲籠日晝景漸長正蘭皐泥潤誰家燕喜
蜜脾香少觸處蜂忙盡日無人簾幕掛更風遞遊絲時
過墻微雨後有桃愁杏怨紅淚淋浪
風流寸心易感但依依竚立回盡柔腸念小奩瑤鑑重
勻絳蠟玉籠金斗時熨沉香柳下相將遊冶處便回首
青樓成異鄉相憶事縱蠻箋萬疊難寫微茫

水龍吟 二

小樓連遠橫空下窺繡轂雕鞍驟朱簾半捲單衣初試
清明時候破暖輕風弄晴微雨欲無還有賣花聲過盡

斜陽院落紅成陣飛鴛甃

玉珮丁東別後悵佳期參差難又名韁利鎖天還知道和天也瘦花下重門柳邊深巷不堪回首念多情但有當時皓月向人依舊

八六子

倚危亭恨如芳草萋萋剗盡還生念柳外青驄別後水邊紅袂分時愴然暗驚無端天與娉婷夜月一簾幽夢春風十里柔情怎奈向歡娛漸隨流水素絃聲斷翠綃香減那堪片片飛花弄晚濛濛殘雨籠晴正銷凝黃鸝又啼數聲

風流子

東風吹碧草年華換行客老滄州見梅吐舊英柳搖新緑惱人春色還上枝頭寸心亂北隨雲黯黯東逐水悠悠斜日半山暝烟兩岸數聲横笛一葉扁舟

青門同攜手前歡記渾似夢裏揚州誰念斷腸南陌回首西樓算天長地久有時有盡奈何綿綿此恨難休擬待倩人説與生怕人愁

夢揚州

晚雲收正柳塘煙雨初休燕子未歸惻惻輕寒如秋小欄外東風軟透繡幃花蜜香稠江南遠人何處鷓鴣啼

破春愁長記
曾陪燕遊酬妙舞清歌麗錦纏頭殢酒爲花十載因誰
淹留醉鞭拂面歸來晚望翠樓簾捲金鈎佳會阻離情
正亂頻夢揚州

雨中花

指點虛無征路醉乘班虬遠訪西極正天風吹落滿空
寒皇女明星迎笑何苦自淹塵域正火輪飛上霧捲煙
開洞觀金碧
重重觀閣橫枕鼇峰水面倒銜蒼石隨處有奇香幽火
杳然難測好是蟠桃熟後阿環偷報消息在天碧海一

枝難遇占取春色

一叢花

年時今夜見師師雙頰酒紅滋踈簾半捲微燈外露華上烟裊涼飈簪髻亂拋偎人不起彈淚唱新詞佳期誰料久參差愁緒暗縈絲想應妙舞清歌罷又還對秋色嗟咨惟有畫樓當時明月兩處照相思

鼓笛慢

亂花叢裏曾攜手窮艷景迷歡賞到如今誰把雕鞍鎖定阻遊人來往好夢隨春遠從前事不堪思想念香閨正杳佳歡未偶難留戀空惆悵

永夜嬋娟未滿嘆玉樓幾時重上那堪萬里却尋歸路
指陽關孤唱苦恨東流水桃源路欲回雙槳仗何人細
與叮嚀問呵我如今怎向

促拍滿路花

露顆添花色月彩投窓隙春思如中酒恨無力洞房咫
尺曾寄青鸞翼雲散無踪跡羅帳薰殘夢回無處尋覓
輕紅膩白步步薰蘭澤約腕金環重宜裝飾未知安
否一向無消息不似尋常憶憶後教人片時存濟不得

長相思

鐵甕城高蒜山渡闊干雲十二層樓開尊待月掩箔披

風依然燈火揚州綺陌南頭記歌名宛轉鄉號温柔曲檻俯清流想花陰誰繫蘭舟念凄絶秦絃感深荆賦相望幾許凝愁勤勤裁尺素奈雙魚難渡瓜洲曉鑑堪羞潘鬢點吳霜漸稠幸于飛鴛鴦未老不應同是悲秋

滿庭芳三首

山抹微雲天連衰草畫角聲斷譙門暫停征棹聊共飲離尊多少蓬萊舊事空回首煙靄紛紛斜陽外寒鴉萬點流水遶孤村

銷魂當此際香囊暗解羅帶輕分謾贏得青樓薄倖名

存此去何時見也襟袖上空惹啼痕傷情處高樓望斷燈火已黃昏

又

紅蓼花繁黃蘆葉亂夜深玉露初零霽天空闊雲淡楚江清獨棹孤蓬小艇悠悠過烟渚沙汀金鈎細絲綸慢捲牽動一潭星時時橫短笛清風皓月相與忘形任人笑生涯泛梗飄萍飲罷不妨醉臥塵勞事有耳誰聽江風靜日高未起枕上酒微醒

又

碧水驚秋黃雲凝暮敗葉零亂空堦洞房人靜斜月照
徘徊又是重陽近也幾處處砧杵聲催西窗下風搖翠
竹疑是故人來
傷懷增悵望新歡易失往事難猜問籬邊黃菊知爲誰
開謾道愁須殢酒酒未醒愁已先回憑欄久金波漸轉
白露點蒼苔

江城子三首

西城楊柳弄春柔動離憂淚雙收猶記多情曾爲繫歸
舟碧野朱橋當日事人不見水空流
韶華不爲少年留恨悠悠幾時休飛絮落花時候一登

樓便做春江都是淚流不盡許多愁

又

南來飛燕北歸鴻偶相逢慘愁容綠鬢朱顏重見兩衰翁別後悠悠君莫問無限事不言中

小槽春酒滴珠紅莫怱怱滿金鍾飲散落花流水各西東後會不知何處是煙浪遠暮雲重

又

棗花金釧約柔荑昔曾攜事難期咫尺玉顏和淚鎖春閨恰似小園桃與李雖同處不同枝

玉笙初度顫鸞篦落花飛爲誰吹月冷風高此恨只天

知任是行人無定處重相見是何時

滿園花

一向沉吟久淚珠盈襟袖我當初不合苦攔就慣縱得軟頑見底心先有行待痴心守甚捻著脉子倒把人來僝僽

近日來非常羅皂醜佛也須眉皺怎掩得衆人口待收了孛羅罷了從來斗從今後休道共我夢見也不能得勾

淮海長短句卷上

淮海居士長短句中

秦觀　少游

迎春樂

菖蒲葉葉知多少惟有箇蜂兒妙雨晴紅粉齊開了露
一點嬌黃小
早是被曉風力暴更春共斜陽俱老怎得花香深處作
箇蜂兒抱

鵲橋仙

纖雲弄巧飛星傳恨銀漢迢迢暗度金風玉露一相逢
便勝却人間無數

柔情似水佳期如夢忍顧鵲橋歸路兩情若是久長時
又豈在朝朝暮暮

菩薩蠻

蟲聲泣露驚秋枕羅幃淚濕鴛鴦錦獨卧玉肌涼殘更
與恨長
陰風翻翠幔雨澁燈花暗畢竟不成眠鵶啼金井寒

減字木蘭花

天涯舊恨獨自凄涼人不問欲見回腸斷盡金爐小篆
香
黛蛾長斂任是春風吹不展困倚危樓過盡飛鴻字字

愁

木蘭花

秋容老盡芙蓉院草上霜花勻似翦西樓促坐酒杯深風壓繡簾香不捲　玉纖慵整銀箏鴈紅袖時籠金鴨煖歲華一任委西風獨有春紅留醉臉

畫堂春

落紅鋪徑水平池弄晴小雨霏霏杏園憔悴杜鵑啼無奈春歸　柳外畫樓獨上凭闌手撚花枝放花無語對斜暉此恨

誰知

千秋歲

水邊沙外城郭春寒退花影亂鶯聲碎飄零疎酒盞離別寬衣帶人不見碧雲暮合空相對

憶昔西池會鵷鷺同飛蓋攜手處今誰在日邊清夢斷鏡裏朱顏改春去也飛紅萬點愁如海

踏莎行

霧失樓臺月迷津渡桃源望斷無尋處可堪孤館閉春寒杜鵑聲裏斜陽暮

驛寄梅花魚傳尺素砌成此恨無重數郴江幸自遶郴

爲誰流下瀟湘去

蝶戀花

曉日窺軒雙燕語似與佳人共惜春將暮屈指艷陽都幾許可無時霎閑風雨

流水落花無問處只有飛雲冉冉來還去持酒勸雲雲且住憑君礙斷春歸路

一落索

楊花終日空飛舞奈久長難駐海潮雖是暫時來卻有箇堪憑處

紫府碧雲爲路好相將歸去肯如薄倖五更風不解與

花爲主

醜奴兒

夜來酒醒清無夢愁倚闌干露滴輕寒雨打[illegible]蓉淚不乾

佳人别後音塵悄瘦盡難拚明月無端已過紅樓十二間

南鄉子

妙手寫徽真水剪雙眸點絳脣疑是昔年窺宋玉東鄰只露墻頭一半身

往事已酸辛誰記當年翠黛顰盡道有些堪恨處無情

任是無情也動人

醉桃源

碧天如水月如眉城頭銀漏遲緑波風動畫船移嬌羞初見時

銀燭暗翠簾垂芳心兩自知楚臺魂斷曉雲飛幽歡難再期

河傳二首

亂花飛絮又望空鬭合離人愁苦那更夜來一霎薄情風雨暗掩將春色去

籬枯壁盡因誰做若說相思佛也眉兒聚莫恠爲伊底

死縈腸惹肚爲沒教人恨處

其二

恨眉醉眼甚輕輕覷著神魂迷亂常記那回小曲闌干西畔鬢雲鬆羅襪剗

丁香笑吐嬌無限語軟聲低道我何曾慣雲雨未諳早被東風吹散悶損人天不管

浣溪沙五首

漠漠輕寒上小樓曉陰無賴似窮秋澹烟流水畫屏幽

自在飛花輕似夢無邊絲雨細如愁寶簾閑挂小銀鈎

其二

香靨凝羞一笑開柳腰如醉暖相挨日長春困下樓臺
照水有情聊整鬢倚欄無緒更兜鞋眼邊牽繫懶歸來

其三

霜縞同心翠黛連紅綃四角綴金錢惱人香爇是龍涎
枕上忽收疑是夢燈前重看不成眠又還一段惡因緣

其四

脚上鞋兒四寸羅唇邊朱粉一櫻多見人無語但回波
料得有心憐宋玉只應無奈楚襄何今生有分共伊麽

其五

錦帳重重捲暮霞屏風曲曲鬭紅牙恨人何事苦離家

枕上夢魂飛不去覺來紅日又西斜滿庭芳草襯殘花

如夢令五首

門外鵶啼楊柳春色着人如酒睡起熨沉香玉腕不勝金斗消瘦消瘦還是褪花時候

其二

遥夜沉沉如水風緊驛亭深閉夢破鼠窺燈霜送曉寒侵被無寐無寐門外馬嘶人起

其三

幽夢怱怱破後妝粉亂痕霑袖遥想酒醒來無柰玉銷花瘦回首回首遶岸夕陽踈柳

其四

樓外殘陽紅滿春入柳條將半桃李不禁風回首落英無限腸斷腸斷人共楚天俱遠

其五

池上春歸何處滿目落花飛絮孤館悄無人夢斷月堤歸路無緒無緒簾外五更風雨

阮郎歸四首

退花新綠漸團枝撲人風絮飛秋千未拆水平堤落紅成地衣

遊蝶困乳鶯啼怨春春怎知日長早被酒禁持那堪更

別離

其二

宮腰裊裊翠鬟鬆夜堂深處逢無端銀燭殞秋風靈犀得暗通

身有限恨無窮星河沉曉空隴頭流水各西東佳期如夢中

其三

瀟湘門外水平鋪月寒征棹孤紅妝飲罷少踟躕有人偷向隅

揮玉筯洒真珠梨花春雨餘人人盡道斷腸初那堪腸

已無

其四

湘天風雨破寒初深沉庭院虚麗譙吹罷小單于迢迢

清夜徂

鄉夢斷旅魂孤崢嶸歲又除衡陽猶有鴈傳書郴陽和

鴈無

滿庭芳三首

北苑研膏方圭圓璧萬里名動京關碎身粉骨功合上

凌煙尊俎風流戰勝降春睡開拓愁邊纖纖捧香泉濺

乳金縷鷓鴣班

相如方病酒一觴一咏賓有群賢便扶起燈前醉玉頹山搜攬胸中萬卷還傾動三峽詞源歸来晚文君未寢相對小粧殘

其二

曉色雲開春隨人意驟雨纔過還晴古臺芳榭飛燕蹴紅英舞困榆錢自落秋千外緑水橋平東風裏朱門映柳低按小秦箏

多情行樂處珠鈿翠盖玉轡紅纓漸酒空金榼花困蓬瀛豆蔻梢頭舊恨十年夢屈指堪驚凭欄久踈烟淡日寂寞下蕪城

其三　茶詞

雅燕飛觴清譚揮麈使君高會群賢密雲雙鳳初破縷金團牕外炉烟似動開缾試一品香泉輕淘起香生玉塵雪濺紫甌圓

嬌鬟宜美眄雙擎翠袖穩步紅蓮坐中客翻愁酒醒歌闌點上紗籠畫燭花驄弄月影當軒頻相顧餘懽未盡欲去且留連

桃源憶故人

玉樓深鎖薄情種清夜悠悠誰共羞見枕衾鴛鳳悶即和衣擁

無端畫角嚴城動驚破一番新夢窻外月華霜重聽徹梅花弄

淮海居士長短句中

淮海居士長短句下

秦觀　少游

調笑令十首并詩

王昭君

詩曰

漢宮選女適單于明妃斂袂登氊車玉容寂寞花無主顧影低徊泣路隅行行漸入陰山路目送征鴻入雲去獨抱琵琶恨更深漢宮不見空回顧

曲子

回顧漢宮路捍撥檀槽鸞對舞玉容寂寞花無主顧影

倚彈玉筯未央宮殿知何處目送征鴻南去

右一

樂昌公主

詩曰

金陵佳會帝王州樂昌主第最風流一朝隋兵到江上共抱悽悽去國愁越公萬騎鳴簫鼓劍擁玉人天上去空携破鏡望紅塵千古江楓籠輦路

曲子

輦路江楓古樓上吹簫人在否菱花半壁香塵汙往日繁華何處舊歡新愛誰是主啼笑兩難分付

右二

崔徽

詩曰

蒲中有女號崔徽輕似南山翡翠兒使君當日最寵愛
坐中對客常擁持一見裴郎心似醉夜解羅衣與門吏
西門寺裏樂未央樂府至今歌翡翠

曲子

翡翠好容止誰使庸奴輕點綴裴郎一見心如醉笑裏
偷傳深意羅衣中夜與門吏暗結城西幽會

右三

無雙

詩曰

尚書有女名無雙娥眉如畫學新粧擬象仙客最明後

舅母唯只呼王郎尚書往日先曾許數載暌違今復遇

聞說襄王二十年當時未必輕相慕

相慕無雙女當日尚書先曾許王郎明後神仙侶腸斷

別離情無數年暌恨今復遇笑指襄江歸去

右四

詩曰

錦城春暖花欲飛灼灼當庭舞柘枝相君上客河東秀

自言那復傍人知妾願身爲梁上燕朝朝暮暮長相見

雲收月墮海沉沉淚滿紅綃寄腸斷

曲子

腸斷繡簾捲妾願身爲梁上燕朝朝暮暮長相見莫遣

恩還情變紅綃粉淚知何限萬古空傳遺怨

右五

眄眄

詩曰

百尺樓高燕子飛樓上美人顰翠眉將軍一去音容遠
只有年年舊燕歸春風昨夜來深院春色依然人不見
只餘明月照孤眠唯望舊恩空戀戀

曲子

戀戀樓中燕燕子樓空春日晚將軍一去音容遠空鎖
樓中深怨春風重到人不見十二欄干倚遍

右六

鶯鶯

詩曰

崔家有女名鶯鶯未識春光先有情河橋兵亂依蕭寺

紅愁綠慘見張生張生一見春情重明月拂墻花樹動
夜半紅娘擁抱來脉脉驚魂若春夢

曲子

春夢神仙洞冉冉拂墻花樹動西廂待月知誰共更覺
玉人情重紅娘深夜行雲送困嚲釵橫金鳳

右七

採蓮

詩曰

若耶溪邊天氣秋採蓮女兒溪岸頭笑隔荷花共人語
煙波渺渺蕩輕舟數聲水調紅嬌晚棹轉舟回笑人遠

腸斷誰家遊冶郎盡日踟躕臨柳岸

曲子

柳岸水清淺笑折荷花呼女伴盈盈日照新粧面水調

空傳幽怨扁舟日暮笑聲遠對此令人腸斷

右八

煙中怨

詩曰

鑑湖樓閣與雲齊樓上女兒名阿溪十五能為綺麗句

平生未解出幽閨謝郎巧思詩裁剪能使佳人動幽怨

瓊枝璧月結芳期斗帳雙雙成眷戀

曲子

春戀西湖岸湖面樓臺侵雲漢阿溪本是飛瓊侔風月

朱扉斜掩謝郎巧思詩裁剪能動芳懷幽怨

右九

離魂記

詩曰

深閨女兒嬌復癡春愁春恨那復知舅兄唯有相拘意

暗想花心臨別時離舟欲解春江暮冉冉香魂逐君去

重來兩身復一身夢覺春風話心素

曲子

心素與誰語始信別離情最苦蘭舟欲解春江暮精爽
隨君歸去異時攜手重來處夢覺春風庭户

右十

虞美人三首

高城望斷塵如霧不見聯驂處夕陽村外小灣頭只有
柳花無數送歸舟

瓊枝玉樹頻相見只恨離人遠欲將幽恨寄青樓爭奈
無情江水不西流

其二

碧桃天上栽和露不是凡花數亂山深處水縈回可惜

一枝如畫爲誰開
輕寒細雨情何限不道春難管爲君沈醉又何妨秖怕
酒醒時候斷人腸

其三

行行信馬橫塘畔煙水秋平岸緑荷多少夕陽中知爲
阿誰凝恨背西風
紅妝艇子來何處蕩槳偷相顧鴛鴦驚起不無愁柳
外一雙飛去却回頭

點絳脣二首 桃源

醉漾輕舟信流引到花深處塵緣相誤無計花間住

煙水茫茫千里斜陽暮山無數亂紅如雨不記來時路

其二

月轉烏啼畫堂宮徵生離恨美人愁悶不管羅衣褪清淚斑斑揮斷柔腸寸嗔人問背燈偷搵拭盡殘妝粉

品令二首

幸自得一分索強教人難喫好好地惡了十來日恰而今較些不須管啜持教笑又也何須肐織衡倚賴臉兒得人惜放軟頑道不得

其二

掉叉懼天然箇品格於中壓一簾兒下時把鞋兒踢語
低低笑咭咭
每每秦樓相見見了無限憐惜人前強不欲相沾識把
不定臉兒赤

南歌子三首

玉漏迢迢盡銀潢淡淡橫夢回宿酒未全醒已被鄰雞
催起怕天明
臂上妝猶在襟間淚尚盈水邊燈火漸人行天外一鉤
殘月帶三星

其二

愁鬟香雲墜嬌眸水玉裁月屛風幌爲誰開天外不知音耗百般猜

玉露沾庭砌金風動琯灰相看有似夢初回只恐又拋人去幾時來

其三

香墨彎彎畫燕脂淡淡匀揉藍衫子杏黃裙獨倚玉闌無語點檀脣

人去空流水花飛半掩門亂山何處覓行雲又是一鉤新月照黃昏

臨江仙二首

千里瀟湘挼藍浦蘭橈昔日曾經月高風定露華清微波澄不動冷浸一天星

獨倚危檣情悄悄遥聞妃瑟泠泠新聲含盡古今情曲終人不見江上數峰青

其二

髻子偎人嬌不整眼兒失睡微重尋思模樣早心忪斷腸携手何事太怱怱

不忍殘紅猶在臂翻疑夢裏相逢遥憐南埭上孤蓬夕陽流水紅滿淚痕中

好事近 夢中作

春路雨添花，花動一山春色。行到小溪深處，有黃鸝千百。飛雲當面化龍蛇，夭矯轉空碧。醉卧古藤陰下，了不知南北。東坡跋尾：供奉官莫君沔官湖南，喜從遷客游，尤爲吕元鈞所稱，又能誦少游事甚詳。爲予此詞，至流涕，乃録本使藏之。魯直跋少游好事近：少游醉卧古藤下，誰與愁眉唱一杯。解作江南斷腸句，只今唯有賀方回。

淮海居士長短句下

淮海居士文集後序

元祐中海內之士望蘇公門牆何止數仞獨高郵秦君與黃魯直張文潛晁無咎四人者以文章議論頡頏其間而秦君受公之知爲最深以賢良方正直言極諫科薦于朝且上其文汲汲焉不啻若己出王介甫平時重許可得其詩文於蘇公自謂嘗鼎一臠使奄而大嚼飫味其餘又不知作何等語也抑由養之於中博洽宏深故發越於外宜乎粹然一出於正是以闢治道而補名教者具於淮海所載是也至於感興詠懷閒於歌詞世之淺薄往往謂尤長於樂府未見好德如好色者也世

高郵荐更兵火，索囊善本，訛舛失真。里之王公定國之牧是邦，剸裁豐暇，開學校以先士類，謂捨匠石之園而掄材於遠，天下之大弊，以公之文易於矜式，搜訪遺逸，咀華涉源，一字不苟，校集成編，總七百二十篇，釐爲四十九卷，祓置郡庠，使一鄉善士其則不遠，可謂知設教之序矣。嗚呼！士有窮而榮達者，拙者公平生仕進寄蹇不偶，竟不如志，一何不幸！至其爲文，有蘇公以主盟於前，王公以膏馥於後，將彌億載而愈光，又何其幸耶！乾道癸巳正月望日，左朝奉大夫試給事中兼侍講三山林機景度叙。

高郵軍學淮海文集計四百四十九板并副葉襯背

共用紙五百張

三省紙每張二十文計一十貫文省

新管紙每張一十文計五貫文省

竹下紙每張一十文計一貫五百文省

工墨每板[illegible]省

青紙褾背作一十册每册七十文計七百文省

官收工料錢五百文足

[illegible]許　壽　村　譯　校勘

左修職郎高郵軍錄事參軍兼推官兼教授趙　伯膚

右承事郎權發遣高郵軍事[illegible]管內勸農營田屯田事王　定國

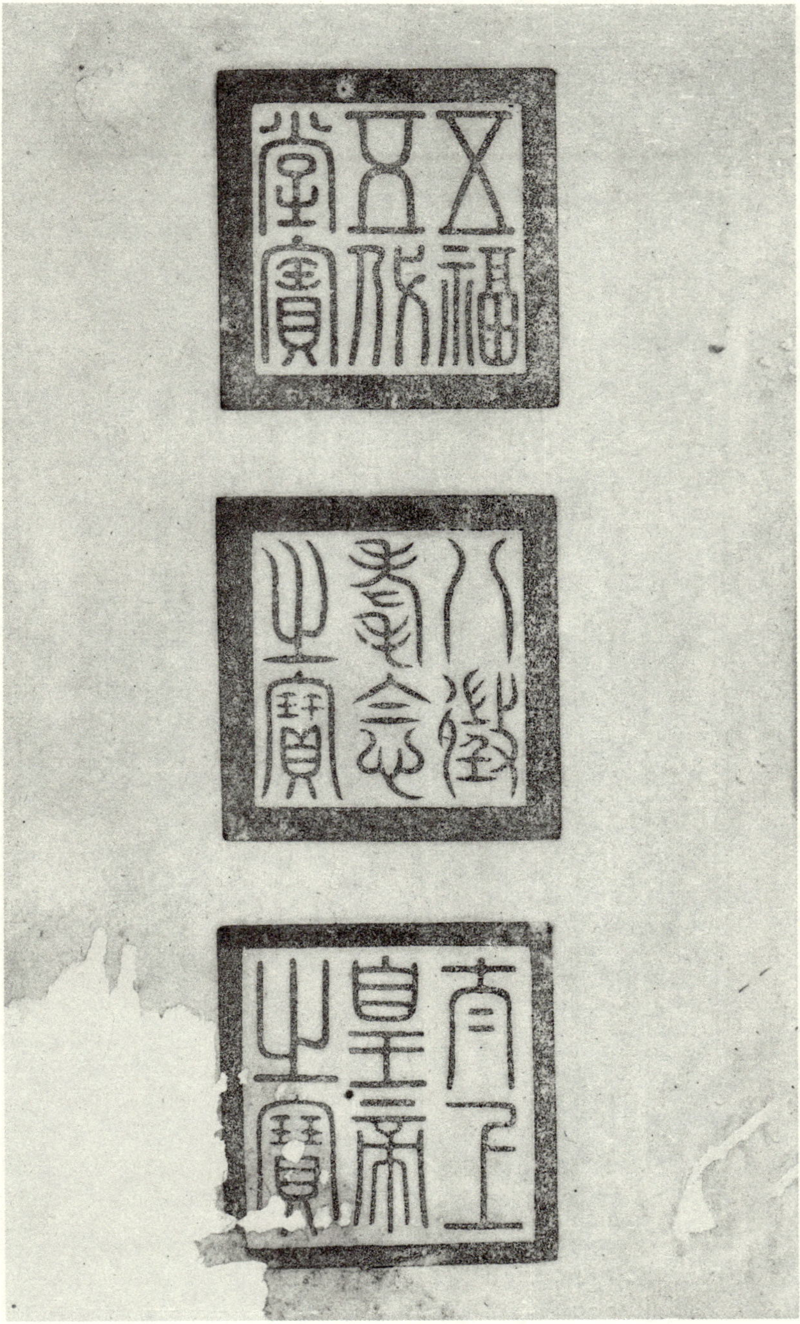
五福五代堂寶
八徵耄念之寶
太上皇帝之寶